CHRISTIAN ARMBRÜSTER

Der Schutz von Haftpflichtinteressen in der Sachversicherung

Schriften zum Wirtschaftsrecht

Band 79

Der Schutz von Haftpflichtinteressen in der Sachversicherung

Von

Christian Armbrüster

Duncker & Humblot · Berlin

Die Deutsche Bibliothek – CIP-Einheitsaufnahme

Armbrüster, Christian:
Der Schutz von Haftpflichtinteressen in der Sachversicherung / von Christian Armbrüster. – Berlin : Duncker und Humblot, 1994
(Schriften zum Wirtschaftsrecht ; Bd. 79)
Zugl.: Berlin, Freie Univ., Diss., 1993
ISBN 3-428-08208-7
NE: GT

Fotoprint: Werner Hildebrand, Berlin
Printed in Germany

ISSN 0582-026X
ISBN 3-428-08208-7

Gedruckt auf alterungsbeständigem (säurefreiem) Papier
gemäß der ANSI-Norm für Bibliotheken

Vorwort

Wer schuldhaft fremdes Eigentum verletzt, ist - vorbehaltlich vertraglicher Vereinbarung - für den Schaden haftbar. Ein den Eigentümer entschädigender Sachversicherer kann grds. nach § 67 VVG gegen den Schädiger Regreß nehmen. Etwas anderes gilt aber, wenn dem Haftpflichtigen aufgrund seiner Beziehungen zum Versicherungsnehmer (z. B. als Mieter) entweder ein Regreßausschluß zugutekommt oder wenn der Sachversicherungsvertrag sein Haftpflichtinteresse einschließt. Während der österreichische OGH einen derartigen Einschluß des Haftpflichtinteresses für zulässig hält, lehnt der BGH dies meist von vornherein als mit dem Wesen der Sachversicherung unvereinbar ab. Die jüngste, kontroverse Rechtsprechung zur Frage der Einbeziehung eines GmbH-Gesellschafters in den Schutz des für die GmbH bestehenden Sachversicherungsvertrages unterstreicht die Aktualität der - hier erstmals monographisch behandelten - Thematik.

Die Arbeit wurde im Sommersemester 1994 vom Fachbereich Rechtswissenschaft der Freien Universität Berlin als Dissertation angenommen. Für die Betreuung danke ich meinem Lehrer, Herrn Professor Dr. Jürgen Prölss, dem ich nicht nur den Anstoß zur Befassung mit dem Thema verdanke, sondern der mir auch während der Ausarbeitung als kritischer Gesprächspartner wertvolle Anregungen gab.

Die Arbeit befindet sich nunmehr auf dem Stand vom 15. August 1994.

Berlin, im August 1994 *Christian Armbrüster*

Gliederungsübersicht

Inhaltsverzeichnis

Einführung

I. Problemstellung

Wird eine Sache beschädigt oder zerstört oder geht sie verloren, so können verschiedene Personen hierdurch in ganz unterschiedlicher Weise betroffen sein. Dementsprechend lassen sich eine Vielzahl von *Sachinteressen* - verstanden als die rechtlichen Beziehungen, aufgrund derer eine Person durch die Beschädigung, die Zerstörung oder den Verlust einer Sache einen Vermögensnachteil erleiden kann[1] - unterscheiden[2]:

Zum einen besteht regelmäßig das *Inhaberinteresse* desjenigen, dem die Sache wirtschaftlich zugeordnet ist, regelmäßig also: des Eigentümers. Wer die Sache noch nicht innehat, kann ein *Erwerbsinteresse* haben, das aus der Aussicht resultiert, sie zu erwerben. Ferner gibt es u.a. *Gebrauchs- und Verwertungsinteressen*, *Fruchtziehungs- und Gewinninteressen*. Die vorliegende Arbeit befaßt sich mit dem *Ersatzinteresse*[3] desjenigen, der im Falle der Beschädigung, der Zerstörung oder des Verlustes der Sache ihren Wert einem Dritten zu ersetzen hat[4]. Ein solches Interesse kann insbesondere haben, wer

---

1 *Kollhosser*, in: Prölss/Martin, vor § 51 VVG Anm. 1; *Martin*, Sachversicherungsrecht, J I 1; *Weyers*, Versicherungsvertragsrecht, Rdnr. 385; *Kisch*, Privatversicherungsrecht III, S. 83. - *Schweitzer* (Das versicherte Interesse, S. 202, 236) versteht unter Interesse die vom Versicherer vermögensmäßig auszugleichenden wirtschaftlichen Planstörungen. - Teils wird der Begriff des Interesses in dem Sinne weiter gefaßt, daß es jede wirtschaftliche, also nicht notwendig rechtlich fundierte Beziehung umfasse (*Möller*, in: Bruck/Möller/Sieg, § 49 VVG Anm. 47-56; *Schwintowski*, Versicherungsvertrag, S. 46 ff.). Der Streit hat für die vorliegende Arbeit freilich keine Bedeutung.

2 Grundlegend zu dieser Unterscheidung verschiedener Interessen an einer Sache *Kisch*, Privatversicherungsrecht III, S. 83-128. S. ferner *Ehrenberg*, Versicherungsrecht, S. 11-13; *Wälder* RuS 1982,61 (62) und *Schirmer*, in: HdV, S. 1217. - Zwischen dem Eigentümerinteresse als "direktem Interesse" und verschiedenen "indirekten Interessen" differenziert bereits *Benecke*, System des Assekuranz- und Bodmereiwesens, S. 213 ff.

3 Zu den verschiedenen in der Literatur für die Kennzeichnung dieses Interesses verwendeten Ausdrücken s.u. A III (S. 39 ff.).

4 Daß ein solches Ersatzinteresse bestehen kann, ist unbezweifelbar. Von daher erscheint es zumindest mißverständlich, wenn *Schnepp* (Sachversicherung bei Mobilienleasing, S. 109) die Frage nach der Versicherbarkeit dieses Interesses in der Sachversicherung zunächst unter dem Aspekt der "grundsätzlichen Anerkennung eines (eigenständigen) Sachersatzinteresses" erörtert.

eine Sache aufgrund eines Gebrauchsüberlassungsverhältnisses in Besitz hat - beispielsweise der Mieter eines Kfz, der dem Vermieter für den durch einen fahrlässig herbeigeführten Unfall entstandenen Sachschaden haftpflichtig ist -, aber etwa auch der Alleingesellschafter einer GmbH hinsichtlich Ansprüchen der Gesellschaft wegen der Beschädigung von in ihrem Eigentum stehenden Gegenständen. Der Träger eines derartigen Ersatzinteresses, auf dessen Inhalt noch im einzelnen einzugehen ist[5], wird im folgenden als *potentiell Haftpflichtiger* bezeichnet.

Die Unterscheidung verschiedener Interessen an Sachen ist keineswegs "nur von wirtschaftswissenschaftlicher Bedeutung", wie Ehrenzweig[6] meint. Vielmehr ergeben sich aus der präzisen Bestimmung der einzelnen Interessen weitreichende Folgen für die Beantwortung einer originären Frage des Versicherungsvertragsrechts, nämlich der nach dem Deckungsumfang der Sachversicherung. Ein anschauliches Beispiel hierfür stellt gerade die Thematik der vorliegenden Arbeit dar: Ihr erster Problemschwerpunkt liegt darin zu klären, ob es sich begründen läßt, eine als sachbezogenes Interesse eingestufte Rechtsbeziehung - nämlich das Haftpflichtinteresse an Sachen - als in der Sachversicherung nicht versicherbar anzusehen. Damit ist die Frage nach der *Versicherbarkeit* dieses Interesses in einem bestimmten Versicherungszweig - Sach- statt Haftpflichtversicherung - angesprochen. Wird die Versicherbarkeit bejaht, so stellt sich die weitere Frage, unter welchen Voraussetzungen das Haftpflichtinteresse im Einzelfall tatsächlich versichert ist[7] *(tatsächliche Deckung)*. Besteht eine solche Deckung, so wird der dadurch geschützte potentiell Haftpflichtige bei Eintritt des Versicherungsfalls vor einem Regreß des Versicherers nach § 67 Abs. 1 VVG bewahrt. An dieser Rückgriffsmöglichkeit kommt die praktische Bedeutung der Fragen nach dem versicherbaren und dem versicherten Interesse deutlich zum Ausdruck[8]: Der Haftpflichtige - etwa der die Mietsache beschädigende Mieter - ist dem Regreß des Versicherers ausgesetzt, wenn sein Haftpflichtinteresse in die bestehende Sachversicherung

[5] S.u. C I (S. 170 ff.).

[6] Versicherungsvertragsrecht, S. 206. Für rechtlich unerheblich hält die Unterscheidung verschiedener Arten der Beziehung zu einer Sache offenbar auch *Möller*, in: Bruck/Möller/Sieg, § 49 VVG Anm. 51.

[7] Zum Erfordernis, beide Fragen scharf zu unterscheiden, *Kollhosser*, in: Prölss/Martin, vor § 51 VVG Anm. 3 A, B; der Sache nach auch *Möller*, in: Bruck/Möller/Sieg, § 49 VVG Anm. 121 f.; *Sieg*, in: Bruck/Möller/Sieg, § 68 VVG Anm. 44. Bisweilen wird hier nicht deutlich genug getrennt, so z.B. bei *Fuchs* BB 1992,1217 (1220) sowie bei *Schnepp*, Sachversicherung bei Mobilienleasing, S. 128 (zutreffend dagegen auf S. 42).

[8] *Martin*, Sachversicherungsrecht, J I 10.

von vornherein nicht eingeschlossen werden kann oder aber wenn es zwar versicherbar, jedoch in concreto nicht in den Deckungsumfang der (von ihm selbst oder vom Sacheigentümer genommenen) Versicherung eingeschlossen ist.

Die hier zu behandelnden Fragen erhalten durch die mit der Europäisierung des Versicherungsrechts einhergehenden Veränderungen eine besondere, zusätzliche Aktualität. Zum einen ist aufgrund der Liberalisierung des grenzüberschreitenden Dienstleistungsverkehrs damit zu rechnen, daß zunehmend Versicherer aus anderen Mitgliedstaaten der Europäischen Gemeinschaft Verträge abschließen, für die deutsches Versicherungsvertragsrecht gilt. Dies führt dazu, daß Fragen der Versicherbarkeit und der tatsächlichen Deckung nach deutschem Recht sich im Kontext neuer, im Inland bislang unbekannter Deckungsangebote stellen. Vor allem aber wird der Wegfall der Bedingungsgenehmigung[9] dazu führen, daß die Konturen von Sachversicherung einerseits, Haftpflichtversicherung andererseits unschärfer werden, da diese Versicherungszweige dann nicht mehr durch standardisierte Klauselwerke jeweils eine einheitliche Ausgestaltung erfahren. Die Bestimmung der versicherten Interessen anhand möglichst klarer Kriterien wird damit noch an Bedeutung gewinnen[10].

II. Abgrenzung des Gegenstands der Untersuchung

1. Andere Interessen als Haftpflichtinteressen an Sachen

Die vorliegende Arbeit konzentriert sich auf Haftpflichtinteressen an Sachen. Auf die eingangs genannten anderen Arten sachbezogener Interessen sowie auf primäre Erfüllungsansprüche[11] wird nur insofern eingegangen, als ein unmittelbarer Zusammenhang zum Thema besteht. Sofern ein derartiger Bezug fehlt, beschränkt sich die Darstellung auf vereinzelte Hinweise zu Problemständen. Nicht behandelt wird hier ferner die Frage nach der Repräsentanteneigenschaft von Sachnutzern (z.B. Mietern, Leasingnehmern)[12].

---

[9] Art. 40 Abs. 3 der 3. Richtlinie Schadensversicherung (92/49/EWG, ABl. EG 1992 Nr. L 228/1) sieht nur mehr eine nachträgliche, nichtsystematische Legalitätskontrolle vor.

[10] In dieser Richtung auch *Schmidt-Salzer* VersR 1993,548 (549).

[11] Zu ihnen - in Abgrenzung zum sekundären Haftpflichtinteresse - *Schirmer* ZVersWiss 1981,637 (663-666).

[12] Ist ein Sachnutzer Repräsentant und entfällt wegen seines Fehlverhaltens die Leistungspflicht des Versicherers gegenüber dem Versicherungsnehmer, so stellt sich die Frage des Rückgriffs

2. *Haftungsbeschränkungen*

Die Fragen nach der Versicherbarkeit und nach der tatsächlichen Deckung von Haftpflichtinteressen an Sachen in der Sachversicherung stellen sich nur dort, wo derartige Haftpflichtinteressen überhaupt bestehen können, d.h. wo die Haftung einer Person (Interesseträger) für die Beschädigung, die Zerstörung oder den Verlust einer Sache grundsätzlich in Betracht kommt.

Hieran fehlt es zum einen dann, wenn die haftungsrechtliche Verantwortlichkeit einer Person von vornherein ausgeschlossen ist, insbesondere weil sie gem. §§ 827 f. BGB nicht verschuldensfähig ist. Zum anderen - dieser Aspekt spielt in der Diskussion um die hier interessierende Thematik an verschiedener Stelle eine Rolle - kann eine an sich bestehende vertragliche oder deliktische Haftung im voraus durch *Vereinbarung* mit dem potentiellen späteren Ersatzberechtigten (also regelmäßig: mit dem Eigentümer) ausgeschlossen werden. Möglich ist auch eine Vereinbarung, wonach die Haftung im Hinblick auf den Abschluß einer Versicherung völlig (so z.B. § 41 ADSp) oder aber insoweit ausgeschlossen wird, als der Versicherer leistet (so z.B. § 3 Abs. 2 der Verordnung über das Bewachungsgewerbe[13]).

Gesetzliche Grenzen für Haftungsfreizeichnungsvereinbarungen ergeben sich (neben den allgemeinen Vorschriften der §§ 242, 138 BGB) aus § 276 Abs. 2 BGB, wonach dem Schuldner die Haftung für eigenes vorsätzliches Verhalten nicht im Voraus erlassen werden darf, ferner aus dem Klauselverbot des § 11 Nr. 7 AGBG (Unzulässigkeit des Haftungsausschlusses in AGB bzgl. grober Fahrlässigkeit des Verwenders oder Vorsatz/grober Fahrlässigkeit von gesetzlichen Vertretern oder Erfüllungsgehilfen)[14]. Ist ein diese Grenzen einhaltender Haftungsausschluß vereinbart, so ist der dadurch Begünstigte insoweit kein potentiell Haftpflichtiger. Er hat dann - im Umfang der Frei-

---

nicht. Daher grenzt auch *Martin* (Sachversicherungsrecht, J II 13 und O II 96,102) diese Frage zu Recht aus der Erörterung des Haftpflichtinteresses an Sachen aus. - Zur Repräsentanteneigenschaft von Sachnutzern etwa *Zierke* VersR 1987,132-134.

[13] BGBl 1976 I S. 1341. Dazu *Schirmer* ZVersWiss 1981,637 (671).

[14] Sofern der Haftungsausschluß generell auf leichte Fahrlässigkeit beschränkt ist, riskiert der Versicherungsnehmer hierdurch auch nicht die Leistungsfreiheit des Versicherers analog § 67 Abs. 1 S. 3 VVG, wie die h.M. sie befürwortet (BGH, Urt. v. 13.1.1975 - VII ZR 56/72, VersR 1975,317; *J. Prölss*, in: Prölss/Martin, § 67 VVG Anm. 6 b; dagegen *Tribess*, Die Leistungsfreiheit des Versicherers aus § 67 Abs. 1 Satz 3 VVG im Falle des Vorausverzichtes, S. 175.

zeichnung - von vornherein kein Haftpflichtinteresse, so daß es für ihn nicht mehr auf die Deckung dieses Interesses in der Sachversicherung ankommt[15].

Eine Schwierigkeit liegt nun freilich darin, daß es im Einzelfall keineswegs immer unzweifelhaft ist, ob zwischen dem potentiell Geschädigten und dem potentiell Haftpflichtigen eine derartige Haftungsausschlußvereinbarung zustandegekommen ist oder nicht. Die Rechtsprechung stellt bisweilen recht niedrige Anforderungen an die Annahme eines *stillschweigenden* Haftungsausschlusses[16]; sie kann sich dabei auch auf Stimmen in der Literatur stützen[17]. Der spezifische Zusammenhang zum Gegenstand dieser Arbeit besteht darin, daß der schadensersatzrechtliche Haftungsausschluß und die versicherungsrechtliche Deckung des Haftpflichtinteresses zwei unterschiedliche Wege zur Erreichung ein- und desselben Ziels darstellen, nämlich der Entlastung des potentiell Haftpflichtigen von den seinem Vermögen durch die Belastung mit Haftpflichtansprüchen drohenden Nachteilen. Trotz dieser identischen Zielrichtung gilt es, beide Probleme klar auseinanderzuhalten[18]. Die Frage nach dem Vorliegen eines stillschweigenden Haftungsausschlusses ist völlig losgelöst von dem Gesichtspunkt, daß der an sich Haftpflichtige hinsichtlich des Schadensersatzanspruchs möglicherweise Versicherungsschutz genießt, zu beantworten. Ob für einen bestimmten Haftpflichtanspruch versicherungsrechtlich Deckungsschutz besteht, ist eine allein die Beteiligten des Versicherungsverhältnisses betreffende Frage; ihre Beantwortung darf nicht die logisch vorrangige, das Verhältnis von potentiell Haftpflichtigem und Ge-

---

[15] *Martin* VersR 1974,821 (824); *Schirmer* ZVersWiss 1981,637 (667, 671, 682). Anders offenbar *Schnepp* (Sachversicherung bei Mobilienleasing, S. 131 f.: die Frage nach einem Haftungsausschluß stelle sich erst, wenn der Regreß nicht schon durch Mitversicherung des Sachersatzinteresses abgeschnitten sei; ein Haftungsausschluß sei aus versicherungsrechtlicher Sicht nur subsidiär. Die Ansicht von *H. Honsell* (VersR 1985,301 (303 f.)), auf den *Schnepp* sich beruft, geht in eine andere Richtung: Gegenüber der *Konstruktion* eines konkludenten Haftungsausschlusses sei die Annahme einer Mitversicherung "rechtstechnisch" vorzuziehen. - *Glaser* (ZfV 1953,119) sieht auf der haftungsrechtlichen Ebene sogar die einzige Möglichkeit zum Schutz des potentiell Haftpflichtigen; die Frage nach einer versicherungsrechtlichen Deckung des Haftpflichtinteresses erörtert er überhaupt nicht.

[16] BGH, Urt. v. 23.1.1991- IV ZR 284/89, VersR 1991,462 (462 f.); Urt. v. 30.4.1959 - II ZR 126/57, BGHZ 30,40 (48 f.). Näher sogleich im Text.

[17] Z.B. *Kollhosser*, in: Prölss/Martin, vor § 51 VVG Anm. 7 A b aa; *Mersson* DAR 1993,87 (für den Haftungsausschluß bei Gefälligkeitsfahrten). Der Meinungsstand wird eingehend dargestellt bei *Schwarting*, Die Schadenstragung als Quasi-Versicherer, S. 45-68.

[18] Die schadensersatzrechtliche und die versicherungsrechtliche Ebene werden in der Diskussion nicht immer deutlich genug voneinander unterschieden. So setzt *Treier* (WM-Sonderbeilage Nr. 4/92, S. 1 (12 f.)) in seiner Wiedergabe von BGH, Urt. v. 7.3.1990 - IV ZR 342/88 (VersR 1990,625) die Begriffe Haftungsbeschränkung und Regreßverzicht gleich.

schädigtem betreffende Haftungsfrage präjudizieren (Trennungsprinzip)[19]. Es darf - dies wird in der Diskussion nicht stets genügend beachtet[20] - für die Feststellung des Haftungsausschlusses keine Rolle spielen, ob dem potentiell Haftpflichtigen im Fall seiner Eintrittspflicht der Versicherungsschutz einer Sachversicherung zugutekäme[21].

Eine nähere Auseinandersetzung mit der dem allgemeinen Schuldvertragsrecht zugehörigen Auslegungsfrage, welche Voraussetzungen an das Vorliegen eines stillschweigenden Haftungsausschlusses zu stellen sind, kann nicht Gegenstand dieser versicherungsrechtlichen Arbeit sein. Vielmehr wird als Ausgangspunkt der Untersuchung angenommen, daß eine potentielle Haftpflicht - und damit ein Bedarf an Versicherungsschutz - besteht. Da jedoch die praktische Tragweite des behandelten Themas u.a. auch davon abhängt, unter welchen Voraussetzungen ein vertraglicher Haftungsausschluß anzunehmen ist, soll hierzu im folgenden ein kurzer Überblick gegeben werden[22].

Der BGH[23] lehnt es ab, bei Mietverträgen *generell* einen stillschweigenden Ausschluß der Haftung für leicht fahrlässiges Verhalten des Mieters anzunehmen. Erforderlich für eine dahingehende Vertragsauslegung sei es vielmehr, daß der Mietvertrag *konkrete Anhaltspunkte* für einen entsprechenden Parteiwillen enthalte. Ein derartiges Indiz soll insbesondere der Umstand darstellen, daß der Mieter die Versicherungsprämie finanziert[24]. Ob dieser Um-

---

19 *Von Bar* AcP 181 (1981),289-327; *Weyers*, Versicherungsvertragsrecht, Rdnr. 713; *Fuchs* BB 1992,1217 (1220 f.); *ders.* AcP 191 (1991),318 (338); *Hübner* VersR 1991,497 (500). Diese Trennung wird auch durch die Diskussion über die Möglichkeiten einer Haftungsersetzung durch Versicherungsschutz (dazu eingehend *Fuchs* BB 1992,1217; ferner *Sieg* ZHR 113,95) nicht in Frage gestellt; dort geht es vielmehr darum, ob kraft gesetzlicher oder vertraglicher Regelung die Haftung im Voraus durch Versicherungsschutz ersetzt werden kann (s. auch *Schirmer* ZVersWiss 1981,637 (673)).

20 Etwa bei *Sieg*, in: Bruck/Möller/Sieg, § 67 VVG Anm. 127.

21 Hiervon zu unterscheiden ist die weitere Frage, ob die Zumutbarkeit einer Versicherung des Haftpflichtrisikos für eine Haftungsbeschränkung spricht; dafür BGH, Urt. v. 10.1.1979 - VIII ZR 264/74, NJW 1979,643 (644); Urt. v. 18.12.1979 - VI ZR 52/78, NJW 1980,1681 (1682).

22 Ausführlicher *Fuchs* BB 1992,1217 (1218-1220); zusammenfassend *Schirmer* ZVersWiss 1992,381 (404).

23 Urt. v. 23.1.1991- IV ZR 284/89, VersR 1991,462 (462 f.); zustimmend *Kollhosser*, in: Prölss/Martin, vor § 51 VVG Anm. 7 A b aa. Ebenso bereits BGH, Urt. v. 30.4.1959 - II ZR 126/57, BGHZ 30,40 (48 f.).

24 BGH, Urt. v. 29.10.1956 - II ZR 64/56, BGHZ 22,109 (115 f.); bestätigt durch BGH, Urt. v. 30.4.1959 - II ZR 126/57, BGHZ 30,40 (48 f.). So schon RG, Urt. v. 2.11.1928 - VII 215/28, RGZ 122,292 (294). - Zustimmend *Fuchs* BB 1992,1217 (1219); *Sieg*, in: Bruck/Möller/Sieg, § 67 VVG Anm. 44 und 127; *E. Prölss* VersR 1957,124; *Möller* DAR 1953,108.

stand indessen für sich genommen bereits die Annahme eines Haftungsausschlusses rechtfertigt, erscheint zweifelhaft; der BGH[25] hat - soweit ersichtlich - bislang stets weitere Anhaltspunkte verlangt. Jedenfalls soll es für eine Haftungsbeschränkung ausreichen, daß der Vermieter sich gegenüber dem Mieter ausdrücklich zum Abschluß einer Gebäudeversicherung verpflichtet[26] oder er ihm auf Anfrage bestätigt, daß Sachversicherungsschutz bestehe[27].

Umstritten ist die Frage, ob umgekehrt allein aus der Verpflichtung des Mieters (Besitzers), eine Fremdversicherung zugunsten des Vermieters (Eigentümers) zu nehmen, ein Haftungsausschluß gefolgert werden kann[28]. Dagegen spricht entscheidend, daß anderenfalls dann, wenn der Versicherer im Einzelfall leistungsfrei ist, der Mieter dem Vermieter den Haftungsausschluß entgegenhalten könnte[29]. Im Verhältnis zwischen Insasse und Fahrer eines Kfz nimmt der BGH einen stillschweigenden Haftungsausschluß für einfache Fahrlässigkeit nicht bereits aufgrund der Tatsache an, daß es sich um eine Gefälligkeitsfahrt handelt. Vielmehr wird verlangt, daß besondere Umstände hinzutreten, die dazu führen, daß der Insasse einen ausdrücklich erklärten Haftungsausschluß billigerweise hätte akzeptieren müssen[30]. Dies wird insbesondere angenommen, wenn für den Insassen kein eigener Versicherungsschutz besteht und ihm dies nur schwer erkennbar ist[31]. Im Rahmen der hypothetischen Überlegung, ob der potentiell Geschädigte sich auf einen

---

[25] S. neben den in Fußn. 24 aufgeführten Entscheidungen auch BGH, Urt. v. 30.3.1965 - VI ZR 248/63, BGHZ 43,295 (299 f.) = VersR 1965,508; Urt. v. 13.1.1975 - VII ZR 56/72, VersR 1975,317. - Für die Annahme einer stillschweigenden Haftungsbeschränkung ohne weiteres - allerdings nur bei *offengelegter* Prämienumlage - hingegen *Fuchs* BB 1992,1217 (1219).

[26] BGH, Urt. v. 7.3.1990 - IV ZR 342/88, VersR 1990,625 (626) = NJW-RR 1990,1175 (1176); zustimmend Fuchs BB 1992,1217 (1219); *J. Prölss*, in: Prölss/Martin, § 80 VVG Anm. 1 B b; *Schirmer* ZVersWiss 1981,637 (686).

[27] BGH, Urt. v. 30.3.1965 - VI ZR 248/63, BGHZ 43,295 (298 f.) = VersR 1965,508; zustimmend *Sieg*, in: Bruck/Möller/Sieg, § 67 VVG Anm. 44.

[28] Bejahend *Sieg*, in: Bruck/Möller/Sieg, § 67 VVG Anm. 127; verneinend *Schirmer* ZVersWiss 1981,637 (671).

[29] *Schirmer* ZVersWiss 1981,637 (671). Im Betracht käme dann lediglich ein Anspruch des Vermieters gegen den Mieter wegen einer zur Leistungsfreiheit des Versicherers führenden Vertragsverletzung. Diesen Aspekt übergeht Sieg (ZHR 113,95 (102 f.)) in seiner Argumentation zugunsten einer Haftungsersetzung durch Versicherungsschutz nach dem Vorbild der ADSp, einer verwandten Frage.

[30] Vgl. zu dieser hypothetischen Prüfung BGH, Urt. v. 22.4.1953 - II ZR 143/52, BGHZ 9,273 (278 f.).

[31] BGH, Urt. v. 14.2.1978 - VI ZR 216/76, VersR 1978,625.

ausdrücklichen Haftungsausschluß hätte einlassen müssen, ist diese Argumentation mit dem fehlenden Versicherungsschutz statthaft[32].

Die Schwierigkeiten bei dem Versuch, den potentiell Haftpflichtigen durch eine in den Vertrag hineinzulesende Haftungsbeschränkung zu schützen, deuten darauf hin, daß hier auf der haftungsrechtlichen Ebene ein Schutz angestrebt wird, der an sich originäre Aufgabe der Versicherung wäre. Durch die Konstruktion eines stillschweigenden Haftungsausschlusses soll dem potentiell Haftpflichtigen im Ergebnis die Stellung eines Versicherungsnehmers verschafft werden[33]. Zu den konstruktiven Bedenken kommt hinzu, daß - wie noch zu zeigen sein wird[34] - der Haftungsausschluß einerseits, der versicherungsrechtliche Schutz des Haftpflichtinteresses andererseits keineswegs nebeneinanderstehende, gleichwertige Wege zum Schutz des potentiell Haftpflichtigen sind. Die vorliegende Untersuchung unternimmt es, die Schutzmöglichkeiten auf der Ebene der Sachversicherung auszuloten; erweisen sie sich als ausreichend, so sinkt damit zugleich das praktische Bedürfnis zur Konstruktion stillschweigender Haftungsausschlüsse.

III. Gang der Untersuchung

Liegen die Voraussetzungen eines Haftungsausschlusses nicht vor, so besteht ein Schutzbedürfnis derjenigen Personen, die aufgrund ihres Umgangs mit der Sache Haftungsrisiken tragen. Für den Schutz potentiell Haftpflichtiger durch einen Sachversicherungsvertrag kommen im wesentlichen zwei Wege in Betracht[35]: Zum einen die Vereinbarung eines *Regreßverzichts*, zum anderen der *Einschluß des Haftpflichtinteresses* in den Deckungsumfang. Während die grundsätzliche Zulässigkeit eines Regreßverzichts allgemein

---

[32] Darin liegt kein Widerspruch zu der oben (S. 20 f.) vertretenen Ansicht, wonach es für den Haftungsausschluß keinen Unterschied machen darf, ob Versicherungsschutz für das Interesse *des potentiell Haftpflichtigen* besteht; dort geht es nicht um einen hypothetischen ausdrücklichen Haftungsausschluß.

[33] Im Ansatz kritisch hierzu auch *E. Lorenz* VersR 1992,399 (400). Vgl. auch *Gärtner* (BB 1993,1454 (1456)), der die Annahme eines stillschweigenden Haftungsausschlusses zugunsten des Obhutspflichtigen (Quasi-Halters) in der Kfz-Haftpflichtversicherung als "reine Unterstellung" bezeichnet.

[34] S.u. A IV 3 (S. 88 f.).

[35] Einzelheiten s.u. A II (S. 27 ff.).

anerkannt ist[36], besteht über die Zulässigkeit der Deckung des Haftpflichtinteresses an bestimmten Sachen im Rahmen einer Sachversicherung Streit[37]. Damit ist die Gliederung der Untersuchung vorgezeichnet: Zunächst ist auf das Problem einzugehen, ob sachbezogene Haftpflichtinteressen in der Sachversicherung versicherbar sind *(Teil A)*. Anschließend soll untersucht werden, inwieweit potentiell Haftpflichtige durch den konkreten Sachversicherungsvertrag tatsächlich auf die eine oder andere Weise - durch Regreßverzicht oder Einschluß ihres Sachersatzinteresses - geschützt werden *(Teil B)*. In *Teil C* sind schließlich Umfang und Rechtsfolgen des Schutzes zu erörtern.

---

36 *J. Prölss*, in: Prölss/Martin, § 67 VVG Anm. 9; *Sieg*, in: Bruck/Möller/Sieg, § 67 VVG Anm. 174; *R. Schmidt* VersR 1953,457 (458); *Schirmer* ZVersWiss 1981,637 (682); *E. Lorenz* VersR 1992,399 (402).

37 Vgl. die Nachweise unten A III 1 (S. 41 ff., Rechtsprechung), 2 (S. 56 ff., Literatur).

Teil A: Versicherbarkeit des Haftpflichtinteresses an bestimmten Sachen im Rahmen einer Sachversicherung

I. Bedeutung der Frage

Soll das Haftpflichtinteresse eines potentiell Haftpflichtigen an bestimmten Sachen versichert werden, so erscheint es auf den ersten Blick naheliegend, eine *Haftpflichtversicherung* abzuschließen. Dem steht auch nicht entgegen, daß es hier ausschließlich um die Deckung eines auf der Rechtsbeziehung des potentiell Haftpflichtigen zum Eigentümer einer bestimmten Sache beruhenden - und in diesem Sinne gegenständlich begrenzten - Interesses geht. Der Versicherungsschutz in der Haftpflichtversicherung ist nämlich keineswegs allumfassend und damit von vornherein konträr zu dem stets gegenständlich beschränkten Schutz der Sachversicherung. Im Gegenteil wird vielmehr kein umfassender Versicherungsschutz für Haftpflichtansprüche jeglicher Art angeboten. Der Deckungsumfang ist stets auf bestimmte Haftpflichtrisiken begrenzt, und zwar nicht aufgrund entsprechender rechtlicher Vorgaben, sondern aus versicherungstechnischen Gründen (Bildung einer angemessenen Gefahrengemeinschaft)[1]. Dementsprechend heißt es in § 1 Nr. 2 a AHB, daß das Haftpflichtrisiko aus den vereinbarten "Eigenschaften, Rechtsverhältnissen oder Tätigkeiten des Versicherungsnehmers" in der Haftpflichtversicherung versicherbar ist. Der Versicherungsschutz kann damit im Extremfall so ausgestaltet werden, daß praktisch ausschließlich das Haftpflichtinteresse an *bestimmten Sachen* versichert ist. Ein Beispiel hierfür stellt die vom Kaufinteressenten für ein bestimmtes Kfz genommene Probefahrtversicherung[2] dar. Die Grenzen zur Sachversicherung sind hier freilich fließend; darauf wird noch ausführlich einzugehen sein[3]. In der Haftpflichtversicherung kann *rechtlich* somit grundsätzlich jedes - auch sehr spezielle - Haftpflichtinteresse an Sachen versichert werden. Ob die Deckung des Risikos auf dem Versicherungsmarkt auch *tatsächlich* gelingt, hängt dann davon ab, ob ein Versicherer

---

[1] Dazu *J. Prölss*, in: Prölss/Martin, Vorbem. II 1.

[2] S. die Sonderbedingungen 1 und 2 für die Kraftverkehrsversicherung, VerBAV 1962,30.

[3] Unten IV 1 (S. 73 ff.).

für das konkrete Risiko eine ausreichend große Gefahrengemeinschaft bilden kann.

Ist das Haftpflichtinteresse in bezug auf bestimmte Sachen somit in der Haftpflichtversicherung versicherbar, so stellt sich aus den im folgenden aufzuzeigenden Gründen dennoch die Frage, ob das Haftpflichtinteresse stattdessen auch im Rahmen einer Sachversicherung gedeckt werden kann. Bei der Beantwortung ist - was bislang regelmäßig nicht hinreichend beachtet wird - auch zu klären, ob dann insoweit von einer eigenständigen, neben die Sachversicherung tretenden Haftpflichtversicherung auszugehen ist, oder ob die Regeln über die Haftpflichtversicherung zumindest analog anzuwenden sind. Die Antworten auf diese Fragen sind sowohl bei bereits geschlossenem Versicherungsvertrag als auch im Vorfeld des Vertragsschlusses von erheblicher praktischer Bedeutung:

Ist ein nach herkömmlicher Vorstellung der Sachversicherung zuzurechnender Versicherungsvertrag[4] *bereits geschlossen*, so findet sich für diesen Fall in der Literatur bisweilen die Ansicht, das Haftpflichtinteresse des Fremdbesitzers (Mieters, Pächters, Leasingnehmers usw.) sei deshalb nicht vom Versicherungsschutz mitumfaßt, weil Haftpflichtinteressen generell nicht im Wege der Sachversicherung versicherbar seien[5]. Auf diesen Standpunkt hat sich in jüngster Zeit wiederholt auch der BGH[6] gestellt. Zur Folge hat jene Ansicht, daß dem Fremdbesitzer als Haftpflichtigem der Regreß des den Eigentümer entschädigenden Versicherers nach § 67 Abs. 1 VVG droht[7].

---

4 Zu den Zuordnungskriterien im einzelnen s.u. IV 1 b) bb) (S. 76 f.).

5 So insbesondere *Sieg*, in: Bruck/Möller/Sieg, § 74 VVG Anm. 8, § 80 VVG Anm. 9; *Möller*, in: Bruck/Möller/Sieg, § 49 VVG Anm. 75, 95; *E. Lorenz* VersR 1992,399 (400 f.); *Schirmer* ZVersWiss 1981,637-743 (für gesetzliche Haftpflichtansprüche); näher unten III 2 a) (S. 59 ff.).

6 Urt. v. 23.1.1991 - IV ZR 284/89, VersR 1991,462 = NJW-RR 1991,527 (Leitungswasserversicherung); Beschl. v. 18.12.1991 - IV ZR 259/91, VersR 1992,311 (Gebäude-Feuerversicherung); zur Kfz-Kaskoversicherung bereits Urt. v. 29.10.1956 - II ZR 64/56, BGHZ 22,109 (zu allen Entscheidungen näher unten III 1 b) (S. 47 ff.)).

7 Dieser Rückgriff wird nicht dadurch ausgeschlossen, daß durch die vom Versicherer erbrachte Entschädigungsleistung der Schadensersatzanspruch des Eigentümers gegen den Fremdbesitzer getilgt würde. Aus § 67 Abs. 1 VVG ergibt sich vielmehr gerade, daß das Gesetz der Leistung des Versicherers keine Tilgungswirkung beimißt (so auch die Begründung zum VVG-Entwurf, in: Motive, S. 139; kritisch zu diesem Argument *Sieg*, in: Bruck/Möller/Sieg, § 67 VVG Anm. 7); näher s.u. II 1 a) aa) (S. 28), vgl. auch - zur Tilgungswirkung bei Deckung des Sachersatzinteresses - C IV 2 a) (S. 205 f.), c) (S. 207). - Insoweit unklar *Sieg* ZVersWiss 1963,265 (274 bei Fußn. 51); eindeutig gegen Tilgungswirkung - oder Anrechnungspflicht - *ders.*, in: Bruck/Möller/Sieg, § 67 VVG Anm. 7 f.).

Schon *im Vorfeld* eines Vertragsschlusses kann sich aus Sicht des Deckungsschutz Suchenden die Frage stellen, ob seine Wahlmöglichkeit auf die Haftpflichtversicherung reduziert ist oder ob es ihm offensteht, sein Haftpflichtinteresse stattdessen im Rahmen einer Sachversicherung zu decken. Oftmals erscheint nämlich der Abschluß einer Haftpflichtversicherung allein zur Deckung des Interesses daran, im Falle der Beschädigung, der Zerstörung oder des Verlustes einer fremden Sache von Haftpflichtansprüchen befreit zu werden, in verschiedener Hinsicht als nachteilig. Dabei spielt neben dem *begrenzten gegenständlichen und summenmäßigen Deckungsumfang* der Haftpflichtversicherung nach bisherigem Standard auch der Gesichtspunkt der *Praktikabilität* eine Rolle: Der Abschluß eines gesonderten Haftpflichtversicherungsvertrages kann sich dann als unzweckmäßig erweisen, wenn - was hier regelmäßig der Fall ist - der potentiell für die Beschädigung, die Zerstörung oder den Verlust der Sache Haftpflichtige bereits vor Eintritt des Schadensfalles in rechtlichen Beziehungen zu ihrem Eigentümer steht.

Auf die angesprochenen Nachteile einer Deckung des Haftpflichtinteresses an bestimmten Sachen in der Haftpflichtversicherung wird später noch ausführlich einzugehen sein[8]. Auch sie führen zu der Frage, ob einer Versicherbarkeit des Haftpflichtinteresses in der Sachversicherung (unter Anwendung der für diesen Versicherungszweig geltenden Regeln) durchgreifende Einwände entgegenstehen. Bevor dies im einzelnen erörtert wird, soll zunächst dargestellt werden, welche versicherungsrechtlichen Gestaltungsmöglichkeiten für den Schutz des potentiell Haftpflichtigen im Rahmen einer Sachversicherung überhaupt in Betracht zu ziehen sind.

II. In Betracht kommende sachversicherungsrechtliche Möglichkeiten zur Gestaltung des Schutzes des potentiell Haftpflichtigen

1. Versicherung des Sacherhaltungsinteresses mit Regreßausschluß

a) Fremdversicherung durch den potentiell Haftpflichtigen

aa) Ausgangspunkt

Demjenigen, der für die Beschädigung, die Zerstörung oder den Verlust fremder Sachen einem Dritten - regelmäßig: dem Eigentümer - haftbar wer-

[8] Unten III 2 b) bb) (1) (S. 64 ff.).

den könnte, steht ohne weiteres die Möglichkeit offen, das Sacherhaltungsinteresse des Dritten (Eigentümerinteresse) im Wege der Sachversicherung für fremde Rechnung zu versichern[9]. Einer Mitwirkung des Dritten an dem den Versicherungsschutz begründenden Vertragsschluß bedarf es nicht; der Schutz entsteht unabhängig von seinem Willen (Vertrag zugunsten Dritter gem. §§ 328 ff. BGB[10])[11].

Dieser Versicherungsschutz führt dazu, daß der dem Dritten (Versicherten) entstandene Schaden nach den allgemeinen, für die Fremdversicherung geltenden Regeln der §§ 74-80 VVG ausgeglichen wird. Somit wird der Versicherte materiell Inhaber einer gegen den Versicherer gerichteten Ausgleichsforderung (§ 75 Abs. 1 S. 1 VVG). Andererseits ist zur Geltendmachung der Forderung gegenüber dem Versicherer grundsätzlich allein der Versicherungsnehmer befugt (§ 75 Abs. 2 VVG). Freilich ist der Versicherungsnehmer verpflichtet, die Entschädigungsleistung vom Versicherer einzuziehen und an den versicherten Eigentümer auszukehren. Diese Verpflichtung ergibt sich - unabhängig von einer vorherigen Vereinbarung, wonach der Versicherungsnehmer eine Fremd-Sachversicherung abzuschließen hat - stets aus dem durch die §§ 76,77 VVG begründeten gesetzlichen Treuhandverhältnis zwischen Versicherungsnehmer und Versichertem[12]. Zudem widerspräche es dem - allerdings umstrittenen[13] - schadensversicherungsrechtlichen Bereicherungsverbot, wenn der Versicherungsnehmer die materiell dem Versicherten zuste-

---

[9] Hat dabei der Versicherungsnehmer die Sache für den Dritten als seinem Kunden - etwa aufgrund eines Werkvertrages - in Besitz, so spricht man von einer *Kundenversicherung*; *Daube*, Die rechtliche Konstruktion der Kundenversicherung, S. 34 ff., 126 ff.; *Möller*, in: Bruck/Möller/Sieg, § 49 VVG Anm. 119; *Kollhosser*, in: Prölss/Martin, vor § 51 VVG Anm. 7 C; *Schirmer* ZVersWiss 1981,637 (670).

[10] *Sieg*, in: Bruck/Möller/Sieg, § 74 VVG Anm. 2 und §§ 75,76 VVG Anm. 16,17; *Schirmer* ZVersWiss 1981,637 (679).

[11] Freilich kann der Dritte das ihm zugewandte Recht gem. § 333 BGB zurückweisen (*Sieg*, in: Bruck/Möller/Sieg, §§ 75,76 VVG Anm. 16); ein allerdings wohl eher theoretischer Fall (*Schirmer* ZVersWiss 1981,637 (679)).

[12] BGH, Urt. v. 12.6.1991 - XII ZR 17/90, NJW 1991,3031 (3032) = RuS 1991,346 (347); OLG Karlsruhe, Urt. v. 17.12.1975 - 13 U 33/75, VersR 1976,239 (240) mit zustimmender Anm. *Martin* VersR 1976,240; OLG Bremen, Urt. v. 29.11.1977 - 1 U 121/77, VersR 1978,315 (alle zur Sachversicherung); *Kollhosser*, in: Prölss/Martin, vor § 51 VVG Anm. 4 C; *J. Prölss*, in: Prölss/Martin, § 76 VVG Anm. 1, § 77 VVG Anm. 1 A.

[13] Kritisch *Gärtner*, Das Bereicherungsverbot, insbesondere S. 55-81, S. 138 f.; *Sieg*, in: Bruck/Möller/Sieg, § 67 VVG Anm. 16 f.; grds. für das Bereicherungsverbot hingegen BGH, Urt. v. 24.9.1969 - IV ZR 776/68, BGHZ 52,350 (353); Urt. v. 26.9.1979 - IV ZR 94/78, VersR 1979,1120 (1121); *Möller*, in: Bruck/Möller/Sieg, § 55 VVG Anm. 6-9; *J. Prölss*, in: Prölss/Martin, § 1 VVG Anm. 2 A b; *Kollhosser*, in: Prölss/Martin, § 55 VVG Anm. 1.

hende Entschädigung behalten dürfte[14]. Eines Rückgriffs auf § 816 Abs. 2 BGB[15] bedarf es somit zur Begründung des Anspruchs nicht, zumal sich aus dieser Norm nur die Auskehrungs-, nicht aber eine Einziehungsbefugnis des Versicherungsnehmers herleiten ließe. Die Position des Eigentümers als Versichertem ist auch in gegen den Versicherungsnehmer laufenden Konkurs- und Zwangsvollstreckungsverfahren stark: Im Konkurs kann der Versicherte Aussonderung verlangen[16]; eine Pfändung der Versicherungsforderung ist unzulässig[17], so daß dem Versicherten hiergegen die Drittwiderspruchsklage nach § 771 ZPO zusteht.

Entschädigt der Versicherer den Eigentümer, so wird durch die Versicherung für fremde Rechnung (reine Fremd-Sachversicherung) das eigene Haftpflichtinteresse des Versicherungsnehmers indessen nicht ohne weiteres gedeckt. Vielmehr stellt sich nun die Frage, ob der Versicherer ihn gem. § 67 Abs. 1 VVG in Regreß nehmen kann. Diese Rückgriffsmöglichkeit entfällt nicht von vornherein deshalb, weil der Schadensersatzanspruch durch die Leistung des Versicherers an den Eigentümer erloschen wäre. Eine *Tilgung* durch den Versicherer oder eine Anrechnungspflicht des Eigentümers scheidet bereits im Hinblick darauf aus, daß die Versicherung - vorbehaltlich eines Regreßverzichts[18] - dem Schädiger nicht zugutekommen soll[19]. Auch das Gesetz geht in § 67 VVG von einem Bestehenbleiben der Forderung aus[20]. Allerdings hat der BGH in einer Entscheidung zur Kfz-Handel und -Handwerk-Versicherung angenommen, der Eigentümer *"verzichte"* mit der Entgegennahme der Entschädigung aus der Kfz-Kasko-Fremdversicherung in Höhe des Erlangten auf Haftpflichtansprüche gegen den Schädiger[21]. Indessen steht der Annahme eines Verzichtes - der zu einem Erlöschen des Schadensersatzanspruchs gem. §§ 362 Abs. 1, 267 BGB oder nach § 397 Abs. 1 BGB führen könnte - der all-

---

[14] *Martin*, Sachversicherungsrecht, J IV 10-11.

[15] Für diesen Rückgriff hingegen *Sieg*, in: Bruck/Möller/Sieg, § 77 VVG Anm. 35 und § 80 VVG Anm. 31.

[16] *Sieg*, in: Bruck/Möller/Sieg, §§ 75,76 VVG Anm. 42.

[17] RG, Urt. v. 14.11.1930 - VII 94/30, RGZ 130,237 (242); *Sieg*, in: Bruck/Möller/Sieg, §§ 75,76 VVG Anm. 40; *J. Prölss*, in: Prölss/Martin, § 76 VVG Anm. 1 b.

[18] Dazu s.u. B II 2 (S. 96).

[19] *Sieg*, in: Bruck/Möller/Sieg, § 67 VVG Anm. 7 f.

[20] S. bereits oben S. 27 Fußn. 7.

[21] Einen derartigen Verzicht nehmen an: BGH, Urt. v. 20.3.1974 - IV ZR 94/73, VersR 1974,535 (536); *Stiefel/Hofmann*, Kraftfahrtversicherung, § 12 AKB Rdnr. 4; *Schwarting*, Die Schadenstragung als Quasi-Versicherer, S. 22 f. (für die Kfz-Handel und -Handwerk-Versicherung).

gemeine Grundsatz entgegen, daß ein stillschweigender Verzicht nicht zu vermuten ist[22]. Vielmehr bedarf es, wenn ein Verzicht nicht ausdrücklich erklärt ist, einer besonders strengen Prüfung, ob der Wille des Forderungsinhabers tatsächlich auf einen Verzicht gerichtet ist. Ein derartiger Verzichtswille geht hier allein aus der Entgegennahme der Zahlung nicht hinreichend deutlich hervor[23]. Eine solche Erklärung brächte dem Eigentümer als Versichertem keinerlei Vorteil; im Gegenteil sieht § 67 Abs. 1 S. 3 VVG sogar die Leistungsfreiheit des Versicherers für den Fall vor, daß ein Schadensersatzanspruch aufgegeben wird.

bb) Regreßausschluß wegen der Stellung des potentiell Haftpflichtigen als Versicherungsnehmer

Streit besteht über die Rückgriffsmöglichkeit des Versicherers jedoch im Hinblick auf die Besonderheit, daß der Haftpflichtige selbst der *Versicherungsnehmer* ist. Nach einer Auffassung gilt § 67 Abs. 1 VVG grundsätzlich - vorbehaltlich einer Mitversicherung des Haftpflichtinteresses des Versicherungsnehmers[24] - auch für Ansprüche des Versicherten gegen den Versicherungsnehmer[25]. Der BGH[26] hat einen ähnlichen Weg beschritten[27]: Die gem.

---

[22] BGH, Urt. v. 31.3.1982 - I ZR 69/80, WM 1982,671 (673); RG, Urt. v. 19.2.1923 - IV 416/22, SeuffA 78 Nr. 12; Urt. v. 20.9.1927 - VII 155/27, RGZ 118,63 (66); *von Feldmann*, in: MünchKomm, § 397 BGB Rdnr. 2; Erman-*H.P.Westermann*, § 397 BGB Rdnr. 10.

[23] Zweifel hegt gegenüber der Entscheidung des BGH wohl auch *Schirmer* ZVersWiss 1981,637 (672 f.), zustimmend aber offenbar auf S. 705.

[24] Dazu unten B III 3 (S. 151 ff.).

[25] OLG Hamm, Urt. v. 20.5.1988 - 20 U 315/87, VersR 1989,36 (37); OLG Bremen, Urt. v. 12.2.1952 - 2 U 238/51, VersR 1952,127 (128); *Martin*, Sachversicherungsrecht, J III 11; *ders.*, ZVersWiss 1973,493 (503); *J. Prölss*, in: Prölss/Martin, § 67 Anm. 3 a; *Sieg*, in: Bruck/Möller/Sieg, § 67 VVG Anm. 127; *Kisch*, Privatversicherungsrecht III, S. 517 f.; *Bischoff* VersR 1961,193 (194 f.); *Bischoff/Vassel* VerBAV 1959,155 (158); *Ehrenzweig*, Versicherungsvertragsrecht, S. 291; *Flechtheim* LZ 1911,675 (682); *E. Prölss*, in: Karlsruher Forum 1959, S. 43; *Herb. Brockmann* VersR 1960, 1 (5 f.) (jedenfalls für die Transportversicherung). - Vgl. auch (in einem besonders gelagerten Fall) ÖOGH, Urt. v. 21.4.1993 - 7 Ob 11/93, VersR 1994,459 (460).

[26] BGH, Urt. v. 11.7.1960 - II ZR 254/58, BGHZ 33,97 (100) = NJW 1960,1903 mit zustimmender Anmerkung von *Haidinger* LM § 67 VVG Nr. 14; BGH, Urt. v. 24.11.1971 - IV ZR 71/70, VersR 1972,194 (195); beide Urteile sind zur Personen-Kautionsversicherung ergangen.

[27] Demgegenüber zieht *Schirmer* (ZVersWiss 1981,637 (673)) das Urteil des BGH vom 11.7.1960 (s. Fußn. 26) als Beleg dafür heran, daß "über das Ergebnis des Regreßausschlusses" Einigkeit bestehe, obwohl - was auch *Schirmer* andeutet - der BGH den Regreß gerade nicht stets für ausgeschlossen hält, vgl. oben im Text und zutreffend Bischoff VersR 1961,193 (194). - Umgekehrt nimmt *Sieg* (in: Bruck/Möller/Sieg, §§ 67 VVG Anm. 127) dasselbe Urteil des BGH ohne weiteres für seine eigene, die Regreßmöglichkeit bejahende Ansicht in Bezug. Auch *J. Prölss*

§ 67 VVG übergegangenen Ansprüche seien (nur) dann nicht gegen den Versicherungsnehmer durchsetzbar, wenn die Fremdversicherung mittelbar auch ihm zugutekommen solle. Im Wege ergänzender Vertragsauslegung kann der Versicherungsnehmer so trotz fehlender ausdrücklicher Regreßverzichtsvereinbarung im Einzelfall vor Ansprüchen des Versicherers geschützt werden. Der Gegenauffassung zufolge soll bei der Fremdversicherung ein Regreß des Versicherers gegen den Versicherungsnehmer stets ausscheiden[28]. Jener sei nämlich nicht als Dritter im Sinne von § 67 VVG anzusehen[29]. Daneben wird damit argumentiert, die Aufteilung der Rollen auf Versicherungsnehmer und Versicherten in der Fremdversicherung dürfe dem Versicherer nicht in Gestalt des Regresses einen ungerechtfertigten Vorteil bieten (arg. e contrario aus §§ 61, 79 VVG)[30]. Anders gewendet: Werde der Versicherer bei leichter Fahrlässigkeit des Versicherungsnehmers im Falle der Eigenversicherung nicht befreit, so könne für die Fremdversicherung nichts anderes gelten[31].

Für die Entscheidung des Streites ist zu überlegen, ob sich aus dem *Zweck* des § 67 Abs. 1 VVG Anhaltspunkte ergeben. Nach der Begründung des Entwurfs zum VVG[32] ist die dieser Vorschrift zugrundeliegende gesetzgeberische Zielsetzung eine zweifache: Zum einen solle der Geschädigte nicht durch eine doppelte Leistung (des Versicherers sowie des Ersatzpflichtigen) bereichert werden[33]. Zum anderen solle die Zahlung des Versicherers an den Geschädigten (Versicherten) den Ersatzpflichtigen (Versicherungsnehmer) nicht entlasten: Zwar wird der Schaden durch den Versicherer ausgeglichen, doch geht

(in: Prölss/Martin, § 67 VVG Anm. 3 a) zitiert das Urteil im Zusammenhang mit der Begründung dieser Auffassung, kritisiert es freilich als ungenau.

[28] *Schirmer* ZVersWiss 1981,637 (672 f., 687 f., 694, 703, 720, 738 f.); *Möller*, in: Bruck/Möller/Sieg, § 49 VVG Anm. 95, 119; *ders.*, DAR 1953,107 (110); *E. Prölss* NJW 1960,1903 (1904); *P. Koch* VersR 1967,306 (309). So offenbar auch *R. Schmidt* VersR 1953,457 (459); *Glaser* ZfV 1953,119; *Zimmermann* VN 1952,49 (50); *Sieg* BB 1994,299 (300).

[29] *E. Prölss* NJW 1960,1903 (1904); *P. Koch* VersR 1967,306 (309). So auch BGH, Urt. v. 30.4.1959 - II ZR 126/57, BGHZ 30,40 (42); freilich hatte der BGH in dieser Entscheidung nicht dazu Stellung zu nehmen, ob in der Fremdversicherung für den Regreß gegen den Versicherungsnehmer von diesem Grundsatz abzuweichen ist.

[30] *Sieg*, in: Bruck/Möller/Sieg, § 67 VVG Anm. 128; *Herb. Brockmann* VersR 1960,1 (6) unter Hinweis auf die Parallele zur Drittschadensliquidation.

[31] *E. Prölss* NJW 1960,1903; *Ehrenzweig*, Versicherungsvertragsrecht, S. 217; *Kisch*, Privatversicherungsrecht III, S. 523.

[32] Motive, S. 139. Dem folgend *H. Honsell* VersR 1985,301 (303).

[33] *Mahlberg* NJW 1966,2154 (2155); *Deutsch*, Versicherungsvertragsrecht, Rdnr. 266.

der Ersatzanspruch damit nicht unter[34]. Demgegenüber wird in Teilen der neueren Literatur die wesentliche Aussage von § 67 VVG darin gesehen, daß der Anspruch dem Versicherer zugewiesen und damit dessen Leistung präzisiert werde[35]. Aus dieser Kontroverse ergeben sich freilich für das hier interessierende Problem im Ergebnis keine Konsequenzen. Unabhängig davon, welcher Ansicht man folgt, läßt sich allein aus dem Zweck des Forderungsübergangs nicht die Frage entscheiden, ob ein Regreß auch gegen den Versicherungsnehmer möglich ist. Dementsprechend wird die Zweckrichtung des § 67 Abs. 1 VVG in der argumentativen Auseinandersetzung über die Möglichkeit eines Regresses gegen den Versicherungsnehmer nur vereinzelt angesprochen[36]. Die Befürworter einer generellen Nichtanwendbarkeit des § 67 Abs. 1 VVG argumentieren vielmehr - wie aufgezeigt - neben dem Wortlaut mit einem Vergleich zur Rechtslage bei der Eigenversicherung. Indessen erweist sich bei näherem Hinsehen keines der vorgebrachten Argumente als tragfähig. Der Hinweis darauf, der Versicherungsnehmer sei nicht als Dritter im Sinne dieser Vorschrift anzusehen, bleibt reine These. Auch aus dem Wortlaut von § 67 Abs. 1 VVG, der Versicherungsnehmer und Dritte gerade unterscheidet, folgt für den hier interessierenden Fall der Fremdversicherung nichts, da dort an die Stelle des Versicherungsnehmers der Versicherte tritt[37]. Aus der Formulierung des Gesetzes wird deutlich, daß der Gesetzgeber von der Eigenversicherung als dem Regelfall ausging. Von daher läßt sich aus dem Umstand, daß das Gesetz an anderer Stelle unter "Dritten" nur Nicht-Vertragschließende versteht[38], nichts für die Beantwortung der Frage ableiten, welche Bedeutung dieser Begriff im Falle der Fremdversicherung hat.

---

[34] Neben diesen beiden Zwecken liegt ein dritter nach *R. Schmidt* (VersR 1953,457) darin, daß der Versicherer nicht mehr erhalten solle, als er selbst zur Schadensregulierung aufgewandt hat.

[35] *J. Prölss*, in: Prölss/Martin, § 67 VVG Anm. 1 A; *Ebel* VersR 1978,1083 (1086). - Weitere Nachw. s.u. S. 126 Fußn. 168.

[36] *Bischoff/Vassel* (VerBAV 1959,155 (158)) und *Bischoff* (VersR 1961,193 (195)) (Hinweis auf das Bereicherungsverbot und die fortdauernde Haftung des Haftpflichtigen). - *H. Honsell* (VersR 1985,301 (303)) nimmt zwar zu dem Streit um den Zweck des § 67 VVG Stellung; seine Ausführungen dienen aber allein der Begründung dafür, daß das Interesse des potentiell Haftpflichtigen in die *Eigenversicherung* des Eigentümers eingeschlossen sei, da ein Regreß gegen den potentiell Haftpflichtigen als "wirtschaftlich Versicherten" der ratio legis widerspräche.

[37] BGH, Urt. v. 28.11.1957 - II ZR 325/56, BGHZ 26,133 (137 ff.); ÖOGH, Urt. v. 10.10.1991 - 7 Ob 27/91, VersR 1992,770 (771). So auch *E. Prölss* (NJW 1960,1903 (1904)), der dennoch anschließend den Begriff des "Dritten" in § 67 Abs. 1 VVG auch bei der Fremdversicherung mit dem des "Nicht-Vertragschließenden" gleichsetzen will (dazu sogleich).

Das weitere, gegen die Regreßmöglichkeit vorgebrachte Argument, der Versicherer dürfe nicht besser gestellt werden als bei einer Eigenversicherung, geht deswegen fehl, weil der Regreß gegen den Schädiger dann unstreitig möglich ist, wenn der Eigentümer sein Interesse selbst versichert. Der Regreß entfällt in beiden Fällen nur gegenüber dem Eigentümer, sei es als Versicherter in der Fremdversicherung, sei es als Versicherungsnehmer in der Eigenversicherung seines Sacherhaltungsinteresses. Es brächte im Gegenteil dem Versicherer einen ungerechtfertigten Nachteil, wenn ihm allein durch die Aufspaltung der Rollen auf Versicherungsnehmer und Versicherten stets ein Regreßschuldner genommen würde[39]. Diesem Nachteil entspräche ein Vorteil des Versicherten, der auch nach Zahlung des Versicherers den Anspruch gegen den Versicherungsnehmer behielte[40].

Aus dem Vorstehenden folgt zugleich, daß der Begriff des "Dritten" losgelöst vom äußeren Akt des Vertragsschlusses zu bestimmen ist. Eine Person ist immer dann Dritter, wenn ihr Interesse durch den konkreten Versicherungsvertrag nicht gedeckt ist, auch wenn sie diesen Vertrag selbst geschlossen hat. Liegt der Formulierung des § 67 Abs. 1 VVG der Fall zugrunde, daß der Versicherungsnehmer sein eigenes Interesse versichert, so läßt sich diese Norm somit allgemeiner folgendermaßen begreifen: Der Versicherer kann grds. gegen jeden Regreß nehmen, dessen Interesse nicht versichert ist[41]. Durch diese Formel ist dann auch der Fall der Fremdversicherung erfaßt.

---

38 Hierauf bezieht sich *E. Prölss* (NJW 1960,1903 (1904)) unter Auflistung derjenigen Vorschriften des VVG, in denen der Ausdruck "Dritte" vorkommt.

39 So auch *Herb. Brockmann* (VersR 1960,1 (6)), der zugleich darauf hinweist, daß der Versicherungsnehmer bei der ausschließlichen Fremdversicherung die Funktion eines Stellvertreters habe, gegen den der Regreß unstreitig zulässig sei.

40 Hierin sehen *Bischoff/Vassel* (VerBAV 1959,155 (158)) einen Verstoß gegen das Bereicherungsverbot.

41 So - jedenfalls der Sache nach - *J. Prölss*, in: Prölss/Martin, § 67 VVG Anm. 3; *Sieg*, in: Bruck/Möller/Sieg, § 67 VVG Anm. 37; ähnlich *Schnepp*, Sachversicherung bei Mobilienleasing, S. 131: Dritter sei jeder, dessen (versichertes) Interesse durch den Ersatzanspruch nicht betroffen sei. - Soweit hingegen *Schirmer* (ZVersWiss 1981,637 (738 Fußn. 301)) den Ausschluß des Regresses gegen den Subunternehmer als Versicherungsnehmer in der Bauleistungsversicherung zur Bestätigung seiner Ansicht anführen will, wonach ein Regreß gegen den Versicherungsnehmer nie möglich sei, greift diese Argumentation nicht: Der Regreßausschluß läßt sich statt auf die rein formale Stellung als Versicherungsnehmer ebensogut auf den Einschluß des Interesses des Subunternehmers stützen.

cc) Regreßverzichtsvereinbarung

(1) Ausdrücklicher Regreßverzicht

Schützt somit allein die Stellung als Versicherungsnehmer bei der Fremd-Sachversicherung den potentiell Haftpflichtigen noch nicht vor einem Regreß des Versicherers, so kann sein Schutz jedoch dadurch erreicht werden, daß die Parteien den gesetzliche Forderungsübergang hinsichtlich der Haftung für leicht fahrlässiges Handeln im Versicherungsvertrag *ausdrücklich* durch eine *Regreßverzichts-* oder *Regreßausschlußklausel* abbedingen. Die Versicherung übernimmt bei dieser Ausgestaltung wirtschaftlich die Funktion einer Haftpflichtversicherung[42]. Auf die Frage, ob hierin bereits eine Form der Deckung des Sachersatzinteresses gesehen werden kann, wird in anderem Zusammenhang einzugehen sein[43]. Derartige Regreßverzichtsklauseln kommen in der Vertragspraxis durchaus nicht selten vor. Ein wichtiges Beispiel ist der Regreßverzicht in der Fahrzeugversicherung (Kfz-Kaskoversicherung) gem. § 15 Nr. 2 AKB. Dieser Verzicht greift unabhängig davon ein, ob die Kaskoversicherung durch den Kfz-Eigentümer (Eigenversicherung) oder durch den Besitzer (Fremdversicherung) genommen wurde. Nach § 15 Nr. 2 AKB kann der Versicherer Regreßansprüche im Sinne von § 67 VVG gegen berechtigte Fahrer und andere in der Haftpflichtversicherung mitversicherte Personen sowie gegen Mieter und Entleiher nur dann erheben, wenn diese den Versicherungsfall vorsätzlich oder grob fahrlässig herbeigeführt haben. Liegt lediglich einfache Fahrlässigkeit vor, so schützt die Kaskoversicherung somit auch den Haftpflichtigen: Der Schadensersatzanspruch des Versicherungsnehmers bzw. Versicherten (Fahrzeugeigentümers) geht zwar nicht unter, sondern besteht nach dem Übergang gem. § 67 Abs. 1 VVG in der Hand des Versicherers fort. Er ist jedoch nicht gegen den Haftpflichtigen durchsetzbar (pactum de non petendo)[44]. Einen entsprechenden Regreßverzicht enthält Art. 10 Abs. 1 S. 2 der österreichischen AFB[45] zugunsten des leicht fahrlässig

---

[42] *Sieg*, in: Bruck/Möller/Sieg, vor §§ 74-80 VVG Anm. 13; *ders.* BB 1982,900 f. (S. 900: jede Regreßbeschränkung trage "Züge einer Haftpflichtversicherung"); *Schirmer* ZVersWiss 1981,637 (670, 674), der in diesem Zusammenhang auch von einer "verkappten Haftpflichtversicherungswirkung" spricht. Zur Abgrenzung von der Deckung des Haftpflichtinteresses an bestimmten Sachen in der Sachversicherung s.u. B II 3 (S. 151 ff.).

[43] S.u. B II 3 (S. 151 ff.).

[44] Näher s.u. B II 2 (S. 96 f.).

[45] Wiedergegeben bei *H. Honsell* VersR 1985,301.

handelnden Mieters, der die Prämie für das versicherte Wohngebäude zumindest teilweise getragen hat.

(2) Stillschweigender Regreßverzicht

Ist der Rückgriff des Versicherers nicht ausdrücklich ausgeschlossen, so kann allerdings die Vertragsauslegung dazu führen, daß ein *stillschweigender Regreßverzicht* anzunehmen ist[46]. Gegen die Möglichkeit, derartige Regreßverzichtsvereinbarungen ohne ausdrückliche dahingehende Erklärung dem Vertrag zu entnehmen, könnte freilich von vornherein sprechen, daß § 67 Abs. 2 VVG den Ausschluß der Rückgriffsmöglichkeit auf bestimmte Familienangehörige beschränkt[47]. Indessen erscheint zweifelhaft, ob dieser Regelung, die speziell den Schutz des Versicherungsnehmers vor mittelbaren Belastungen bezweckt[48], eine derartige Ausschließlichkeitswirkung beigemessen werden kann. Zwar stünde dem nicht entgegen, daß die Regelung des § 67 Abs. 1 VVG gem. § 68 a VVG halbzwingend ist, so daß Regreßausschlüsse - die den Versicherungsnehmer nicht benachteiligen - zulässig sind[49]. Die Zulässigkeit einer *ausdrücklichen* Regreßverzichtsvereinbarung würde durch die oben geschilderte Ausschließlichkeitswirkung nicht in Frage gestellt. Indessen betrifft § 67 Abs. 2 VVG allein solche Haftpflichtige, zu denen der Versicherungsnehmer in einem *persönlichen Näheverhältnis* steht. Nur insoweit begrenzt das Gesetz den Kreis der Personen, gegen die der Rückgriff ausgeschlossen wird. Dies spricht lediglich dafür, einen Regreßschutz von Haftpflichtigen, zu denen ein nicht von § 67 Abs. 2 VVG erfaßtes *persönliches Näheverhältnis* besteht, nicht im Wege einer an der objektiven Interessenlage orientierten Auslegung des einzelnen Versicherungsvertrages anzunehmen[50]. Indessen steht § 67 Abs. 2 VVG damit der stillschweigenden Annahme eines Regreßverzichts nicht generell entgegen. Dies gilt umso mehr, als dieser Regreßverzicht sich (in Anlehnung an § 61 VVG) regelmäßig auf die Haftung

---

[46] Näher s.u. B III 2 a) aa) (5) (S. 113 ff.), 3 b) aa) (2) (S. 154 ff.).

[47] In dieser Richtung offenbar *Schnepp* (Sachversicherung bei Mobilienleasing, S. 150 f.), allerdings nur zur Begründung dafür, daß die Annahme einer Deckung des Sachersatzinteresses im Gegensatz zu der eines Regreßverzichts "systemimmanent" und daher vorzuziehen sei, dazu s.u. B III 2 a) aa) (5) (S. 121 f.).

[48] BGH, Urt. v. 24.9.1969 - IV ZR 776/68, BGHZ 52,350 (355); Urt. v. 11.2.1964 - VI ZR 271/62, BGHZ 41,79 (83) (: daneben auch Wahrung des Familienfriedens); *J. Prölss*, in: Prölss/Martin, § 67 VVG Anm. 7 A; *E. Lorenz* VersR 1991,505 (508); *Deutsch*, Versicherungsvertragsrecht, Rdnr. 268; so schon die Begründung zum VVG-Entwurf, in: Motive, S. 140.

[49] S. die Nachw. o. S. 24 Fußn. 36.

[50] S.u. B III 2 e) (S. 144 ff.).

wegen leichter Fahrlässigkeit beschränkt, während § 67 Abs. 2 VVG den Rückgriff gegen in häuslicher Gemeinschaft mit dem Versicherungsnehmer wohnende Familienangehörige nur bei Vorsatz ermöglicht[51].

Der Sache nach läßt sich die bereits angesprochene Entscheidung des BGH[52], wonach der Regreß dann ausgeschlossen ist, wenn die Fremdversicherung dem Versicherungsnehmer selbst dienen soll, im Sinne eines solchen stillschweigenden Regreßverzichts begreifen[53]: In diesem Fall ging das Interesse der Parteien dahin, einen Regreß des Versicherers gegen den Versicherungsnehmer auszuschließen. Dies ist durch Vereinbarung eines Regreßverzichts möglich. Die Entscheidung des BGH stellt sich damit als ein Anwendungsfall jener allgemeinen Auslegungsregel dar, wonach auf die erkennbare Interessenlage der Parteien abzustellen ist[54]. Diese Rechtsprechung läßt sich auch nicht unter Hinweis darauf ablehnen, sie führe zu Unsicherheiten bei der Auslegung des § 67 VVG[55]. Die Vertragsauslegung hat sich stets an den Umständen des Einzelfalls zu orientieren; die daraus regelmäßig resultierenden Ungewißheiten sind hinzunehmen[56]. Die Auslegung wird hier freilich dadurch zusätzlich kompliziert, daß der Parteiwille, die Versicherung auch dem Versicherungsnehmer zugutekommen zu lassen, nicht nur durch eine Regreßverzichtsvereinbarung verwirklicht werden kann. Vielmehr stellt sich sogleich die weitere Frage, inwiefern sich ein stillschweigender Regreßausschluß in Voraussetzungen und Rechtsfolgen von der Mitversicherung des Haftpflichtinteresses in der Fremd-Sachversicherung unterscheidet. Darauf wird ausführlich zurückzukommen sein[57]. An dieser Stelle bedarf es einer Beantwortung indessen noch nicht, da sich jedenfalls für

---

[51] In diesem Punkt abweichend ist die Rechtslage in der Schweiz; gem. Art. 72 Abs. 3 des schweizerischen VVG entfällt der Regreß nur bei *leicht* fahrlässiger Schadensverursachung durch den Familienangehörigen. Ein besonderer, über den allgemeinen Gesetzeszweck hinausgehender Grund für die - auch gegenüber § 61 VVG - weitergehende Regelung in § 67 Abs. 2 VVG läßt sich den Motiven nicht entnehmen.

[52] S.o. S. 31 Fußn. 26.

[53] Diese Auslegungsmöglichkeit vernachlässigt *Bischoff* (VersR 1961,193 (194)), wenn er (allein) darauf abstellt, daß der Versicherungsvertrag dem Haftpflichtigen in Form des Einschlusses seines Interesses zugutekommen kann.

[54] BGH, Urt. v. 14.7.1956 - V ZR 223/54, BGHZ 21,319 (328); eingehend unten B III 1 c) (S. 107 ff.).

[55] So aber *E. Prölss* NJW 1960,1903 (1904).

[56] Demgegenüber schlägt *Haidinger* (Anm. zu BGH, Urt. v. 11.7.1960 - II ZR 254/58, LM § 67 VVG Nr. 14) eine typisierende Betrachtung nach der Natur der Versicherungsverträge vor, ohne dies näher zu konkretisieren.

[57] Eingehend unten B II 3 (S. 97 ff.).

die hier interessierende Rechtsfolge im Ergebnis kein Unterschied ergibt: Falls das eigene Haftpflichtinteresse des Versicherungsnehmers mitversichert ist, scheidet ein Regreß des Versicherers gegen den Versicherungsnehmer nach § 67 Abs. 1 VVG aus.

dd) Ergebnis

Als *Ergebnis* ergibt sich aus dem Vorstehenden, daß ohne einen Ausschluß des Regresses - sei es durch eine Regreßverzichtsvereinbarung, sei es durch die Deckung des Haftpflichtinteresses[58] - der Versicherungsnehmer in der Fremdversicherung dem Rückgriff des Versicherers nach § 67 Abs. 1 VVG ausgesetzt wäre. Diese Feststellung ist deshalb für die weitere Erörterung besonders bedeutsam, weil damit der potentiell Haftpflichtige in Wirklichkeit ein erheblich größeres Interesse am Schutz vor dem Regreß des Versicherers hat als dies nach der Gegenansicht der Fall ist. Von daher verwundert es nicht, daß Schirmer[59] und Möller[60] als Vertreter jener Gegenansicht zugleich auch grundsätzlich die Versicherbarkeit des Haftpflichtinteresses an Sachen in der Sachversicherung ablehnen. Ohne die Auseinandersetzung mit dieser Argumentation[61] vorwegzunehmen, ist bereits an dieser Stelle hervorzuheben, daß das Argument, der potentiell Haftpflichtige bedürfe keines (weiteren) Schutzes, soweit er Versicherungsnehmer einer Fremd-Sachversicherung werden könne[62], sachlich nicht zutrifft. Es kann folglich nicht der Versicherbarkeit des Haftpflichtinteresses an Sachen in der Sachversicherung entgegengehalten werden.

b) Eigenversicherung durch den Träger des Sacherhaltungsinteresses

Schließt der Träger des Sacherhaltungsinteresses - regelmäßig also: der Eigentümer - selbst einen Versicherungsvertrag über dieses Interesse an der Sache ab, so entspricht die Rechtslage hinsichtlich des Regresses gegen den Haftpflichtigen dem unter a) dargestellten Fall. Auch hier kann der leistende Versicherer den haftpflichtigen Dritten dann nicht gem. § 67 Abs. 1 VVG in

---

[58] Zu den Unterschieden zwischen beiden Schutzmöglichkeiten s.u. B II 3 (S. 130 ff.), zur Auslegung B III 2 a) aa) (5) (S. 121 ff.), 3 b) aa) (2) (S. 151 f.).

[59] ZVersWiss 1981,637.

[60] In: Bruck/Möller/Sieg, § 49 VVG Anm. 51, 75, 95.

[61] S.u. IV (S. 72 ff., insbesondere S. 87 ff.).

[62] *Schirmer* ZVersWiss 1981,637 (insbesondere S. 694, s. auch S. 672 f., 687 f.)

Regreß nehmen, wenn der Versicherungsnehmer einen zu seinen Gunsten wirkenden Regreßverzicht vereinbart hat.

2. Versicherung des Haftpflichtinteresses

Die Deckung des Haftpflichtinteresses an bestimmten Sachen im Rahmen der Sachversicherung ist auf zweierlei Weise denkbar, nämlich als Eigen- oder als Fremdversicherung.

a) Eigenversicherung durch den potentiell Haftpflichtigen

Versichert der potentiell Haftpflichtige das Eigentümerinteresse an einer fremden Sache (Fremdversicherung), so kommt eine gleichzeitige, zusätzliche Deckung des eigenen Haftpflichtinteresses an dieser Sache (Eigenversicherung) in Betracht.

Es kann inzwischen als allgemein anerkannt gelten, daß die Deckung eigenen und fremden Interesses durch ein- und denselben Versicherungsvertrag möglich ist[63]. So könnte etwa ein Mieter neben dem Eigentümerinteresse des Vermieters in demselben Vertrag zugleich sein eigenes Interesse daran, nicht aufgrund seiner Haftung wegen der Beschädigung, der Zerstörung oder dem Verlust der Mietsache Vermögensnachteile zu erleiden, versichern. In diesem Fall würde der Versicherungsnehmer - anders als dann, wenn ihm lediglich ein Regreßverzicht zugutekäme - selbst einen Anspruch gegen den Versicherer erlangen[64]. Dieser wäre auf Zahlung an den Eigentümer gerichtet; er träte zu dessen eigenem, auf der Deckung seines Sacherhaltungsinteresses beruhenden Anspruch gleichsam verstärkend hinzu. Hierdurch würde das Haftpflichtinteresse des potentiell Haftpflichtigen in vollem Umfang gedeckt; der darüber hinausgehenden Zuerkennung eines Anspruchs auf Zahlung an den potentiell Haftpflichtigen bedürfte es nicht.

---

[63] RG, Urt. v. 6.6.1935 - VI 38/35, RGZ 148,137 (144); BGH, Urt. v. 20.3.1974 - IV ZR 94/73, VersR 1974,535 (536); *Ruhwedel* NJW 1977,811 (812); *Westhelle* NJW 1977,1404 (1405); *Sieg*, in: Bruck/Möller/Sieg, § 67 VVG Anm. 126; *J. Prölss*, in: Prölss/Martin, § 80 VVG Anm. 1 A; *Martin* VersR 1978,881 (882); *ders.*, Sachversicherungsrecht, J I 4; *Wälder* RuS 1982,62; *Hagen* ZVersWiss 1907,15 (27); *Ehrenzweig*, Versicherungsvertragsrecht, S. 212 f.

[64] Näher s.u. B II 3 (S. 97 ff.). Darin sieht *Schirmer* (ZVersWiss 1984,553 (561)) zutreffend eine Konsequenz der Auffassung von *Martin* (Sachversicherungsrecht, J IV 2), der selbst diese Frage nicht ausdrücklich erörtert.

b) Fremdversicherung durch den Träger des Sacherhaltungsinteresses

Umgekehrt kommt es in Betracht, daß der Eigentümer, der sein eigenes Sacherhaltungsinteresse unter Versicherungsschutz bringt (Eigenversicherung), nicht nur einen Regreßverzicht vereinbart[65], sondern das Haftpflichtinteresse des potentiell Haftpflichtigen mitversichert (Fremdversicherung)[66]. Auch in diesem Fall wäre der Anspruch des potentiell Haftpflichtigen auf Leistung an den Eigentümer gerichtet. Beispielsweise könnte ein Gebäudeeigentümer eine Feuerversicherung abschließen, durch die neben seinem eigenen Sacherhaltungsinteresse auch das auf die Mieträume bezogene Haftpflichtinteresse seines Mieters gedeckt ist. Dabei wäre es gem. § 74 Abs. 1 VVG nicht erforderlich, daß die Person des Mieters namentlich benannt wird.

III. Meinungsstand zur Versicherbarkeit des Haftpflichtinteresses an bestimmten Sachen im Rahmen der Sachversicherung

Bei der Analyse von Rechtsprechung und Literatur zur Frage der Versicherbarkeit des Haftpflichtinteresses in der Sachversicherung ist in terminologischer Hinsicht folgendes zu beachten: Häufig wird zur Umschreibung des Haftpflichtinteresses an einer Sache der von Kisch[67] geprägte Begriff *"Sachersatzinteresse"* verwendet[68]. In den Ausführungen von Kisch steht dabei die Haftung für den zufälligen Untergang einer Sache im Mittelpunkt. Daraus läßt sich indessen nicht der Schluß ziehen, Kisch habe den Begriff des Sachersatzinteresses auf die Fälle einer verschuldensunabhängigen Haftung reduzieren wollen. Vielmehr formuliert Kisch[69] ganz allgemein, das Sachersatzinteresse könne in irgendeiner, auch einer rein tatsächlichen Beziehung zur Sache bestehen, aufgrund derer der Nichteigentümer dem Eigentümer für Wertersatz haften müsse.

---

[65] Zu den Unterschieden zwischen einer Regreßverzichtsvereinbarung und der Versicherung des Haftpflichtinteresses an bestimmten Sachen s.u. B II 3 (S. 97 ff.).

[66] Zur Frage der Versicherbarkeit dieses Haftpflichtinteresses in der Sachversicherung eingehend unten III (S. 40 ff.), IV (S. 72 ff.).

[67] Privatversicherungsrecht III, S. 120.

[68] *Martin*, Sachversicherungsrecht, J I 6; *ders.* VersR 1974,821; *Schirmer* ZVersWiss 1981,637; *Kollhosser*, in: Prölss/Martin, Vor § 51 Anm. 6 E, 7; *Weyers* Rdnr. 410; aus der Rechtsprechung z.B. BGH, Urt. v. 18.12.1991 - IV ZR 259/91, VersR 1992,311; Urt. v. 12.6.1991 - XII ZR 17/90, NJW 1991,3031 m.w.N.

[69] Privatversicherungsrecht III, S. 124.

Zur Erläuterung der Begriffsbildung "Sachersatzinteresse" führt Martin[70] aus, das Interesse und ggf. der Schaden in der Person des Versicherungsnehmers (bzw. des Versicherten im Falle der Fremdversicherung) beruhten darauf, daß er die beschädigte oder zerstörte Sache ersetzen müsse. Indessen ist der Wortsinn des Ausdrucks "Sachersatzinteresse" nicht völlig eindeutig; auch der - nicht einem Dritten ersatzpflichtige - Eigentümer hat im Schadensfalle ein Interesse am "Ersatz" seiner bzw. für seine Sache. Tatsächlich wird der Begriff des Sachersatzinteresses bisweilen in diesem Sinne verwendet[71]. Damit würde er praktisch mit dem von Kisch davon unterschiedenen Begriff des "Sachinhaberinteresses"[72] - besser: Sacherhaltungsinteresses[73] - als des Interesses des Eigentümers[74] an der Erhaltung der Sache gleichgesetzt. Trotz des mehrdeutigen Wortlautes ist es zur Präzisierung des jeweils in Rede stehenden Interesses vorzuziehen, den Aus-druck "Sachersatzinteresse" weiterhin zu verwenden und darunter allein das Haftpflichtinteresse an einer oder mehreren - regelmäßig, aber nicht notwendig: fremden[75] - Sache(n) zu verstehen[76]. In diesem Sinne wird der Begriff in der vorliegenden Arbeit benutzt. In Teil A ist freilich nur dort von "Sachersatzinteresse" statt von "Haftpflichtinteresse an bestimmten Sachen" die Rede, wo Ansichten Dritter referiert werden. Dies geschieht mit Rücksicht darauf, daß die Verwendung des Ausdrucks "Sachersatzinteresse" bereits die Versicherbarkeit dieses

---

70 VersR 1974,821.

71 OLG Bamberg, Urt. v. 8.12.1988 - 1 U 61/88, DAR 1991,105; *E. Lorenz* VersR 1992,399 (400 und 401: "Sachersatzinteresse des Gebäudeeigentümers").

72 *Kisch*, Privatversicherungsrecht III, S. 84-96, 120 Fußn. 1.

73 Im Einklang mit der neueren Lehre wird dieser Ausdruck in der vorliegenden Arbeit vorgezogen, da der Begriff des "Inhabers" auf die Innehabung der tatsächlichen Gewalt hindeutet, auf die es für das Eigentümerinteresse nicht ankommt.

74 Nicht: eines Nichteigentümers. Terminologisch abweichend *Schirmer* ZVersWiss 1981,637 (729): "Sacherhaltungsinteresse" des Unternehmers nach Übergang des Eigentums auf den Besteller; BGH, Urt. v. 14.7.1993 - IV ZR 181/92, NJW 1993,2870 sowie *J. Prölss*, in: Prölss/Martin, § 80 VVG Anm. 1 B a: "Sacherhaltungsinteresse des Leasingnehmers".

75 Ausnahmsweise kann auch der Eigentümer ausschließlich ein Sachersatzinteresse an der Sache haben, etwa derjenige, dem die Sache als Treuhänder übereignet wurde; *Kisch*, Privatversicherungsrecht III S. 120 f. - Ganz allgemein spricht demgegenüber *E. Lorenz* (VersR 1992,399 (400 f.)) vom "Sachersatzinteresse des Gebäudeeigentümers"; gemeint ist damit offenbar das Sacherhaltungsinteresse.

76 Prägnant *Martin*, Sachversicherungsrecht, J III 3: "'Sachersatzinteresse' bezeichnet in der Sprache der Sachversicherung und beschränkt auf bestimmte Sachen dasselbe, was sonst Haftpflichtrisiko genannt wird." - *Schnepp* (Sachversicherung bei Mobilienleasing, S. 103) setzt - terminologisch ungenau - Sachersatzinteresse gleich mit "sachgebundenem Haftpflichtrisiko".

Interesses in der Sachversicherung implizieren könnte[77]. Das Wort "Haftpflichtinteresse" wird demgegenüber von Befürwortern wie Gegnern einer Versicherbarkeit in der Sachversicherung gleichermaßen verwendet[78].

1. Rechtsprechung

Die Rechtsprechung hat sich immer wieder vor die Frage gestellt gesehen, ob eine Sachversicherung im Einzelfall Haftpflichtinteressen an bestimmten Sachen einschließt. Betrachtet man die ergangenen Entscheidungen, so fällt von vornherein zweierlei auf. Zum einen übergehen die Gerichte häufig einen wesentlichen Punkt: Bei der Beantwortung der genannten Frage wird vielfach[79] nicht deutlich differenziert zwischen der - hier zunächst allein interessierenden - generellen Versicherbarkeit derartiger Haftpflichtinteressen im Wege einer Sachversicherung einerseits und der tatsächlichen Deckung eines solchen Interesses im konkret zu beurteilenden Einzelfall[80] andererseits[81]. In den Fällen, in denen im Ergebnis eine Einbeziehung des Haftpflichtinteresses in den Versicherungsschutz abgelehnt wird, läßt sich daher aus den Entscheidungsgründen nicht stets herauslesen, ob das Gericht bereits die Versicherbarkeit verneint.

Die zweite Auffälligkeit besteht darin, daß nirgendwo erörtert wird, ob der Einschluß des Haftpflichtinteresses nicht vielleicht dazu führen kann, daß in-

---

77 In dieser Richtung *Martin*, Sachversicherungsrecht, J III 3 (der Ausdruck gehöre zur Sprache der Sachversicherung). - *Möller* bezeichnet den Begriff des Sachersatzinteresses ohne nähere Erläuterung als "unglücklich" (ZVersWiss 1973,657 (658)) sowie als "irreführend" (in: Bruck/Möller/Sieg, § 49 VVG Anm. 75; ebenso *Helm*, in: Deutsche Gesellschaft für Transportrecht (Hrsg.), Gütertransport und Versicherungen, S. 197 (S. 203)). *H. Honsell* (VersR 1985,301 (303)) erachtet das Sachersatzinteresse demgegenüber als "seit langem anerkannt". Ähnlich *Gärtner* (ZVersWiss 1963,337 (352)), der den Ausdruck als "treffend" zur Kennzeichnung des indirekten Sachinteresses des Haftpflichtigen ansieht, ohne zur Versicherbarkeit Stellung zu nehmen (*Schnepp*, Sachversicherung bei Mobilienleasing, S. 108 Fußn. 210 mutmaßt eine ablehnende Haltung *Gärtners*).

78 Zwar kritisiert *Martin* (VersR 1974,821 (822); VW 1974,1130 (1134)) umgekehrt den Begriff "Haftpflichtinteresse" als nicht neutral, er konzediert jedoch an anderer Stelle (Sachversicherungsrecht, J III 3), daß der Ausdruck "Sachersatzinteresse" der Sprache der Sachversicherung zugehört.

79 Eine Ausnahme stellt insoweit RG, Urt. v. 22.9.1916 - VII 190/16, LZ 1917,207 (208) dar, wo deutlich zwischen Versicherbarkeit und "tatsächlicher" Versicherung im Einzelfall unterschieden wird; zu dieser Entscheidung sogleich unten a) aa) (S. 43 f.).

80 Dazu eingehend unten B III (S. 103 ff.).

81 Die große Bedeutung dieser Unterscheidung betont zu Recht *Kollhosser*, in: Prölss/Martin, vor § 51 VVG Anm. 3 (s. bereits oben S. 18 bei Fußn. 7).

soweit eine Haftpflichtversicherung anzunehmen ist. Würde dies bejaht, dann stellte sich die - sehr umstrittene - Frage nach der Versicherbarkeit *im Rahmen der Sachversicherung* in dieser Form nicht. Hierauf wird noch einzugehen sein[82].

Die nachfolgende Analyse der wichtigsten Entscheidungen zeigt die Entwicklung der Rechtsprechung bis in die jüngste Zeit auf. Dabei wird für die Versicherbarkeit - anders als später im Rahmen der Vertragsauslegung[83] - nicht streng zwischen den Fällen der Eigenversicherung des Haftpflichtinteresses durch den Besitzer und der Fremdversicherung durch den Eigentümer differenziert; auf dieser abstrakten Ebene hat die Unterscheidung keine Bedeutung.

a) Entscheidungen, in denen die Versicherbarkeit des Haftpflichtinteresses an bestimmten Sachen im Rahmen einer Sachversicherung bejaht wird

aa) Rechtsprechung des Reichsgerichts

Das RG hat sich wiederholt für eine Versicherbarkeit von Haftpflichtinteressen an bestimmten Sachen im Rahmen einer Sachversicherung ausgesprochen. In einer ersten Entscheidung[84] geschah dies hinsichtlich des Interesses eines Zwangsverwalters (Versicherungsnehmer), das sich aus seiner möglichen Haftung gegenüber dem Eigentümer für die Zerstörung der Sache ergab[85]. Das RG bejahte in dieser Entscheidung generell die Möglichkeit, daß "das Eigentumsinteresse" auch von einem anderen als dem Eigentümer im eigenen Namen und für eigene Rechnung in der Feuerversicherung[86]

---

[82] Unten IV 1 (S. 72 ff.).

[83] S.u. B III 2, 3 (S. 113 ff., 148 ff.).

[84] RG, Urt. v. 30.4.1915, VII 491/14, RGZ 86,392 (393).

[85] Ähnlich bereits aus der älteren Rechtsprechung der Obergerichte OAG Dresden, Urt. v. Februar 1868, SeuffA 22 Nr. 290 (S. 445): eigenes Interesse des Diebes an der gestohlenen, durch ihn feuerversicherten Sache im Hinblick auf seine Haftpflicht gegenüber dem Eigentümer für zufälligen Untergang; OLG Hamburg, Urt. v. 10.5.1889, SeuffA 45 Nr. 269 (S. 454): das Interesse des Versicherten an der Erhaltung der feuerversicherten Sache kann auch durch seine obligatorischen Beziehungen zu Dritten (insbesondere: dem Eigentümer) begründet werden.

[86] Zwar ist der Versicherungsvertrag in dem Entscheidungsabdruck nicht ausdrücklich als Feuerversicherung bezeichnet; indessen ergibt sich diese Qualifikation aus der Überschrift ("Versicherungsinteresse bei der Feuerversicherung") und wird bestätigt durch folgende Umstände: Beklagte war die schleswig-holsteinische Brandgilde; die Versicherungsverträge waren über Gebäude und Mobiliar abgeschlossen worden; der Versicherungsnehmer war zum Abschluß einer Feuerversicherung verpflichtet; der Versicherungsfall trat durch Brand ein.

versichert werden könne. Erforderlich sei freilich ein eigenes Interesse des Versicherungsnehmers an der unversehrten Erhaltung der versicherten Sache. Das Haftungsinteresse des Zwangsverwalters genüge hierfür.

In einer anderen Entscheidung[87] ging es um die Versicherbarkeit des eigenen Haftpflichtinteresses eines Werkunternehmers an fremden, ihm zur Bearbeitung überlassenen Sachen in der Feuerversicherung. Das RG hob ausdrücklich hervor, daß die Mitversicherung dieses Interesses im Rahmen eines Feuerversicherungsvertrages möglich sei[88]. Dieser Vertrag werde damit nicht zu einer "verkappten Haftpflichtversicherung", er bleibe vielmehr der Feuerversicherung zugehörig.

bb) Rechtsprechung der Instanzgerichte

Für die Versicherbarkeit des Haftpflichtinteresses an bestimmten Sachen in der Sachversicherung sprachen sich nach dem Zweiten Weltkrieg wiederholt Instanzgerichte aus. So bezeichnete es das OLG Hamburg[89] ausdrücklich als denkbar, daß die vom Mieter genommene Glasversicherung dessen eigenes Interesse an der Erhaltung von ihm nicht gehörenden Schaufensterscheiben deckt. Dieses Interesse bestehe u.a. wegen der auf dem Mietvertrag beruhenden Ersatzpflicht gegenüber dem Vermieter[90]. Im selben Sinne ging das AG Stuttgart[91] davon aus, daß die von einem Handwerker abgeschlossene Kfz-Handel- und -Handwerkvollkaskoversicherung nicht nur Fremdversicherung des Eigentümerinteresses sei. Vielmehr umfasse der Versicherungsschutz zugleich die sich gegen den Versicherungsnehmer (hier: Handwerker) ergebenden Schadensersatzansprüche aus Vertragsverletzung und unerlaubter Handlung. Die darin liegende Eigenversicherung wurde sogar als vorrangig gegenüber der zugleich vorliegenden Fremdversicherung angesehen. Nach

---

[87] RG, Urt. v. 22.9.1916 - VII 190/16, LZ 1917,207 (208).

[88] In diese Richtung wies bereits das Urteil des RG vom 14.6.1904 (Rep. VII 29/04, RGZ 58,273). Dort hat der Senat die Auffassung des erstinstanzlichen Richters nicht beanstandet, wonach der Pächter ein durch seine vertragliche Haftung begründetes Interesse an der Eigenversicherung der Pachtsache gegen Feuer habe.

[89] OLG Hamburg, Urt. v. 5.7.1962 - 6 U 37/62, VersR 1963,154; kritisch hierzu *Bischoff* ZVersWiss 1963,193 (204).

[90] Daneben bestehe das Interesse auch deshalb, weil ein Scheibenbruch den Ladenbetrieb beeinträchtigen würde.

[91] AG Stuttgart, Urt. v. 5.6.1967 - 17 C 6205/67, VersR 1968,543.

einer Entscheidung des LG Köln[92] soll das Haftpflichtrisiko im Rahmen der Hausratversicherung als einer Sachversicherung "jedenfalls" deshalb versicherbar sein, weil hierzu eine versicherungstechnische Notwendigkeit bestehe. Der Versicherungsnehmer (hier: Wohnungsmieter) könne nämlich sein Haftpflichtinteresse an gemieteten Sachen wegen des Ausschlusses in § 4 Nr. I 6 a AHB nicht im Wege einer Haftpflichtversicherung decken. Zudem sei kein Grund dafür ersichtlich, daß der Versicherungsnehmer sein Sachersatzinteresse nicht durch eine Sachversicherung solle decken können.

Das OLG Karlsruhe[93] sieht in der vom Leasingnehmer geschlossenen Kaskoversicherung eines geleasten Kfz primär eine das Interesse des Leasinggebers deckende Fremdversicherung. Daneben sei allerdings auch das eigene "Sacherhaltungsinteresse" des Leasingnehmers gedeckt, wenn dieser nach dem Leasingvertrag die Gefahr des Untergangs, des Verlusts und der Beschädigung des Kfz trage. Bei dem sich aus der Gefahrübernahme im Leasingvertrag ergebenden Risiko handelt es sich um ein Haftpflichtrisiko an bestimmten Sachen, so daß das OLG nach der hier verwendeten Terminologie[94] die Versicherbarkeit eines Sachersatzinteresses bejaht[95]. Zwar kann nach Ansicht des Gerichts auch ein nach Ablauf der Leasingzeit bestehendes Erwerbsrecht des Leasingnehmers für die Eigenversicherung bedeutsam sein. Dadurch werde das sich aus der Gefahrtragung ergebende Interesse des Leasingnehmers allerdings lediglich "verstärkt"; der Gesichtspunkt des Erwerbsrechts ist damit gegenüber dem Haftpflichtinteresse keineswegs allein ausschlaggebend für die im Urteil bejahte Versicherbarkeit des Eigeninteresses des Leasingnehmers an der Sache. - Obwohl das OLG Karlsruhe damit im Ergebnis der Ansicht des BGH zur Kfz-Versicherung widerspricht, zitiert es

---

92 LG Köln, Urt. v. 1.12.1976 - 13 S 240/76, VersR 1977,270 (272) = NJW 1977,810 (811). - Demgegenüber geht LG Köln, Urt. v. 4.5.1972 - 77 O 37/72, VersR 1973,337 ohne weiteres davon aus, daß dem Gebäudefeuerversicherer des Vermieters ein Regreßanspruch gegen den Mieter zustehe; die Frage einer möglichen Einbeziehung des Sachersatzinteresses spricht das Gericht in dieser Entscheidung überhaupt nicht an (dazu unten b) bb) (S. 56 f.)).

93 OLG Karlsruhe, Urt. v. 7.12.1989 - 12 U 253/89, RuS 1991,187.

94 S.o. III (S. 40 ff.).

95 Ebenso im Erg. offenbar LG Berlin, Urt. v. 19.3.1953 - 7 O 389/52, VersR 1954,191 (192): Die vom Kfz-Vermieter genommene Kaskoversicherung sei auch Fremdversicherung zugunsten des Mieters. Das versicherte Interesse des Mieters wird in diesem Urteil indessen nicht näher gekennzeichnet.

in den Gründen dessen Formel, wonach die Kaskoversicherung eine "reine Sachversicherung" sei[96].

Die Feuerversicherung von Kommissionsgut durch den Kommissionär soll nach Ansicht des LG Berlin[97] im Hinblick auf die Haftung des Kommissionärs für einen schuldhaften Verlust (§ 390 HGB)[98] auch für fremdes Interesse des Kommittenten abgeschlossen sein. Dieses Urteil wird teilweise[99] dahin gedeutet, daß dann, wenn ein Kommissionär neben eigenen auch fremde Sachen gegen Feuer versichert, nebeneinander das Eigentümerinteresse und das Sachersatzinteresse des Versicherungsnehmers versichert seien. Den Entscheidungsgründen läßt sich dies freilich nicht entnehmen. Zwar hält das LG Berlin fest, daß die Versicherung fremder Sachen neben dem Eigentümer auch dem Kommissionär als Versicherungsnehmer insoweit zugutekomme, als der Schaden ohne Versicherung zu lasten des letzteren ginge. Daraus wird indessen auf eine Fremdversicherung zugunsten des Kommittenten geschlossen; mit der weiteren Möglichkeit einer Versicherung eigenen Sachinteresses des Kommissionärs setzt sich das Gericht nicht auseinander.

Die Versicherbarkeit von Haftpflichtinteressen ist auch in solchen Fällen bejaht worden, in denen nicht der potentiell Haftpflichtige, sondern der Eigentümer die Versicherung genommen hatte. So kann nach Ansicht des OLG Hamm in der Gebäudeversicherung des Grundeigentümers das Sachersatzinteresse des Pächters[100] sowie das des Untermieters[101] an den vom Vertrag umfaßten Sachen mitversichert sein[102].

---

96 BGH, Urt. v. 29.10.1956 - II ZR 64/56, BGHZ 22,109 (114); Urt. v. 30.4.1959 - II ZR 126/57, BGHZ 30,40 (42); zu beiden Urteilen näher unten b) aa) (S. 48 f.). - Diese Formel wiederholt auch der BGH in einem Urteil zur vom Leasingnehmer abgeschlossenen Kaskoversicherung (BGH, Urt. v. 11.12.1991 - VIII ZR 31/91, NJW 1992,683 (685). Der BGH lehnte einen Einschluß des Haftpflichtinteresses des Leasingnehmers ab; dieser werde durch die Versicherung vielmehr lediglich wirtschaftlich abgesichert.

97 LG Berlin, Urt. v. 15.9.1983 - 7 O 630/82, VersR 1984,250 (251).

98 Sofern eine Haftung des Kommissionärs nach dieser Vorschrift ausscheidet, hat er nach Ansicht des LG Hamburg (Urt. v. 3.12.1980 - 21 O 69/80, VersR 1981,187) kein in der Diebstahlsversicherung (nach den AVB für Gütertransporte im Werkverkehr) versicherbares Interesse.

99 So der nichtamtliche Leitsatz 1 in VersR 1984,250. Vorsichtiger *Schnepp*, Sachversicherung bei Mobilienleasing, S. 107 bei Fußn. 200.

100 OLG Hamm, Urt. v. 29.8.1985 - 28 U 151/84, VersR 1987,300 (300 f.).

101 OLG Hamm, Urt. v. 23.7.1991 - 9 U 287/86, VersR 1991,1406 = NJW-RR 1992,163.

102 Zustimmend *Martin*, Sachversicherungsrecht, J II 12. Unzutreffend ist es hingegen, wenn *Martin* (a.a.O.; *ders.*, in: Prölss/Martin, 24. Aufl., vor § 51 VVG Anm. 7 A b aa) als weiteren Beleg für die Mitversicherung des Sachersatzinteresses des Mieters die Entscheidung LG Limburg, Urt. v.

cc) Rechtsprechung des österreichischen Obersten Gerichtshofs

Auch der österreichische Oberste Gerichtshof (ÖOGH) hat sich wiederholt zu der Problematik geäußert. In einer zur Transportversicherung ergangenen Entscheidung hat er die Möglichkeit bejaht, das eigene Sachersatzinteresse (Haftpflichtinteresse aufgrund der Frachtführerhaftung) an fremdem Transportgut im Rahmen einer solchen Versicherung zu decken[103]. Auch in einer neueren Entscheidung zur Bauwesenversicherung ist ausdrücklich die Versicherbarkeit des Sachersatzinteresses in dieser als Sachversicherung qualifizierten Versicherung angenommen worden[104]. Durch die Bauwesenversicherung sei das Interesse gedeckt, das der Bauunternehmer an seinen Bauleistungen vor Gefahrübergang habe. Insoweit werde auch das Sachersatzinteresse an den nicht in seinem Eigentum stehenden Bauleistungen, Hilfsbauten, Baustoffen und Bauteilen versichert[105]. Unlängst hat der ÖOGH diese die Versicherbarkeit des Sachersatzinteresses in der Sachversicherung bejahende Rechtsprechung in einer zur Kfz-Kaskoversicherung ergangenen Entscheidung bekräftigt[106].

b) Entscheidungen, in denen die Versicherbarkeit verneint wird

aa) Rechtsprechung des Bundesgerichtshofs

Der BGH hat sich in einer ganzen Reihe von Entscheidungen mit der Versicherbarkeit des Haftpflichtinteresses an Sachen in der Sachversicherung zu befassen gehabt. Er ist dabei, wie Schirmer treffend formuliert, "seltsam verschlungene Wege"[107] gegangen. Diese Wege sollen im folgenden nachge-

---

21.5.1975 - 3 S 37/75, VersR 1976,330, anführt; dort ging es allein darum, daß das versicherte Eigentümerinteresse durch Hinzutreten eines Mieters als potentiell Haftpflichtigem nicht entfällt. Keine Aussage über die Versicherbarkeit des Sachersatzinteresses läßt sich ferner der Entscheidung LG Hamburg, Urt. v. 16.6.1981 - 16 S 65/81, VersR 1982,748 (749) entnehmen; anders offenbar *Schnepp*, Sachversicherung bei Mobilienleasing, S. 106 f. bei Fußn. 200.

[103] ÖOGH, Entsch. v. 27.11.1963 - 7 Ob 307/63, VersR 1965,580; Beschl. v. 26.5.1993 - 7 Ob 8/93, VersR 1993,1303 (1304).

[104] ÖOGH, Beschl. v. 30.1.1992 - 7 Ob 34/91, VersR 1993,639 (unter Bezugnahme auf *Martin* VersR 1974,821 (824)) sowie *dens.*, in: Prölss/Martin, 24. Aufl., ABU, ABN Anm. 1 (ebenso die 25. Aufl., *Voit*, in: Prölss/Martin, Vorbem. 1 vor § 1 ABU).

[105] Im Ergebnis hat der ÖOGH (Beschl. v. 30.1.1992 - 7 Ob 34/91, VersR 1993,639) einen Versicherungsschutz des Bauunternehmers mit der Begründung abgelehnt, daß der Schaden ausschließlich andere Sachen des Bestellers betroffen habe, die nicht vom Bauunternehmer bereit- oder hergestellt worden waren.

[106] Beschl. v. 17.2.1993 - 7 Ob 1/93, VersR 1993,1301 (1302 f.).

[107] ZVersWiss 1992,381 (402).

zeichnet werden. Da der BGH die Frage nach der Versicherbarkeit häufiger verneint als offengelassen und bislang nur vereinzelt[108] (und ohne auf die entgegenstehende Judikatur einzugehen) ausdrücklich bejaht hat, seine Rechtsprechung hier aber im Zusammenhang dargestellt werden soll, wird er insgesamt bei den Gegnern der Versicherbarkeit abgehandelt, obgleich manche Entscheidungen durchaus Anlaß zu Zweifeln an dieser Einordnung geben (dazu jeweils sogleich).

Zunächst hatte sich der BGH mehrfach im Bereich der *Kfz-Kaskoversicherung* mit der Frage der Versicherbarkeit von Haftpflichtinteressen in der Sachversicherung zu befassen. Zu beurteilen war jeweils, ob die Kfz-Kaskoversicherung des Vermieters das Haftpflichtinteresse des Mieters einschließt. Der BGH lehnte dies bereits in seiner ersten Entscheidung zu der Frage ab[109], ohne sich mit der entgegengesetzten Rechtsprechung des RG[110] auseinanderzusetzen. Zur Begründung seiner Ansicht wies er darauf hin, daß eine das Sachersatzinteresse des Mieters einbeziehende Versicherung "in Wirklichkeit" keine Kaskoversicherung, sondern eine Haftpflichtversicherung sei. Die Kaskoversicherung decke als *"reine Sachversicherung"* regelmäßig nur das Interesse des (rechtlichen oder wirtschaftlichen) Sacheigentümers. In einer zweiten Entscheidung[111] hat der BGH bereits wenig später diese Rechtsprechung bekräftigt und dahingehend ergänzt, daß hinsichtlich fremder Fahrzeuge (sinngemäß: ausschließlich) eine Fremdversicherung in Betracht komme. Eine Einbeziehung des berechtigten Fahrers in den Schutz der Kaskoversicherung sei "schon aus begrifflichen Gründen nicht möglich"[112]. Sehe man demgegenüber das Sachersatzinteresse des Fahrers als in der Kaskoversicherung mitversichert an, so führe dies zu einer "unzulässigen Vermengung der Kasko- mit der Haftpflichtversicherung".

---

108 S. die Nachweise S. 49 Fußn. 113 (Leasingfälle).

109 BGH, Urt. v. 29.10.1956 - II ZR 64/56, BGHZ 22,109 (114).

110 S.o. a) aa) (S. 43 ff.).

111 BGH, Urt. v. 30.4.1959 - II ZR 126/57, BGHZ 30,40 (42 f.) = VersR 1959,500. - Diese Entscheidung hat das OLG Bamberg (Urt. v. 8.12.1988 - 1 U 61/88, DAR 1991,105) zustimmend zitiert. Wenn in diesem Urteil das Interesse des Eigentümers als "Sachersatzinteresse" bezeichnet wird, so ist darunter in der hier verwendeten Terminologie (dazu oben III (S. 40 ff.)) ausschließlich das Sacherhaltungsinteresse zu verstehen.

112 BGH, Urt. v. 30.4.1959 - II ZR 126/57, BGHZ 30,40 (42); bestätigt durch Urt. v. 30.3.1965 - VI ZR 248/63, BGHZ 43,295 (297); zuletzt durch Urt. v. 27.10.1993 - IV ZR 33/93, VersR 1994,85 (86) = RuS 1994,3.

Bereits diese Entscheidungen des BGH zur Kfz-Kaskoversicherung deuteten darauf hin, daß das Gericht generell der Versicherbarkeit des Haftpflichtinteresses im Rahmen einer Sachversicherung eher skeptisch gegenüberstand. Die aus den Urteilen folgende rechtliche Konsequenz, daß der den Kfz-Eigentümer entschädigende Versicherer den Mieter in Regreß nehmen kann, ist zwar zwischenzeitlich durch eine Änderung der Versicherungsbedingungen entfallen; § 15 Nr. 2 AKB sieht nunmehr ausdrücklich einen Regreßausschluß u.a. zugunsten von Mietern vor. Die Argumentation des BGH bleibt jedoch insofern von Interesse, als in ihr die generelle Vorstellung zutage tritt, daß Haftpflichtinteressen nicht Gegenstand einer Sachversicherung sein könnten. Im Widerspruch zu dieser Vorstellung hat der BGH allerdings in letzter Zeit in mehreren Urteilen ausgesprochen, daß die vom *Leasingnehmer* genommene Kfz-Kaskoversicherung dessen Haftpflichtinteresse einschließe[113]. Zwar ging es in diesen Entscheidungen nicht um einen Rückgriff des Versicherers gegen den Leasingnehmer, sondern (lediglich) darum, auf wessen Verhältnisse für die Berechnung der Neupreisentschädigung abzustellen ist[114]. Es ist aber doch bemerkenswert, daß der BGH hier - ohne auf die entgegenstehende Judikatur einzugehen - die Deckung des Haftpflichtinteresses an einer bestimmten Sache durch eine Sachversicherung offensichtlich für zulässig erachtet.

Nach Ansicht des BGH[115] beinhaltet die *Fahrzeugversicherung für Kfz-Handel und -Handwerk* eine Fremdversicherung zugunsten des Kfz-Eigentümers. Nicht gedeckt sei hingegen das eigene Haftpflichtinteresse des Versicherungsnehmers (Werkunternehmers bzw. Händlers) gegenüber dem Kfz-Eigentümer, wenngleich die Fahrzeug-Fremdversicherung funktional - nicht: rechtlich - dem Versicherungsnehmer Haftpflichtschutz biete. Der Beweggrund, Schadensersatzansprüche auszugleichen, führe nicht zum Einschluß eines zusätzlichen Interesses in die abgeschlossene Versicherung. Ganz allgemein sei bei der Fahrzeugversicherung (als einer Sachversicherung) ausschließlich das Eigentümerinteresse an der Sacherhaltung gedeckt, unabhängig davon, ob die Versicherung für eigene oder für fremde Rechnung genommen wurde. - In der Literatur wird diese Entscheidung demgegenüber teilweise dahin verstanden, daß der Werkunternehmer nach Ansicht des BGH

[113] Urt. v. 14.7.1993 - IV ZR 181/92, VersR 1993,1223 (1224) = NJW 1993,2870; Urt. v. 5.7.1989 - IV a ZR 189/88, NJW 1989,3021 (3022) = VersR 1989,950; Urt. v. 6.7.1988 - IV a ZR 241/87, NJW 1988,2803 = VersR 1988,949.

[114] Zu dieser Frage s.u. C I 1 b) bb) (S. 177 ff.).

[115] Urt. v. 20.3.1974 - IV ZR 94/73, VersR 1974,535 (536).

mit der Kfz-Handel- und -Handwerkversicherung neben dem fremden Interesse zugleich sein eigenes Sachersatzinteresse decke[116]. Daran ist richtig, daß der BGH neben dem Eigentümerinteresse (als einem Sachinteresse) auch ein Haftpflichtinteresse als in den Deckungsumfang der Kfz-Handel- und -Handwerkversicherung eingeschlossen ansieht. Dieses Interesse umfasse aber - wie die Entscheidungsgründe betonen - nur diejenigen Haftpflichtgefahren, die *von den* in der Werkstatt befindlichen Fremdfahrzeugen ausgehen. Hinsichtlich der Haftung des Werkunternehmers gegenüber dem Eigentümer für Schäden *am* Kfz (und damit des Haftpflichtinteresses an einer bestimmten Sache) bestehe demgegenüber eine Deckungslücke. Dem Versicherungsnehmer kommt die ausschließlich das Eigentumsinteresse deckende Fahrzeug-Fremdversicherung nach Ansicht des Gerichts nur mittelbar zugute, da der Eigentümer mit der Entgegennahme der Versicherungsleistung in dieser Höhe auf Haftpflichtansprüche gegen den Versicherungsnehmer verzichte[117]. *Versichert* ist das Haftpflichtinteresse an den Kfz nach dieser Entscheidung demgegenüber jedoch gerade nicht.

Der BGH hat den in den älteren Entscheidungen zur Kaskoversicherung aufgestellten Grundsatz, wonach Haftpflichtinteressen nicht in der Sachversicherung gedeckt werden könnten, Schritt für Schritt auf *andere Zweige* der Sachversicherung übertragen. Dies geschah bisweilen zögernd[118]; aus manchen Entscheidungen wird deutlich, daß das Gericht jedenfalls die Konsequenz dieser Ansicht, daß dem Versicherer grundsätzlich der Regreß gegen den Schädiger nach § 67 VVG offensteht, nicht stets für angemessen hielt. So stellte der BGH in einem zur Personenkautionsversicherung ergangenen Urteil[119] in einem *obiter dictum* fest, daß der Sachversicherer den bzgl. einer fremden Sache obhutspflichtigen Versicherungsnehmer im Zweifel nach Sinn und Zweck des Versicherungsvertrages nicht gem. § 67 VVG in Anspruch nehmen könne. Die Versicherung des fremden (Eigentums-) Interesses wirke dann für den Versicherungsnehmer mittelbar zugleich wie eine eigene Haftpflichtversicherung. Diese Lösung über einen durch Vertragsauslegung ermit-

---

[116] *Martin* VersR 1978,881 (882); *ders.* VersR 1974,822; gegen diese Deutung *Helm*, in: Deutsche Gesellschaft für Transportrecht (Hrsg.), Gütertransport und Versicherungen, S. 197 (S. 204).

[117] Dazu bereits oben II 1 a) aa) (S. 30 f.).

[118] *Römer*, Die jüngere Entwicklung der Rechtsprechung zur Sachversicherung, S. 46; *Schirmer* ZVersWiss 1992,381 (402).

[119] BGH, Urt. v. 11.7.1960 - II ZR 254/58, BGHZ 33,97 (100 f.) = NJW 1960,1903 m. zustimmender Anmerkung von *Haidinger* LM § 67 VVG Nr. 14; zu diesem Urteil s. bereits II 1 a) bb) (S. 31 f.).

telten Regreßausschluß ist - wie noch zu zeigen sein wird[120] - rechtlich von einer Mitversicherung des Haftpflichtinteresses im Rahmen der Sachversicherung zu unterscheiden. Von daher kann der Entscheidung nicht entnommen werden, der BGH bejahe die Möglichkeit einer solchen Mitversicherung[121], wenngleich der Regreßausschluß wirtschaftlich zu einer Annäherung an den Einschluß des Haftpflichtinteresses führt.

Konsequent hat der BGH den anhand der Kfz-Versicherungszweige entwickelten Grundsatz auf den Bereich der *Transportversicherung* (hier: Güterschaden-Transportversicherung als Sachversicherung einerseits, KVO-Versicherung[122] als Haftpflichtversicherung andererseits) übertragen[123]. Auch bei der Versicherung von Transportrisiken sei eine "scharfe Trennung zwischen Sach- und Haftpflichtversicherung" geboten[124]. Derjenige, der die Inanspruchnahme aus einer drohenden Haftpflichtverbindlichkeit befürchte, müsse dieses Risiko durch eine Haftpflichtversicherung decken. Der BGH betont, daß die vom Eigentümer genommene Sachversicherung dem Haftpflichtigen nicht zugute komme. In dieser Entscheidung wird freilich die Möglichkeit einer Deckung des Haftpflichtinteresses durch den Abschluß einer Sachversicherung für eigene Rechnung nicht angesprochen. Andererseits wird man aus der ausdrücklichen Bezugnahme auf die zu den Kfz-Versicherungszweigen ergangenen Urteile, die diese Möglichkeit ablehnen, entsprechendes auch für den Bereich der Transportversicherung zu folgern haben. Auch in einem neueren Urteil zur KVO-Versicherung hebt der BGH hervor, daß diese Versicherung ausschließlich eine Haftpflichtversicherung und keine Sachversicherung sei[125]. Zur Begründung beruft er sich darauf, daß der Wortlaut der AVB in diesem Sinne eindeutig sei. Trotz der insoweit klaren Aussagen der Entscheidungsgründe wird vereinzelt angenommen, der BGH vertrete in diesem Urteil die Theorie vom Sachersatzinteresse[126], m.a.W.: er halte das Haftpflichtinteresse an bestimmten Sachen für in der Sach-

[120] Unten B II 3 (S. 97 ff.).

[121] Diesen Schluß erwägt *Schnepp*, Sachversicherung bei Mobilienleasing, S. 106 Fußn. 191.

[122] KVO = Kraftverkehrsordnung für den Güterfernverkehr mit Kraftfahrzeugen i. d. F. v. 15.5.1989, BAnz Nr. 71.

[123] BGH, Urt. v. 7.12.1961 - II ZR 254/59, VersR 1962,129 (130); bestätigt durch BGH, Urt. v. 21.12.1966 - Ib ZR 154/64, VersR 1967,153 (154).

[124] BGH, Urt. v. 7.12.1961 - II ZR 254/59, VersR 1962,129 (130).

[125] BGH, Urt. v. 23.11.1988 - IV a ZR 143/87, VersR 1989,250 (251).

[126] *Helm*, in: Deutsche Gesellschaft für Transportrecht (Hrsg.), Gütertransport und Versicherungen, S. 197 (S. 201, S. 202 Fußn. 1).

versicherung versicherbar. Indessen äußert sich das Gericht zu dieser Frage überhaupt nicht. Vielmehr wird lediglich in anderem Zusammenhang die Anwendbarkeit des für die Transportversicherung geltenden § 148 VVG auf die KVO-Versicherung damit begründet, daß es sich bei diesem Versicherungszweig um eine Haftpflichtversicherung handele, die aber zugleich eine Transportversicherung sei. Man kann dem BGH nicht unterstellen, mit dieser Äußerung zur Frage der Versicherbarkeit des Sachersatzinteresses in der Sachversicherung Stellung genommen zu haben[127]. In dem zu beurteilenden Sachverhalt stand kein Haftpflichtinteresse an bestimmten Sachen in Rede. Bei der Äußerung, die KVO-Versicherung sei zugleich eine Transportversicherung, ging es dem BGH ausschließlich darum, die Anwendung des § 148 VVG als einer für die "Transportversicherung" geltenden Bestimmung auf die KVO-Versicherung als eine Haftpflichtversicherung zu begründen. Damit wurde lediglich klargestellt, daß der Begriff der Transportversicherung in § 148 VVG nicht zwingend auf typologisch der Sachversicherung zuzuordnende Transportversicherungsverträge beschränkt ist.

Im Bereich der *Feuerversicherung* äußerte der BGH[128] zunächst (nicht näher erläuterte) rechtliche Bedenken dagegen, daß das Interesse des Pächters, nicht mit einem vertraglichen Schadensersatzanspruch wegen Verstoßes gegen die im Pachtvertrag übernommene Verpflichtung zur Versicherung der Pachtsache belastet zu werden, im Rahmen einer Sachversicherung gedeckt sein könne. In dieser Entscheidung bedurfte es freilich keiner abschließenden Stellungnahme, da der Senat im Wege der Vertragsauslegung zu dem Ergebnis gelangte, daß die dem Versicherungsnehmer (hier: Ehegatte der Pächterin) gehörenden Sachen für seine Rechnung, die fremden Sachen für Rechnung des Eigentümers versichert seien. Die Entscheidung ist im hier behandelten Zusammenhang deshalb von Interesse, weil auch sie ein sachbezogenes Haftpflichtinteresse betrifft: Erst die Beschädigung oder Zerstörung der Sache würde einen Schadensersatzanspruch wegen Verletzung der pachtvertraglichen Nebenpflicht, eine Versicherung abzuschließen, auslösen.

[127] Die Bezugnahme des BGH auf *Martin*, in: Prölss/Martin, 24. Aufl., § 129 VVG Anm. 1 B, darf insoweit nicht überinterpretiert werden; dagegen auch *Helm*, in: Deutsche Gesellschaft für Transportrecht (Hrsg.), Gütertransport und Versicherungen, S. 197 (S. 200, in der Sache anders freilich auf S. 201).

[128] Urt. v. 20.11.1984 - IV a ZR 39/83, VersR 1985,154 (155).

In einem weiteren Urteil warf der BGH[129] die Frage auf, ob nicht der Mieter oder Pächter allgemein, allein aufgrund der Interessenlage, als in den Schutz der vom Eigentümer genommenen Feuerversicherung einbezogen anzusehen sei. Hierfür sprächen "beachtliche Gründe"[130]: Könnte der den Eigentümer entschädigende Versicherer gegen den Mieter Rückgriff nehmen, so würden die durch Brände verursachten wirtschaftlichen Lasten auf die Mieter verlagert. Nach Ansicht des BGH widerspräche dies dem am Schutz der Bevölkerung vor den erheblichen wirtschaftlichen Folgen von Bränden orientierten Zweck der staatlichen Feuerversicherung, hinter deren Leistungen die privaten Versicherer grundsätzlich nicht zurückstehen wollten. Würde man einen Regreß gegen den Mieter eröffnen, so wäre zudem der Versicherer bei Vermietung grundlos bessergestellt als bei einer Nutzung durch den Eigentümer, denn das Brandrisiko erhöhe sich durch die Vermietung regelmäßig nicht. Nach Aufzählung dieser Argumente unter Bezugnahme auf H. Honsell[131] läßt der BGH die Frage schließlich offen, da im zu entscheidenden Fall zugunsten des Mieters eine Haftungsbeschränkung eingreife. In dem Urteil wird nicht ausdrücklich darauf eingegangen, ob das Haftpflichtinteresse des Mieters an der Mietsache überhaupt in der Sachversicherung versicherbar ist. Möglicherweise geht der BGH hier - wie die Vorinstanz[132] - ohne weiteres von einer Versicherbarkeit aus. Hierfür spricht, daß sich die soeben aufgezeigte Argumentation zu einem *allgemeinen* Einschluß des Mieterinteresses an die Feststellung anschließt, aus dem Versicherungsvertrag selbst ergebe sich *im konkreten Fall* kein Anhaltspunkt für einen solchen Einschluß. Diese Prüfung der tatsächlichen Deckung hätte sich erübrigt, wenn der Senat das Mieterinteresse generell für nicht in die Feuerversicherung einbeziehbar hielte. Andererseits ist der Schluß darauf, der BGH bejahe damit stillschweigend die Versicherbarkeit, keineswegs zwingend. Vielmehr konnte die Frage der Versicherbarkeit immer dann offengelassen werden, wenn die Auslegung

---

129 Urt. v. 7.3.1990 - IV ZR 342/88, VersR 1990,625 (626) = NJW-RR 1990,1175 (1176).

130 BGH, Urt. v. 7.3.1990 - IV ZR 342/88, VersR 1990,625 (626) = NJW-RR 1990,1175 (1176).

131 VersR 1985,301.

132 OLG Hamm, Urt. v. 15.4.1988 - 30 U 192/87, ZMR 1988,300 (301). Das Gericht zweifelt nicht die generelle Versicherbarkeit des Sachersatzinteresses in der Sachversicherung an, sondern hält dieses Interesse lediglich tatsächlich regelmäßig für nicht mitversichert. Dies wird daran deutlich, daß die Entscheidungsgründe zur Begründung auf § 80 Abs. 1 VVG abheben. Die in dieser Vorschrift enthaltene Vermutungsregel betrifft nicht die Versicherbarkeit, sondern allein die Frage, ob ein bestimmtes - grundsätzlich versicherbares - Interesse im Einzelfall tatsächlich versichert ist.

ergab, daß das Haftpflichtinteresse jedenfalls nicht mitversichert (tatsächlich gedeckt) war[133].

Unentschieden ließ der BGH[134] zunächst auch die umgekehrte Frage, nämlich diejenige, ob der *Pächter* als Versicherungsnehmer in der Feuerversicherung neben dem Sacherhaltungsinteresse des Verpächters auch sein eigenes (durch eine etwaige Haftung gegenüber dem Verpächter begründetes) Interesse an der Wiederherstellung mitversichern lassen kann. Einer Stellungnahme hierzu bedürfe es nicht, da die Vorinstanz rechtsfehlerfrei den Vertrag als reine Fremdversicherung zugunsten des Eigentümers ausgelegt habe.

Im Jahre 1991 hat der BGH seine die Versicherbarkeit ablehnende Rechtsprechung zur Kaskoversicherung[135] dann erstmals auf einen Zweig der Gebäudeversicherung, und zwar auf die *Leitungswasser-Versicherung* übertragen[136]. Dies geschah zwar nicht ausdrücklich, es ergibt sich jedoch aus dem Zusammenhang der Entscheidungsgründe: Zunächst wird festgestellt, daß die für eine Eigenversicherung des Versicherungsnehmers (hier: Eigentümer) sprechende Vermutung des § 80 Abs. 1 VVG nicht allein durch die Tatsache widerlegt sei, daß der Mieter die Prämie finanziere. Anschließend kommt der BGH auf seine Ausführungen zur Einbeziehung des Sachersatzinteresses von Mietern in der Feuerversicherung[137] zu sprechen. Die dort aufgeworfene Frage könne weiter offen bleiben, da die für die Erörterung im Zusammenhang mit der Feuerversicherung maßgeblichen Gründe auf die Leitungswasserversicherung nicht zuträfen. Schließlich werden ohne ausdrückliche argumentative Einbindung in die vorangegangenen Ausführungen die wesentlichen Aussagen der Entscheidungen zur Kaskoversicherung[138] wiedergegeben. Danach könne nicht durch Auslegung des Versicherungsvertrages ein Sachersatzinteresse des Fahrzeugbesitzers in den Versicherungsschutz einbezogen werden.

---

133 S. bereits das oben (S. 52, bei Fußn. 128) dargestellte Urteil.

134 Urt. v. 18.9.1991 - IV ZR 189/90, RuS 1991,423 (424).

135 S.o. S. 48 Fußn. 109, 111.

136 Urt. v. 23.1.1991 - IV ZR 284/89, VersR 1991,462 = NJW-RR 1991,527.

137 Urt. v. 7.3.1990 - IV ZR 342/88, VersR 1990,625 (626) = NJW-RR 1990,1175 (1176).

138 BGH, Urt. v. 29.10.1956 - II ZR 64/56, BGHZ 22,109 (114); Urt. v. 30.4.1959 - II ZR 126/57, BGHZ 30,40 (42 f.) = VersR 1959,500.

In einem Nichtannahmebeschluß des BGH vom 18.12.1991[139] ist der Grundsatz, wonach in eine reine Sachversicherung des Eigentümers nicht ein Sachersatzinteresse des Mieters einbezogen werden könne, ausdrücklich auch auf die *Gebäudefeuerversicherung* übertragen worden. In diesem Beschluß setzt der BGH sich nunmehr - freilich ohne argumentative Auseinandersetzung - über die von ihm noch 1990 als "beachtlich"[140] bezeichnete Gegenansicht hinweg[141].

Es ginge freilich zu weit zu sagen, das Gericht habe damit eine angekündigte Absicht aufgegeben, das Sachersatzinteresse des Mieters in den Gebäudeversicherungsvertrag des Mieters einzubeziehen[142]. Eine derartige Absicht hatte der BGH nie ausgesprochen, insbesondere auch nicht im Urteil vom 12.6.1991[143]; dort ging es gerade nicht um das Sachersatzinteresse eines Nichteigentümers, sondern um das Sacherhaltungsinteresse des Mieters als des Eigentümers bzw. Aneignungsberechtigten hinsichtlich der von ihm eingebrachten Sachen.

Mit dem Beschluß vom 18.12.1991 liegen nunmehr für die wesentlichen Zweige der Sachversicherung höchstrichterliche Entscheidungen vor, in denen die Versicherbarkeit von Haftpflichtinteressen in der Sachversicherung abgelehnt wird. Im Bereich der Kfz-Kaskoversicherung ist diese Rechtsprechung inzwischen - sieht man von den Entscheidungen zum Kfz-Leasing ab - als gefestigt anzusehen; bei der Gebäudeversicherung ist dies angesichts der geringen Zahl der Judikate und der noch vor kurzem geäußerten deutlichen Sympathie für die Gegenansicht[144] nicht der Fall.

---

139 IV ZR 259/91, VersR 1992,311 = RuS 1992,58 = NJW 1992,980.

140 BGH, Urt. v. 7.3.1990 - IV ZR 342/88, VersR 1990,625 (626) = NJW-RR 1990,1175 (1176).

141 Damit sollte nach *Römer* (Die jüngere Entwicklung der Rechtsprechung zur Sachversicherung, S. 46 f.) "das Kapitel des Einbezugs von Mieter und Pächter in den Feuerversicherungsvertrag zunächst beendet" werden. Zweifelhaft ist, ob der BGH damit nunmehr der - differenzierenden - Ansicht von *Schirmer* (ZVersWiss 1981,637) folgen will, wovon dieser ausgeht (*Schirmer* ZVersWiss 1992,381 (403)).

142 So aber *Langheid* NJW 1993,695 (704).

143 XII ZR 17/90, NJW 1991,3031 = RuS 1991,346; auf dieses Urteil beruft sich *Langheid* (NJW 1993,695 (704)) für seine gegenteilige Ansicht.

144 BGH, Urt. v. 7.3.1990 - IV ZR 342/88, VersR 1990,625 (626) = NJW-RR 1990,1175 (1176).

bb) Rechtsprechung der Instanzgerichte

Bisweilen werden in der Literatur auch Entscheidungen der Instanzgerichte der eine Versicherbarkeit von Haftpflichtinteressen an Sachen in der Sachversicherung *ablehnenden* Ansicht zugeordnet[145]. Bei näherem Hinsehen zeigt sich indessen regelmäßig, daß nicht die Versicherbarkeit als solche abgelehnt wird. Vielmehr gelangt etwa das OLG Hamm[146] in einem zur Gebäudeversicherung des Eigentümers ergangenen Urteil im Wege der Vertragsauslegung zu dem Ergebnis, daß im Einzelfall konkrete Anhaltspunkte für den Willen der Parteien, (auch) das Haftpflichtinteresse des Mieters zu versichern, fehlen. Im Rahmen dieser Auslegung weist das Gericht ausdrücklich darauf hin, daß das Haftpflichtinteresse hier ohnehin durch den Mieter anderweitig versichert war. Die Entscheidung läßt durchaus den Schluß zu, daß das OLG Hamm beim Vorliegen entsprechender Umstände im Sinne von § 80 Abs. 1 VVG gegen eine Deckung des Haftpflichtinteresses in der Sachversicherung keine Bedenken hätte. Dem entspricht es, daß das OLG Hamm in zwei anderen, bereits erwähnten Entscheidungen[147] den Einschluß des Sachersatzinteresses von Pächtern bzw. Untermietern in die vom Eigentümer genommene Gebäudeversicherung ausdrücklich für möglich gehalten hat.

Auch das OLG Celle[148] hat in einem zur Gebäudefeuerversicherung ergangenen Urteil nicht generell die Versicherbarkeit des Haftpflichtinteresses an Sachen in der Sachversicherung abgelehnt. Vielmehr wurde es ausdrücklich offengelassen, ob in bestimmten Fällen besondere Umstände im Sinne von § 80 Abs. 1 VVG zur Einbeziehung dieses Interesses führen können[149]. Das OLG Celle wendet sich (unter Hinweis auf die gesetzliche Regelung in § 67 Abs. 2 VVG) lediglich dagegen, bereits aus der Natur des Versicherungsvertrages stets auf die Deckung des Haftpflichtinteresses zu schließen.

---

[145] So hält *Fuchs* (BB 1992,1217 (1220 Fußn. 46)) zwei Entscheidungen des OLG Hamm (Urt. v. 27.3.1984 - 27 U 433/83, VersR 1984,749) und des OLG Celle (Urt. v. 5.11.1986 - 9 U 222/85, RuS 1987,136) für inhaltlich übereinstimmend mit der eine Versicherbarkeit ablehnenden Entscheidung des BGH (Urt. v. 23.1.1991 - IV ZR 284/89, VersR 1991,462 = NJW-RR 1991,527) sowie mit *Sieg*, in: Bruck/Möller/Sieg, § 74 VVG Anm. 8 und *Schirmer* ZVersWiss 1981,637 (681 ff.). Auch *Schnepp* (Sachversicherung bei Mobilienleasing, S. 105) meint, den beiden OLG-Urteilen eine ablehnende Haltung zur Frage der Versicherbarkeit entnehmen zu können.

[146] OLG Hamm, Urt. v. 27.3.1984 - 27 U 433/83, VersR 1984,749 (750).

[147] OLG Hamm, Urt. v. 29.8.1985 - 28 U 151/84, VersR 1987,300 (300 f.); Urt. v. 23.7.1991 - 9 U 287/86, VersR 1991,1406 = NJW-RR 1992,163.

[148] Urt. v. 5.11.1986 - 9 U 222/85, RuS 1987,136 (136 f.).

[149] OLG Celle, Urt. v. 5.11.1986 - 9 U 222/85, RuS 1987,136 (137).

Wenn die soeben genannten Entscheidungen in der Literatur bisweilen[150] dennoch unzutreffend den Gegnern einer Versicherbarkeit zugeordnet werden, so ist dies auf eine mangelnde Trennung der scharf auseinanderzuhaltenden Fragen nach der generellen Versicherbarkeit des Haftpflichtinteresses an Sachen in der Sachversicherung einerseits, der konkreten Deckung dieses Interesses im Einzelfall andererseits zurückzuführen.

Das LG Köln geht in einem die Feuerversicherung betreffenden Urteil[151] ohne weiteres davon aus, daß dem Versicherer gegen den Mieter des Versicherungsnehmers (Gebäudeeigentümers) der Regreß nach § 67 Abs. 1 VVG offenstehe. Dem mag die Ansicht zugrundeliegen, das Haftpflichtinteresse des Mieters sei nicht in der Sachversicherung versicherbar; das Gericht spricht diese Frage indessen nicht ausdrücklich an, so daß dieser Schluß zweifelhaft ist.

cc) Rechtsprechung des österreichischen Obersten Gerichtshofs

In einem Urteil des ÖOGH[152] wird die Einbeziehung des Pächterinteresses in die vom (Mit-)Eigentümer genommene Feuerversicherung im Ergebnis zwar abgelehnt. Indessen läßt sich dieser Entscheidung nicht entnehmen, die Versicherbarkeit sei generell zu verneinen[153]. Vielmehr stellt das Gericht darauf ab, daß im zu beurteilenden Fall keinerlei Anhaltspunkte für eine Einbeziehung des Pächterinteresses erkennbar seien. Somit besteht bei näherem Hinsehen kein Widerspruch zu den oben genannten, die Versicherbarkeit bejahenden Entscheidungen des ÖOGH[154].

c) Zusammenfassung

Zusammenfassend kann zu der Frage, ob die Rechtsprechung das Haftpflichtinteresse an bestimmten Sachen für in der Sachversicherung versicherbar hält, folgendes festgehalten werden: Während das RG, der ÖOGH und teilweise auch Instanzgerichte die Versicherbarkeit generell bejahen, geht der BGH lediglich vereinzelt hiervon aus. Demgegenüber hat er bereits früh in

---

[150] S. die Nachweise S. 56 Fußn. 145.

[151] Urt. v. 4.5.1972 - 77 O 37/72, VersR 1973,337.

[152] Urt. v. 11.6.1981 - 7 Ob 23/81, VersR 1982,786 (787).

[153] So wohl auch *Martin*, Sachversicherungsrecht, J II 14.

[154] ÖOGH, Entsch. v. 27.11.1963 - 7 Ob 307/63, VersR 1965,580; Beschl. v. 30.1.1992 - 7 Ob 34/91, VersR 1993,639.

mehreren Entscheidungen zur Kfz-Kaskoversicherung, zur Transportversicherung und neuerdings auch zu Zweigen der Gebäudeversicherung die Versicherbarkeit des Haftpflichtinteresses an bestimmten Sachen in der Sachversicherung ausdrücklich abgelehnt. Instanzgerichte folgen dem teilweise. Die Ablehnung der Versicherbarkeit wird im wesentlichen damit begründet, es handele sich bei den jeweiligen Versicherungen um "reine Sachversicherungen"; Haftpflichtinteressen seien demgegenüber in der Haftpflichtversicherung zu decken.

2. Literatur

Auch im Schrifttum finden sich unterschiedliche Stellungnahmen zur Frage der Versicherbarkeit von Haftpflichtinteressen in der Sachversicherung. Die Diskussion setzte bereits kurz nach der Verabschiedung des VVG im Jahre 1908 ein[155]. Eingehend befaßt sich erstmals Kisch im 1922 erschienenen Band III seines Handbuchs des Privatversicherungsrechts[156] mit der Problematik. Kisch kommt zu dem Ergebnis, daß das von ihm als *Sachersatzinteresse* bezeichnete Haftpflichtinteresse an fremden Sachen in der Sachversicherung versicherbar sei. In jüngerer Zeit ist diese Ansicht insbesondere von Martin[157] aufgegriffen und nachdrücklich verfochten worden. Demgegenüber haben etwa Möller[158], Sieg[159], E. Lorenz[160] und - für sekundäre Schadensersatzansprüche im Unterschied zu vertraglichen Erfüllungsansprüchen auf Sachersatz - Schirmer[161] der Ansicht von Kisch ebenso heftig

---

[155] *Flechtheim* LZ 1911,675; *Moldenhauer* LZ 1911,688; *Josef* VersWissArchiv 1912,778. - Die oben S. 43 Fußn. 85 aufgeführte ältere Rechtsprechung hatte noch nicht auf eine Auseinandersetzung mit der Frage im Schrifttum zurückgreifen können.

[156] § 17, S. 120-128.

[157] Sachversicherungsrecht, J I 7; ZVersWiss 1973,493; VersR 1974,821; VW 1974,1130 (1134); VersR 1978,881; VersR 1989,560. Übernommen von *Kollhosser*, in: Prölss/Martin, vor § 51 VVG Anm. 6 E. - In dieselbe Richtung auch *H. Honsell* VersR 1985,301-305.

[158] In: Bruck/Möller/Sieg, § 49 VVG Anm. 95.

[159] In: Bruck/Möller/Sieg, § 74 Anm. 8 (bzgl. des Einschlusses fremden Haftpflichtinteresses in die vom Eigentümer genommene Versicherung) und § 80 VVG Anm. 9 (bzgl. der Eigenversicherung des Haftpflichtinteresses durch den potentiell Haftpflichtigen); ferner BB 1994,299 (300) (speziell für die vom Mieter genommene Sachversicherung).

[160] VersR 1992,399.

[161] ZVersWiss 1981,637-743 (zur Ausgrenzung von Erfüllungsansprüchen insbesondere S. 660 f., 713).

widersprochen. Im einzelnen ergibt sich das nachfolgend dargestellte Meinungsbild[162].

a) Argumente gegen eine Versicherbarkeit des Haftpflichtinteresses an Sachen in der Sachversicherung

aa) Gesetzessystematisch-typologisches Argument

Eine Reihe von Autoren sind der Ansicht, aus der - im VVG zum Ausdruck kommenden - Unterscheidung zwischen Sach- und Haftpflichtversicherung folge, daß Haftpflichtinteressen an Sachen ausschließlich im Wege der Haftpflichtversicherung gedeckt werden könnten[163]. Die gesetzliche Differenzierung beider Versicherungszweige wird teilweise[164] an § 67 VVG festgemacht. Dieser Vorschrift liege nämlich der Gedanke zugrunde, daß derjenige, der einen Haftpflichttatbestand verwirkliche, hieraus auch dann verpflichtet bleibe, wenn zugunsten des Geschädigten eine Sachversicherung bestehe. Das Haftpflichtrisiko könne er (nur) durch eine Haftpflichtversicherung decken. § 67 VVG gehe somit von einer scharfen Trennung zwischen Sach- und Haftpflichtversicherung aus.

Neben § 67 VVG wird auch auf die besonderen Vorschriften für die Haftpflichtversicherung (§§ 149 - 158 k VVG) verwiesen[165]. Einige der darin getroffenen gesetzgeberischen Wertungen stünden den Parteien nicht zur Disposition. Sie dürften nicht dadurch umgangen werden, daß man dem potentiell Haftpflichtigen die Wahl eröffne, sein Sachersatzinteresse durch eine Sachversicherung anstelle der Haftpflichtversicherung zu decken[166]. Biswei-

---

162 Bei der Auswertung der Literatur bestehen wiederum - wie bereits bei der Rechtsprechung (oben 1 (S. 40 ff.)) - bisweilen Einordnungsschwierigkeiten, da oft nicht klar zwischen den Fragen der Versicherbarkeit und der tatsächlichen Deckung getrennt wird.

163 *E. Lorenz* VersR 1992,399 (400); *Haidinger*, Anm. zu BGH, Urt. v. 30.4.1959 - II ZR 126/57 (BGHZ 30,40), LM § 67 VVG Nr. 13; *Schirmer* ZVersWiss 1981,637 (696-698); *Sieg*, in: Bruck/Möller/Sieg, § 80 VVG Anm. 9; in dieser Richtung auch *Bischoff* VersR 1963,8 (14) und *Helm*, in: Deutsche Gesellschaft für Transportrecht (Hrsg.), Gütertransport und Versicherungen, S. 197 (S. 206). Ohne weiteres gehen von der Zugehörigkeit zur Haftpflichtversicherung aus: *Koenig*, in: FS E. Prölss (1967), S. 221 (S. 235); *P. Koch* VersR 1967,306 (308).

164 *Haidinger*, Anm. zu BGH, Urt. v. 30.4.1959 - II ZR 126/57 (BGHZ 30,40), LM § 67 VVG Nr. 13.

165 *Schirmer* ZVersWiss 1981,637 (696-698); *Sieg*, in: Bruck/Möller/Sieg, § 80 VVG Anm. 9.

166 *Schirmer* (ZVersWiss 1981,637 (700)), der zugleich meint, daß demgegenüber durch den Abschluß einer Fremd-Sachversicherung zugunsten des Geschädigten Schutzvorschriften des Haftpflichtversicherungsrechts nicht umgangen werden. - Gegen den Vorwurf der Umgehung *Martin*

len wird demgegenüber ohne weiteres davon ausgegangen, für die Deckung des Sachersatzinteresses gelte § 152 VVG, so daß der Versicherungsnehmer im Rahmen eines einheitlichen Sachversicherungsvertrages bei grobfahrlässiger Schadensverursachung hinsichtlich des Schadens an eigenen Sachen (dann gilt § 61 VVG) schlechter gestellt wäre als bzgl. seiner Haftung für fremde Sachen[167]. Ganz allgemein wird darauf hingewiesen, daß die gleichzeitige Anwendung der Regeln über die Sach- und über die Haftpflichtversicherung erhebliche Schwierigkeiten bereite[168]. Damit werde die "schwer zu handhabende Rechtsfigur der gespaltenen Interessen"[169] heraufbeschworen. Vereinzelt wird sogar eine *Pflichtenkollision* angenommen, wenn derselbe Versicherer das Sacherhaltungsinteresse des Eigentümers und das Sachersatzinteresse des potentiell Haftpflichtigen decke[170]. Den Versicherer treffe dann zugleich die Pflicht, als Sachversicherer des Eigentümers die Schadensaufwendungen zu Lasten des Schädigers gering zu halten und als Haftpflichtversicherer eine Haftung des Schädigers abzuwenden. Dies könne nicht angehen.

Vor dem Hintergrund der soeben geschilderten gesetzessystematischen Argumentation wird bisweilen auch auf die *typologische Verschiedenheit* von Sach- und Haftpflichtversicherung hingewiesen, die einer Versicherbarkeit des Sachersatzinteresses in der Sachversicherung entgegenstehe. Die Versicherung des Sachersatzinteresses sei auf den Schutz vor der Belastung mit Schulden (Passiva) gerichtet und damit ausschließlich der Haftpflichtversicherung zuzuordnen[171]. Der Sachversicherung sei eine derartige Deckung hingegen "wesensfremd"[172]. Dementsprechend meint z.B. Möller[173], die vom

---

VersR 1974,821 (821, 826); *ders.* ZVersWiss 1973,493 (504); zur Anwendbarkeit der Haftpflichtversicherungsregeln s.u. C II (S. 180 ff.).

167 *Hartmann* ZfV 1954,37; *Flechtheim* LZ 1911,675 (680).

168 *Josef* VersWissArchiv 1912,778; *Flechtheim* LZ 1911,675 (680).

169 *Sieg*, in: Bruck/Möller/Sieg, § 74 VVG Anm. 8.

170 *E. Lorenz* VersR 1992,399 (400).

171 *Möller*, in: Bruck/Möller/Sieg, vor § 49 VVG Anm. 12, 17, 19; § 49 VVG Anm. 51, 75, 95; *Koenig*, in: FS E. Prölss (1967), S. 221 (S. 235); *P. Koch* VersR 1967,306 (308). Diese Vorstellung liegt offenbar auch der - nicht näher begründeten - Ansicht des BAV zugrunde, das Interesses des Gebäudeeigentümers am Schutz vor einem Regreß des Versicherers aufgrund der Beschädigung fremden (Mieter-) Eigentums betreffe die Deckung einer Haftung, die in den Bereich der Haftpflichtversicherung gehöre (*Bischoff/Dreger* VerBAV 1962,192 (194)).- Zur typologischen Unterscheidung von Aktiven- und Passivenversicherung s.u. IV 2 (S. 104 f.).

172 *Hartmann* ZfV 1954,37.

173 In: Bruck/Möller/Sieg, vor § 49 VVG Anm. 12, 17, 19; § 49 VVG Anm. 75, 95.

Mieter genommene Versicherung seines gegenüber dem Vermieter bestehenden Haftpflichtinteresses sei keine Sachversicherung. Für den Bereich der Kfz-Kaskoversicherung hebt Mahlberg[174] hervor, diese berühre - im Unterschied zur am Verkehrsopferschutz orientierten Kfz-Haftpflichtversicherung - (allein) das rein persönliche Sachinteresse des Kfz-Eigentümers. Mahlberg folgert hieraus, in der Kaskoversicherung komme eine Ausdehnung des Regreßausschlusses über den in § 67 Abs. 2 VVG genannten Personenkreis hinaus - insbesondere auf jeden berechtigten Fahrer - nicht in Betracht. Zwar ist diese Ansicht inzwischen wegen der Einfügung des § 15 Nr. 2 AKB praktisch nicht mehr relevant. Indessen tritt in den Ausführungen Mahlbergs die auch in der höchstrichterlichen Rechtsprechung[175] erkennbare typologische Vorstellung deutlich zutage, wonach die Sachversicherung Eigentums-, nicht aber Haftpflichtinteressen decke[176]. Eine Präzisierung erfährt dieser Gedanke bei Bischoff[177]. Er will neben den Eigentümerinteressen auch bestimmte Interessen an fremden Sachen in den Kreis der durch eine Sachversicherung versicherbaren Interessen einschließen. Entscheidend soll sein, ob der jeweilige Interesseträger in unmittelbaren vermögenswerten Beziehungen zu der Sache stehe. Dies sei bei dinglichen Nutzungs- und Sicherungsrechten sowie bei Eigentumsanwartschaften der Fall, nicht jedoch bei den hier interessierenden rein obligatorischen Beziehungen (Mietvertrag, Werkvertrag[178]). Das eigene Interesse an der Sache werde dann von Forderungs- oder von Passiveninteressen überlagert. Die Versicherung solcher Interessen könne "nicht mehr als Sachversicherung bezeichnet werden"[179]. In der Deckung von Passiveninteressen liege eine Haftpflichtversicherung[180].

---

174 NJW 1966,2154 (2155).

175 BGH, Urt. v. 29.10.1956 - II ZR 64/56, BGHZ 22,109 (114); BGH, Urt. v. 30.4.1959 - II ZR 126/57, BGHZ 30,40 (42 f.); BGH, Urt. v. 23.1.1991 - IV ZR 284/89, NJW-RR 1991,527; BGH, Beschl. v. 18.12.1991 - IV ZR 259/91, VersR 1992,311.

176 So auch *P. Koch* VersR 1967,306 (308); *Haidinger*, Anm. zu BGH, Urt. v. 29.10.1956 - II ZR 64/56, LM § 67 VVG Nr. 8.

177 ZVersWiss 1963,193 (203 f.).

178 Zu den versicherten Interessen beim Abschluß einer Fremd-Sachversicherung durch den Werkunternehmer *Bischoff* VersR 1963,8 (13 f.); dort wird die Ansicht des RG (Urt. v. 22.9.1916 - VII 190/16, LZ 1917,207) als "kühn" bezeichnet, wonach u.a. auch das Haftungsinteresse des Werkunternehmers gegenüber dem Sacheigentümer eingeschlossen sei.

179 *Bischoff* ZVersWiss 1963,193 (203 f.).

180 *Möller*, in: Bruck/Möller/Sieg, § 49 VVG Anm. 51. *Sieg* (BB 1982,900 (901)) ist der Ansicht, sogar schon eine Haftungsbeschränkungsvereinbarung zwischen Mieter und Vermieter "denaturiere" die vom Versicherer genommene Eigen-Sachversicherung in Richtung auf eine Haftpflichtversicherung des Mieters.

Vereinzelt wird in typologischer Hinsicht gegen die Versicherbarkeit des Sachersatzinteresses in der Sachversicherung schließlich geltend gemacht, daß dann jede Haftpflichtversicherung zugleich auch als eine andersartige Versicherung angesehen werden müsse, etwa die Kfz-Haftpflichtversicherung als Lebens-, Unfall-, Sach- und Krankenversicherung zugunsten des jeweils Geschädigten[181].

Schirmer[182] bezieht das Argument der typologischen Verschiedenheit von Sachversicherung und Haftpflichtversicherung nur auf solche Haftpflichtinteressen, die auf sekundären Schadensersatzansprüchen beruhen. Für die Deckung des aus primären Erfüllungsansprüchen ("selbständiger Garantievertrag"[183]) erwachsenden Interesses, wozu u.a. die Haftungsübernahme des Mieters für zufällige Schäden gehören soll, stehe hingegen ohne weiteres die Sachversicherung zur Verfügung.

bb) Fehlendes Bedürfnis für eine Deckung in der Sachversicherung

Bisweilen kommt in der Literatur die Ansicht zum Ausdruck, für einen Einschluß des Sachersatzinteresses in die Sachversicherung bestehe kein praktisches Bedürfnis[184]. Zum einen habe der potentiell Haftpflichtige die Möglichkeit, mit dem Eigentümer einen Haftungsausschluß hinsichtlich leichter Fahrlässigkeit zu vereinbaren[185], so daß insoweit von vornherein kein Haftpflichtinteresse bestehe[186]. Zum anderen werde ein Haftpflichtiger oftmals durch das Regreßverzichtsabkommen der Feuerversicherer[187] bzw. durch eine Regreßverzichtsvereinbarung im einzelnen Vertrag vor einem Regreß des Sachversicherers des Geschädigten geschützt[188]. Schließlich

---

181 *Helm*, in: Deutsche Gesellschaft für Transportrecht (Hrsg.), Gütertransport und Versicherungen, S. 197 (S. 206).

182 ZVersWiss 1981,637 (insbesondere S. 660-704).

183 *Schirmer* ZVersWiss 1981,637 (660).

184 *Hartmann* ZfV 1954,37; *Knoerrich/Dreger* VerBAV 1966,175 (180) zu den Hausratsversicherungsbedingungen (VHB 66).

185 Zu vertraglichen Haftungsbeschränkungen s. bereits oben Einführung II 2 (S. 20 ff.).

186 *Schirmer* ZVersWiss 1981,637 (669 f., 671, 681 f.); s. auch *Engels* (VP 1977,97 (100)) und *Essert* (VersR 1981,1111 (1114)), die freilich als Alternative auch u.a. die Deckung des Eigeninteresses in fremden Verträgen nennen.

187 S.u. b) bb) (1) bei Fußn. 211 (S. 66 f.). - Ob darüber hinaus ein Bedarf des potentiell Haftpflichtigen an Regreßschutz besteht, läßt *Laue* (VP 1954,179 (180)) ausdrücklich offen.

188 *Schirmer* ZVersWiss 1981,637 (682).

bestehe die Möglichkeit einer Deckung in der Haftpflichtversicherung[189]; die Privathaftpflichtversicherung biete auch eine Zusatzdeckung für die an sich ausgeschlossenen Mietsachschäden an[190].

cc) Verteuerung der Sachversicherung durch Einbeziehung von Haftpflichtinteressen

Vereinzelt wird gegen die Deckung von Haftpflichtinteressen in der Sachversicherung auch vorgebracht, eine solche Deckung führe zwangsläufig zu einem Prämienzuschlag, also zu einer Verteuerung der Sachversicherung[191]. Da dieses Argument *generell* der Deckung entgegengehalten wird, läßt es sich als bereits gegen die Annahme einer Versicherbarkeit gerichtet ansehen[192].

b) Argumente für eine Versicherbarkeit des Haftpflichtinteresses an Sachen in der Sachversicherung

Für eine Versicherbarkeit des Haftpflichtinteresses an Sachen im Wege der Sachversicherung werden verschiedene Gründe vorgetragen. Die Argumentation greift dabei in ihrer Bandbreite nicht über die von der Gegenansicht erörterten Gesichtspunkte hinaus; die Diskussion wird insbesondere nicht vor dem Hintergrund der Privatautonomie[193] geführt.

aa) Typologisches Argument

Teilweise wird dahingehend argumentiert, das Sachersatzinteresse sei deshalb im Wege einer Sachversicherung versicherbar, weil ausschließlich ein Sachrisiko (z.B.: Feuerrisiko) *an individuell bestimmten oder bestimmbaren*

---

[189] *Haidinger*, Anm. zu BGH, Urt. v. 30.4.1959 - II ZR 126/57 (BGHZ 30,40), LM § 67 VVG Nr. 13 (unter 1.); *Hartmann* (ZfV 1954,37; VP 1954,134 (135)) unter Hinweis darauf, durch eine Einbeziehung des Haftpflichtinteresses in die Sachversicherung werde der potentiell Haftpflichtige von der Notwendigkeit einer umfassenden, eigenständigen Haftpflichtversicherung abgelenkt.

[190] *Essert* VersR 1981,1111 (1112, 1114).

[191] *Hartmann* ZfV 1954,37.

[192] *Hartmann* (ZfV 1954,37) zieht diesen Schluß freilich nicht ausdrücklich; seine - gegen *Stenzaly* (ZfV 1953,551) gerichteten - Ausführungen könnten daher auch im Sinne einer reinen Warnung vor der Vereinbarung einer an sich möglichen Deckung verstanden werden.

[193] Zu diesem Aspekt s.u. IV 2 (S. 78 ff.).

Sachen gedeckt sei[194]. Der Wert dieses Interesses könne - anders als bei den der Haftpflichtversicherung zuzurechnenden Interessen - grundsätzlich beziffert werden; hierin liege eine Gemeinsamkeit mit den (sonstigen) sachbezogenen Eigentums- oder Nutzungsinteressen[195]. Der Versicherungsnehmer stehe zu diesen Sachen zudem regelmäßig in einer besonderen - meist vertraglich begründeten - *rechtlichen Beziehung*, was für die Zuordnung zur Sach- statt zur Haftpflichtversicherung (in der eine solche Beziehung vor Eintritt des Versicherungsfalles meist nicht besteht) sprechen soll[196]. Damit wird der Versuch einer Typenbildung in der Schadensversicherung unternommen. Zugrunde liegt die Vorstellung, daß das in der Haftpflichtversicherung gedeckte Risiko weder gegenständlich (durch Schadensereignisse nur an bestimmten Sachen) begrenzt noch vom Haftungsgrund her (durch vor dem Schadensereignis bestehende Rechtsbeziehungen des potentiell Haftpflichtigen zum Haftpflichtgläubiger) konkretisiert sei. In diesem Sinne kann man davon sprechen, daß nach jener typologischen Vorstellung die Haftpflichtversicherung *abstrakt* und umfassend Haftpflichtrisiken deckt, die Sachversicherung hingegen *konkrete* Schadens- einschließlich Haftpflichtrisiken.

bb) Praktisches Bedürfnis nach Deckung in der Sachversicherung

(1) Deckungslücken in der Haftpflichtversicherung

In engem Zusammenhang mit dem typologischen Argument wird bisweilen auch ein praktischer Grund für die Versicherbarkeit des Haftpflichtinteresses in der Sachversicherung vorgebracht: Die Möglichkeit einer solchen Versicherung entspreche vielfach den Bedürfnissen der Praxis, da die allgemeine Haftpflichtversicherung in verschiedener Hinsicht unzureichend sei[197].

---

194 *Kisch*, Privatversicherungsrecht III, S. 126 f.; *Martin* VersR 1974,821; *ders.* VW 1974,1130 (1134); *Kollhosser*, in: Prölss/Martin, vor § 51 Anm. 1 B b; *Schnepp*, Sachversicherung bei Mobilienleasing, S. 109.

195 *Schnepp*, Sachversicherung bei Mobilienleasing, S. 109.

196 In diesem Sinne argumentierten die Versicherer bei der Überarbeitung des Klauselwerkes für die Feuer- und FBU-Versicherung (*Dreger* VerBAV 1970,35 (42)). - *Martin* (ZVersWiss 1973,493 (504)) schließt aus der bestehenden rechtlichen Beziehung, daß der Eigentümer des Schutzes der Haftpflichtversicherungsregeln - die für unbestimmte Sachen konzipiert seien - nicht bedürfe.

197 Diese Argumentation wurde auch von den Befürwortern der Schaffung einer eigenen, jede Fahrlässigkeit deckenden *Feuerhaftungsversicherung* vorgebracht (zu ihr s.u. S. 67 Fußn. 216 sowie C II 2 (S. 188 ff.); *Steffen* ZfV 1978,306 (309 f.); *Engels* VP 1985,73-76; *ders.* VP 1988,193

(a) Besitz- und Tätigkeitsklausel in der Haftpflichtversicherung

Verwiesen wird zum einen auf die *gegenständliche Begrenzung* des Versicherungsschutzes, den die Besitz- und Tätigkeitsklausel des § 4 Abs. 1 Nr. 6 AHB vorsieht[198]. Nach lit. a dieser Klausel bezieht sich der Versicherungsschutz nicht auf Haftpflichtansprüche wegen Schäden an fremden Sachen, die der Versicherungsnehmer gemietet, gepachtet, geliehen oder aufgrund eines besonderen Vertrages zu verwahren hat[199]. In lit. b werden ausgeschlossen Ansprüche wegen Schäden, die an fremden Sachen durch eine gewerbliche oder berufliche Tätigkeit des Versicherungsnehmers an oder mit ihnen entstanden sind.

Diese Ausschlüsse sind nicht etwa darauf zurückzuführen, daß die jeweiligen Risiken schlechthin unversicherbar wären; § 4 Abs. 1 S. 1, 1. Halbsatz AHB läßt abweichende Bestimmungen ausdrücklich zu[200]. Die Ausschlüsse sind nach Ansicht von Martin[201] vielmehr deshalb als Regelfall vorgesehen, weil sich die ausgeschlossenen Risiken den Prämienkalkulationsgrundsätzen der Haftpflichtversicherung entzögen. Diese Kalkulation beruhe auf einem breiter gestreuten, nicht auf bestimmte Sachen begrenzten Risiko. Demgegenüber seien die Sachversicherer aufgrund ihrer Erfahrungen mit Sachrisiken besser in der Lage, die speziellen Schadensrisiken einzuschätzen, die einer bestimmten Sache anhaften[202]. Ausschlaggebend seien - wie stets in der Sachversicherung - Art, Wert und Gefährdungsgrad der Sachen[203]. Im Zusammenhang mit dem Ausschluß für Objekte gewerblicher Tätigkeit (§ 4 Nr. I 6 b AHB) wird ferner geltend gemacht, daß es den Prämienkalkulationsprinzipien der Haftpflichtversicherung widerspreche, dem Versicherungsnehmer sein Unternehmerrisiko für solche Sachen abzunehmen, die Gegenstand seiner

---

f.). - Als umfassend charakterisiert die Haftpflichtversicherung demgegenüber *Hartmann* (VP 1954,134 (135)).

198 *Martin* VersR 1974,821 (823 f.); *H. Honsell* VersR 1985,301 (302 f.); *Westhelle* NJW 1977,1404 (1405); *Brockmann* ZfV 1964,165 (166); *Banse* VP 1954,83 (84); der Sache nach auch *H. Koch* VP 1954,151 (für einen Regreßverzicht) und *Schirmer* ZVersWiss 1981,637 (694) (für eine Sachfremdversicherung zugunsten des Eigentümers). - Zur gegenständlichen Reichweite der Ausschlüsse *Th. Honsell* VersR 1985,3-8.

199 In Österreich sieht Art. 7 Nr. 9.1 der Allg. Bedingungen für die Haftpflichtversicherung (AHVB) einen entsprechenden Ausschluß vor.

200 Dazu OLG Düsseldorf, Urt. v. 7.12.1986 - 4 U 58/86, VersR 1988,393.

201 VersR 1974,821 (824).

202 *Martin* VersR 1974,821 (823 f.); *Wasser* VW 1954,466; eingehend *Obermayer* VN 1954,433 (434 f.).

203 *Martin* VersR 1974,821 (824).

beruflichen und gewerblichen Tätigkeit seien[204]. Insgesamt spricht Martin[205] sogar von der "versicherungstechnischen Notwendigkeit" einer Versicherbarkeit des Haftpflichtinteresses an Sachen in der Sachversicherung.

Indessen darf nicht übersehen werden, daß die Auswirkungen dieser - auf den ersten Blick einschneidenden - Ausschlüsse aus zwei Gründen begrenzt sind. Zum einen wird von der in § 4 Abs. 1 AHB vorgesehenen Möglichkeit einer vertraglichen Einbeziehung der ausgeschlossenen Interessen in der Praxis tatsächlich - wenn auch nur mit geringen Deckungssummen[206] - durchaus Gebrauch gemacht[207]. So bieten manche Versicherer in der Privathaftpflichtversicherung eine Zusatzdeckung für Schäden an der Mietsache an (Besondere Bedingungen für den Einschluß von Mietsachschäden in die Privathaftpflichtversicherung)[208]. Hiergegen wird von Seiten der Befürworter einer Versicherbarkeit wiederum eingewandt, dieser Versicherungsschutz sei für die meisten potentiell Haftpflichtigen aus Unwissenheit oder wegen Ablehnung durch den konkreten Versicherer praktisch *unerreichbar*[209]. Eines zusätzlichen Deckungsschutzes bedarf es freilich dann nicht, wenn - und damit ist der zweite Grund für die nur begrenzte Wirkung der Ausschlüsse[210] angesprochen - die Voraussetzungen von Nr. 6 b) des *Regreßverzichtsabkommens der Feuerversicherer*[211] vorliegen. Der Regreßverzicht greift dann

---

204 *Martin* VersR 1974,821 (823).

205 VersR 1974,821 (824); in dieser Richtung bereits VW 1971,214 (217) (für die Montage- und Bauunternehmer-Versicherung).

206 *Steffen* ZfV 1978,306 (309); *Schirmer* ZVersWiss 1981,637 (669, 694).

207 *Voit*, in: Prölss/Martin, § 4 AHB Anm. 1 a; *Meyer-Kahlen*, Entwicklungslinien der Haftpflichtversicherung, in: Bach (Hrsg.), Symposion Haftungsrecht und Haftpflichtversicherung, S. 49 (S. 66).

208 Abgedruckt in VerBAV 1970,148; dazu *Voit*, in: Prölss/Martin, Privathaftpfl., Anm. 11. - Auf diese Deckungsmöglichkeit weist auch der BGH (Urt. v. 23.1.1991 - IV ZR 284/89, VersR 1991,462 (463) = NJW-RR 1991,527 (528)) hin, allerdings nicht als Argument gegen die Versicherbarkeit des Sachersatzinteresses, sondern allein zur Begründung dafür, daß der potentiell Haftpflichtige auch ohne stillschweigenden Haftungsausschluß nicht schutzlos sei.

209 So *Fuchs* (BB 1992,1217 (1220)) unter Hinweis darauf, daß auch der BGH bei der Entscheidung über das Vorliegen eines Haftungsausschlusses zugunsten des Probefahrers auf die Erreichbarkeit von Versicherungsschutz abgestellt habe. Auch *Haidinger* (Anm. zu BGH, Urt. v. 30.4.1959 - II ZR 126/57 (BGHZ 30,40), LM § 67 VVG Nr. 13) räumt ein, daß die von ihm als einzige Lösung angesehene besondere Haftpflichtversicherungs-Deckung "in den Kreisen der Kraftfahrer allerdings wenig bekannt" sei.

210 Sie betont auch *Schirmer* ZVersWiss 1981,637 (684).

211 Aktuelle Fassung: VerBAV 1978,137. Dazu *Kollhosser*, in: Prölss/Martin, vor § 51 Anm. 7 A; *Martin*, Sachversicherungsrecht, J I 14 f.

ein, wenn der potentiell Haftpflichtige eine Feuerversicherung[212] abgeschlossen hat und von der versicherten Sache ein Brand auf fremde Sachen übergreift, für die gleichfalls eine Feuerversicherung besteht. Entschädigt nun der Feuerversicherer den Eigentümer der fremden Sachen, so ist er durch das Regreßverzichtsabkommen gehindert, im Wege des Regresses nach § 67 Abs. 1 VVG den für den Schaden aus dem übergreifenden Feuer Haftpflichtigen in Anspruch zu nehmen[213]. Dies gilt nach Ziffer 2 S. 2 des Regreßverzichtsabkommens allerdings nur dann, wenn der Feuerversicherer des Haftpflichtigen für dessen eigenen Schaden eintrittspflichtig ist. Nicht nur im Hinblick hierauf ist die Wirkung des Regreßverzichtsabkommens beschränkt. Die in Nr. 6 a) des Regreßverzichtsabkommens vorgesehene Begrenzung auf Regreßsummen zwischen 100.000 und 400.000 DM je Schadensereignis wird als sehr eng angesehen[214]. Die *untere Grenze* ist allerdings gegenüber der Altfassung des Regreßverzichtsabkommens von 1961[215] inzwischen insoweit erweitert worden, als eine Deckung in der Haftpflichtversicherung wegen der §§ 4 Abs. 1 Nr. 6 a), b), Abs. 2 Nr. 2 AHB ausgeschlossen wäre. Diese Erweiterung des Regreßverzichtsabkommens ist sachgerecht, da der Grund für die Ausgrenzung von Summen unter 100.000 DM, nämlich die Haftpflichtversicherung nicht entbehrlich zu machen, in den Fällen eines nach den AHB eingreifenden Ausschlußtatbestandes keine Geltung beanspruchen kann. Was die *obere Grenze* anbelangt, so besteht gem. Nr. 7 des Regreßverzichtsabkommens die Möglichkeit, diese vertraglich gegen Zahlung einer besonderen Prämie anzuheben.

(b) Summengrenzen in der Haftpflichtversicherung

Auch die *summenmäßige Begrenzung* des Versicherungsschutzes in der Haftpflichtversicherung wird als nicht immer ausreichend zur Deckung von Sachschäden angesehen[216]. Sollen die tarifmäßigen Höchstsummen auf

---

[212] Nicht: Haftpflichtversicherung, s. Ziffer 2 S. 1 des Abkommens und *Kollhosser*, in: Prölss/Martin, vor § 51 Anm. 7 A; Essert VersR 1981,1111; a.A. offenbar *Sieg* (BB 1982,900), der vom Haftpflichtversicherer des Schädigers spricht.

[213] *Essert* VersR 1981,1111 (1112); *H. Honsell* VersR 1985,301 (302 Fußn. 12); *Martin*, Sachversicherungsrecht, J I 14 f; *Wilms* VP 1961,121.

[214] *Essert* VersR 1981,1111 (1114). Ebenso zur Altfassung des Regreßverzichtsabkommens, wonach allerdings die Summen für Betriebe mit bis zu zehn Beschäftigten jeweils halbiert waren, *Engels* VP 1977,97 (98); *Zapf* VP 1975,149 (150 f.); *Steffen* ZfV 1978,306 (309).

[215] VerBAV 1961,235.

[216] *Bischoff* VP 1956,53 (54); *Obermayer* VW 1954,433 (434); *Stenzaly* ZfV 1954,37 (38); *Engels* VP 1977,97; *H. Koch* VP 1954,151; *Schirmer* ZVersWiss 1981,637 (694); vgl. auch *Kollhos-*

Wunsch des Versicherungsnehmers überschritten werden, so sei eine individuelle Bewertung und Tarifierung des zu versichernden Risikos erforderlich. Diese sei der Haftpflichtversicherung jedoch im Gegensatz zur Feuerversicherung fremd[217]. Der Haftpflichtversicherer sei regelmäßig gar nicht in der Lage, wie ein Sachversicherer das Risiko im Einzelfall zu ermessen. Dies könne ihm - anders als dem Sachversicherer, der über das entsprechende Instrumentarium verfüge - auch nicht zugemutet werden. Die Deckungssummen der Haftpflichtversicherung seien auch über eine Beteiligung mehrerer Versicherer (Mitversicherung) oder im Wege der Rückversicherung praktisch kaum erhöhbar. Vielmehr sei die begrenzte Reichweite dieses Versicherungszweiges hinzunehmen[218].

(c) Ausschluß der Zufallshaftung in der Haftpflichtversicherung

Die Haftpflichtversicherung deckt gem. § 4 Abs. 1 Nr. 1 AHB regelmäßig nur Schäden, an deren Herbeiführung den Haftpflichtigen ein Verschulden trifft[219]. Ausgeschlossen sind alle diejenigen Schadensersatzansprüche, die aufgrund einer vertraglich übernommenen Zufallshaftung entstehen. Eine derartige verschuldensunabhängige Haftung wird häufig bei Miet-, Leasing- und anderen Gebrauchsüberlassungsverhältnissen vereinbart. Allerdings kann eine solche vertragliche Haftung durch Individualvereinbarung in den Deckungsumfang der Haftpflichtversicherung einbezogen werden.

(2) Praktikabilitätserwägungen

Für die Möglichkeit, das Haftpflichtinteresse in bezug auf Sachen durch Abschluß einer Sachversicherung anstelle einer Haftpflichtversicherung zu decken, soll die *größere Praktikabilität* dieses Weges sprechen[220]. Dem liegen folgende Erwägungen zugrunde: Häufig steht der potentiell Haftpflichtige

---

ser, in: Prölss/Martin, vor § 51 VVG Anm. 6 E a. - Im Hinblick darauf ist die höhere Dekkungssummen ermöglichende Feuerhaftungsversicherung (AVB abgedruckt in VerBAV 1988,60) geschaffen worden, *Kollhosser*, in: Prölss/Martin, vor § 51 VVG Anm. 6 E a; *Engels* VP 1988,193. Näher zur Feuerhaftungsversicherung unten C II 2 (S. 188 ff.).

217 *Obermayer* VW 1954,433 (434).

218 *Obermayer* VW 1954,433 (434 f.).

219 Darauf weisen im hier interessierenden Zusammenhang hin: *Zimmermann* VN 1952,49 (50); *Hirschberg* VersR 1973,786 (790); ferner *Banse* VP 1954,83 (84) (für Einführung eines Regreßverzichts der Feuerversicherer).

220 *Flechtheim* LZ 1911,675 (679); *Schwarting*, Die Schadenstragung als Quasi-Versicherer, S. 12; *Martin* VersR 1974,821 (824).

in auf länge Zeit angelegten vertraglichen Beziehungen zum Eigentümer. Auf diesen Beziehungen beruht gerade die Möglichkeit, als Fremdbesitzer auf die Sache einzuwirken. Praktisch im Vordergrund stehen dabei Gebrauchsüberlassungsverträge (Miete, Pacht, Leasing). In diesen Fällen wird nicht selten eine vertragliche Pflicht des Fremdbesitzers zum Abschluß einer Sachversicherung für fremde Rechnung (des Eigentümers) begründet. Wo dies nicht der Fall ist, besteht häufig bereits eine vom Eigentümer selbst genommene Sachversicherung. Geht es nun dem Fremdbesitzer allein darum, sein - langfristig vorhersehbares - gegenüber dem Eigentümer bestehendes Haftpflichtrisiko zu decken, so soll es naheliegen, diese Deckung in die bestehende bzw. ohnehin abzuschließende *Sachversicherung* einzubeziehen[221]. Diese Sachversicherung erstrecke sich nämlich gegenständlich gerade auf die Sache, an deren Erhaltung der Fremdbesitzer einzig interessiert ist. Die Sachversicherung sei bei einer dem Wiederherstellungswert angepaßten Versicherungssumme weder im Hinblick auf den Umfang der drohenden Haftung unzureichend, noch gehe sie gegenständlich über die Sachen hinaus, für deren Beschädigung, Zerstörung oder Verlust der Fremdbesitzer überhaupt nur haftbar werden könne[222].

Durch den Einschluß des Haftpflichtinteresses in die Sachversicherung (für den konstruktiv verschiedene Möglichkeiten in Betracht zu ziehen sind[223]) verringere sich für alle Beteiligten der Verwaltungsaufwand; der Vertragsbestand werde übersichtlicher. Der Einschluß erleichtere dem Versicherer die Prämienkalkulation[224]. Dem potentiell Haftpflichtigen als Versicherungsnehmer bringe er gegenüber der Haftpflichtversicherung eine Prämienersparnis[225]. Der Sachversicherer spare seinerseits die Aufwendungen, die durch die Geltendmachung von Regreßansprüchen insbesondere dann entstehen, wenn die alternativ in Betracht kommende Haftpflichtversicherung bei einem

---

221 *Flechtheim* (LZ 1911,675 (679)) weist auf den Vorteil hin, der darin liegt, durch eine einheitliche Versicherung gleichzeitig das fremde Eigentümerinteresse und das eigene Haftpflichtinteresse decken zu können.

222 *Schwarting*, Die Schadenstragung als Quasi-Versicherer, S. 12. - Nicht erfaßt wird von der Sachversicherung freilich die Haftung für reine Vermögensschäden; ein hierauf bezogenes Interesse des potentiell Haftpflichtigen ist indessen nicht Gegenstand dieser Arbeit.

223 Dazu unten B II 3 (S. 97 ff.).

224 *Martin* VersR 1974,821 (824).

225 *Martin* VersR 1974,821 (824 f.); *Lange* WM 1987,999 (999 f.); *Kisch*, Privatversicherungsrecht III, S. 253 f., S. 256; *Obermayer* VW 1954,433 (435) (für einen Prämienabschlag auch gegenüber dem normalen Feuerversicherungstarif bei ausschließlicher Deckung des Haftpflichtinteresses); *Schwarting*, Die Schadenstragung als Quasi-Versicherer, S. 12.

anderen Versicherer abgeschlossen wurde. Schließlich könnten durch eine Einbeziehung des Haftpflichtinteresses in die Sachversicherung Auseinandersetzungen zwischen Eigentümer und Besitzer über die Verantwortlichkeit des letzteren für den Schaden vermieden werden[226].

cc) Erwartungen der beteiligten Verkehrskreise

Hat der Eigentümer einen Sachversicherungsvertrag abgeschlossen, so wälzt er regelmäßig die Prämien wirtschaftlich auf den berechtigten Fremdbesitzer (Mieter usw.) ab. Angesichts dieses Umstandes könnte man nun folgendermaßen argumentieren: Ein Sachnutzer, der nicht nur (zumeist) vom Bestehen eines Sachversicherungsschutzes wisse, sondern diesen sogar finanziere, erwarte zu Recht, daß er im Schadensfalle keinen Ansprüchen - des Geschädigten oder von dessen Sachversicherer - ausgesetzt sei[227]. Es erscheine unbillig, wenn gerade der wirtschaftlich mit den Prämien Belastete unter Hinweis auf die Nichtversicherbarkeit des Haftpflichtinteresses in der Sachversicherung[228] vom Deckungsschutz der abgeschlossenen Sachversicherung ausgenommen werde. Erst recht gelte dies, wenn der Fremdbesitzer selbst eine Sachversicherung zugunsten des Eigentümers (Versicherung für fremde Rechnung) abschließe und damit sogar im Außenverhältnis zum Versicherer Prämienschuldner werde. Eine derartige Fremd-Sachversicherung solle nach der Vorstellung des Versicherungsnehmers gerade auch - und in erster Linie - dessen eigenes Haftpflichtrisiko decken[229]. Einer solchen Deckung - und dem damit verbundenen Regreßausschluß - stehe auch nicht der Zweck des § 67 Abs. 1 VVG entgegen, eine Entlastung des Schädigers zu verhindern[230]; diese Überlegung könne nicht zutreffen, wenn der potentiell Haftpflichtige

---

226 Vgl. für die Leitungswasser-Versicherung nach § 3 C Nr. 2 VHB *Schirmer* ZVersWiss 1981,637 (716).

227 *H. Honsell* VersR 1985,301 (301 f.); *Fuchs* BB 1992,1217 (1220 f.); vgl. ferner *Heyen*, Der Regreß der Feuerversicherer, S. 25, der die Geltendmachung des Regresses bei nur leichter Fahrlässigkeit als dem "allgemeinen Volksempfinden" widersprechend bezeichnet.

228 Die oben (Fußn. 227) Genannten wenden sich mit dem Hinweis auf die Erwartungen der Beteiligten bereits gegen die Annahme der Nichtversicherbarkeit; deutlich *Fuchs* BB 1992,1217 (1220); der Sache nach auch *H. Honsell* VersR 1985,301 (303).

229 Aus diesem Grunde "rechtsgefühlsmäßig" für eine Deckung des eigenen Sachersatzinteresses und zugleich des fremden Eigentümerinteresses in der Fremdsachversicherung *Ackmann* VersR 1991,1103 (1104). Freilich fügt *Ackmann* hinzu, die Fremdsachversicherung werde damit "funktional" zumindest auch zu einer Haftpflichtversicherung. Als solche behandelt er sie dann auch jedenfalls im Zusammenhang mit der Problematik der Doppelversicherung (dazu unten C III (S. 191 ff.)).

230 Darin liegt nach einer Ansicht ein Zweck der Regreßregelung, s. S. 32 f. Fußn. 32, 34.

wirtschaftlich (insbesondere aufgrund der Prämientragung) als Versicherter anzusehen sei[231].

dd) Regreßverzicht als Einschluß des Sachersatzinteresses in die Sachversicherung

Für die Versicherbarkeit von Haftpflichtinteressen an Sachen im Wege der Sachversicherung läßt sich ferner geltend machen, daß die grundsätzliche Zulässigkeit eines *Regreßverzichts* in der Sachversicherung allgemein anerkannt ist[232]. Das wohl praktisch bedeutsamste Beispiel eines *vertraglichen* Regreßverzichts bietet der seit dem 1. Januar 1971 geltende § 15 Nr. 2 AKB. Hinzu kommen die Fälle eines *gesetzlich* angeordneten Regreßausschlusses zugunsten naher Familienangehöriger (§§ 67 Abs. 2, 68 a VVG). Ein derartiger vertraglicher bzw. gesetzlicher Regreßausschluß[233] soll nach einer Ansicht rechtlich nichts anderes darstellen als eine Form der Einbeziehung des Sachersatzinteresses des begünstigten Dritten und damit die Mitversicherung eines Haftpflichtinteresses in der Sachversicherung[234]. Hierauf wird noch ausführlich zurückzukommen sein[235]. Bereits an dieser Stelle sei jedoch

---

[231] *H. Honsell* VersR 1985,301 (303).

[232] Nachweise s.o. S. 25 Fußn. 36.

[233] Daß in § 67 Abs. 2 VVG bereits der Anspruchsübergang, nicht nur der Regreß ausgeschlossen wird, ist in diesem Zusammenhang als rein rechtstechnische Frage ohne Bedeutung; *von Hippel* NJW 1966,1012 (1013 Fußn. 3). Praktisch relevant wird der Unterschied z.B. bei der analogen Anwendung des § 67 Abs. 2 VVG auf die gesamtschuldnerischen Ausgleichsansprüche des Kfz-Haftpflichtversicherers gegen den nicht deckungsberechtigten Fahrer (Versicherten), dazu *E. Lorenz* VersR 1991,505 (507 f.).

[234] Insbesondere *Martin*, Sachversicherungsrecht, J I 11 f., 15 und H IV 71; *ders.* VersR 1974,821 (824); *ders.* ZVersWiss 1973,493 (501) (für den gesetzlichen Regreßausschluß in § 67 Abs. 2 VVG und das Regreßverzichtsabkommen der Feuerversicherer); ihm folgend *Braun* VersR 1987,1162 (1166), der zu Unrecht in Fußn. 36 auch *Schirmer* (ZVersWiss 1981,637 (674)) und *Sieg* (in: Bruck/Möller/Sieg, vor §§ 74-80 VVG Anm. 13) dieser Ansicht zuordnet, obwohl sie im Regreßausschluß gerade keine Form der Deckung des Haftpflichtrisikos sehen (so ausdrücklich *Schirmer* a.a.O.; *Sieg* a.a.O. spricht lediglich davon, daß eine Schadensversicherung mit Regreßbeschränkung "die Funktion einer Haftpflichtversicherung für fremde Rechnung" erfülle, lehnt aber eine Anwendung der §§ 75-79 VVG ausdrücklich ab). - Der Ansicht von Martin folgt jedenfalls teilweise auch *J. Prölss*, in: Prölss/Martin, § 67 VVG Anm. 10 (für das Regreßverzichtsabkommen der Feuerversicherer) und § 80 VVG Anm. 1 B b (für den Regreßausschluß in § 15 Nr. 2 AKB; so auch *Ackmann* VersR 1991,1103 (1105)). Auch der ÖOGH (Beschl. v. 17.2.1993 - 7 Ob 1/93, VersR 1993,1301 (1302)) bezeichnet den Regreßverzicht als eine Form der Mitversicherung des Sachersatzinteresses. Der BGH (Urt. v. 18.3.1986 - VI ZR 213/84, VersR 1986,755 (756)) spricht vorsichtiger von einer "faktischen" Mitversicherung für fremde Rechnung zugunsten der durch § 15 Nr. 2 AKB vor einem Regreß geschützten Personen, ebenso *Johannsen*, in: Bruck/Möller/Sieg/Johannsen, Anm. J 177.

[235] S.u. B II 3 (S. 97 ff.).

vermerkt, daß jene Ansicht teilweise auf deutlichen Widerspruch gestoßen ist[236]. Andere Autoren legen sich in der dogmatischen Einordnung nicht fest. Jedenfalls im Ergebnis bejahen sie unter Hinweis auf die Zulässigkeit eines Regreßverzichts die Möglichkeit, das Sachersatzinteresse in die Fremd-Sachversicherung einzubeziehen. In den Formulierungen dieser Autoren spiegelt sich bisweilen deutlich die Ungewißheit über die Bedeutung eines vertraglichen Regreßausschlusses. So spricht Flechtheim[237] dann, wenn der potentiell Haftpflichtige vor einem Rückgriff des den Eigentümer entschädigenden Versicherers geschützt werden soll, von einer *"mittelbaren Versicherung"* des Haftpflichtinteresses. Die zugunsten des Eigentümers genommene Versicherung bleibe zwar eine ausschließliche Fremdversicherung, "aber unter Mitversicherung des eigenen Interesses"[238] (des potentiell Haftpflichtigen). Josef[239] greift diese Überlegungen auf: Wenn der Regreß ausgeschlossen werden solle, stelle die Fremd-Sachversicherung sich "nach der Natur der Sache" insoweit zwar als *Haftpflichtversicherung* dar; auf sie seien allerdings allein die Regeln der Sachversicherung anwendbar.

IV. Stellungnahme

Die Auswertung von Rechtsprechung und Literatur hat gezeigt, daß in der *Rechtsprechung* nur wenig argumentiert wird. Die eine Versicherbarkeit von Haftpflichtinteressen an Sachen in der Sachversicherung ablehnenden Entscheidungen sind in ihrer Begründung regelmäßig sehr begrifflich; die Argumentation erschöpft sich im wesentlichen in der Formel, Haftpflichtinteressen könnten nicht Gegenstand einer "reinen Sachversicherung" sein. Die hierin zum Vorschein tretende typologische Vorstellung wird in der *Literatur* deutlicher angesprochen und diskutiert. Daneben werden auf beiden Seiten des Meinungsstreits auch praktische Erwägungen vorgebracht.

Die Diskussion in Rechtsprechung und Literatur geht damit am entscheidenden Gesichtspunkt, nämlich dem Verhältnis von Vertragsfreiheit und Ty-

---

236 Insbesondere *Schirmer* ZVersWiss 1981,637 (674, 682) (weniger kategorisch freilich S. 687: Regreßverzicht und Versicherung des Sachersatzinteresses seien "fast identisch"). - So wohl auch *E. Lorenz* (VersR 1992,399 (401)), der Regreßausschluß und Deckung des Haftpflichtinteresses deutlich voneinander abgrenzt, ohne sich insoweit mit der Gegenansicht auseinanderzusetzen.

237 LZ 1911,676 (682).

238 *Flechtheim* LZ 1911,675 (686).

239 VersWissArchiv 1912,778 (780, 785 f.).

penzwang im Privatversicherungsrecht[240], vorbei. Dennoch ist auch auf die vor allem in der Literatur vorgetragenen Argumente - teilweise freilich in anderem Zusammenhang, nämlich insbesondere bei der Vertragsauslegung - einzugehen[241]. Zuvor ist jedoch zu klären, ob der Einschluß des Haftpflichtinteresses an bestimmten Sachen nicht dazu führt, daß insoweit eine *Haftpflichtversicherung* vorliegt. In diesem Falle würde sich die Problematik in anderem Licht darstellen: Es ginge dann nicht um die Versicherbarkeit des Sachersatzinteresses in der Sachversicherung, sondern vielmehr darum, unter welchen Voraussetzungen die Vertragsauslegung im Einzelfall zur Annahme einer selbständigen, neben die Sachversicherung tretenden Haftpflichtversicherung führen kann.

1. Folgen des Einschlusses von Haftpflichtinteressen an bestimmten Sachen für die Qualifizierung des Vertrages als Sachversicherung

Wie dargelegt[242], hat der BGH[243] in Übereinstimmung mit Teilen der Literatur[244] wiederholt ausgeführt, ein Einschluß des Haftpflichtinteresses an bestimmten Sachen in die *"reine Sachversicherung"* (Kfz-Kaskoversicherung, Gebäude-Feuerversicherung, Leitungswasser-Versicherung) sei nicht möglich. Diese Aussage, auf die sich die vom BGH gegebene Begründung im wesentlichen beschränkt, soll im folgenden näher untersucht werden. Sie setzt die Vorstellung voraus, daß sich an der Einordnung eines Vertrages als "reinem Sachversicherungsvertrag" auch durch einen - vom BGH im Ergebnis abgelehnten - Einschluß des Haftpflichtinteresses nichts ändern würde. Indessen ist zum einen im Schuldvertragsrecht die Möglichkeit einer *Verbindung* verschiedener, als isolierte Verträge denkbarer Rechtsgeschäfte in einem einzigen Vertragswerk anerkannt. Zum anderen können die einzelvertraglichen Abweichungen von einem gesetzlich geregelten Vertragstypus durch Aufnahme atypischer Elemente so weit reichen, daß ein *typengemischter Vertrag* anzunehmen ist. Beide Möglichkeiten rechtsgeschäftlicher Gestaltung sollen im folgenden mit Blick auf das Privatversicherungsrecht

---

240 Dazu eingehend unten 2 (S. 78 ff.).

241 S.u. 3 (S. 87 ff.), B III 2 (S. 113 ff.), 3 (S. 151 ff.).

242 S.o. III 1 b) aa) (S. 47 ff.).

243 Zuletzt Beschl. v. 18.12.1991 - IV ZR 259/91, VersR 1992,311 (Gebäude-Feuerversicherung) unter Bezugnahme auf das Urt. v. 23.1.1991 - IV ZR 284/89, VersR 1991,462 (Leitungswasser-Versicherung); näher s.o. III 1 b) aa) (S. 54 ff.).

244 Nachweise s. S. 58 f. Fußn. 158-161, 163.

und dort speziell auf die Einbeziehung von Sachersatzinteressen in die Sachversicherung erörtert werden.

a) Zusammenfassung mehrerer Einzelverträge (Bündelung)

In Betracht kommt zunächst, ein Vertragswerk, durch das sowohl ein Sachersatzinteresse als auch ein Haftpflichtinteresse an bestimmten Sachen versichert werden, als Verbindung eines Sachversicherungsvertrages mit einem Haftpflichtversicherungsvertrag anzusehen. Die Verbindung mehrerer Versicherungen wird im Privatversicherungsrecht in verschiedenem Zusammenhang anerkannt. Eine Ausformung stellt die Deckung mehrerer gleichartiger Risiken im Rahmen desselben Versicherungszweiges dar, wie sie etwa bei der Gruppen-Lebensversicherung[245], der Gruppen-Unfallversicherung[246] oder bei der Versicherung mehrerer Sachen durch ein- und denselben Sachversicherungsvertrag[247] vorliegt. Sie kann als *Sammelversicherung* bezeichnet werden. Zulässig ist jedoch auch die äußere Verbindung mehrerer Versicherungsverträge mit verschiedenartiger Risikodeckung, z.B. Sach- und Haftpflichtversicherung. Sie wird als *"Bündelung"* ("gebündelte Versicherung"[248]) oder als "Gefahrverbindung"[249] bezeichnet. Die Lage unterscheidet sich dann erheblich von der Zusammenfassung mehrerer gleichartiger Gefahrendeckungen (Sammelversicherung): Es liegen - im Gegensatz zur kombinierten Versicherung (dazu sogleich) - zwei Verträge vor, auf die bei getrenntem Abschluß regelmäßig unterschiedliche gesetzliche Regelungen (§§ 149 - 158 k für die Haftpflichtversicherung) Anwendung finden. Auch richtet sich die Prämienkalkulation in beiden Zweigen nach verschiedenen Kriterien. Von daher müssen, auch wenn die *Bündelung* von Sach- und Haftpflichtversicherung in einem einzigen Vertragspaket rechtlich zulässig ist, im Einzelfall eindeutige Anhaltspunkte dafür vorliegen müssen, daß die Parteien neben der Sachversicherung auch eine separate, nur äußerlich mit der

[245] Zu Begriff und Zulässigkeit VerBAV 1973,128 und 1976,251.

[246] Dazu VerBAV 1984,16.

[247] Z.B. die Sammelversicherung für Kunden-Kfz nach der Sonderbedingung zur Haftpflicht- und Fahrzeugversicherung für Kraftfahrzeug-Handel und -Handwerk, dazu *Knappmann*, in: Prölss/Martin, Kfz-Handel u. Hw. Anm. 1 d.

[248] BAV, Rundschreiben R 4/54 v. 18.3.1954, VerBAV 1954,52; dazu *Kirsch*, Kopplung von Versicherungsanträgen, Bündelung und Kombination von Versicherungsverträgen, S.14-16.

[249] *Ehrenzweig*, Deutsches (österreichisches) Versicherungsvertragsrecht, S. 293. Ein typisches Beispiel ist die Kraftfahrtversicherung nach den AKB als Kombination von Kfz-Haftpflicht-, Kasko- und Kraftfahr-Unfallversicherung (*Martin* VW 1971,89 (90); *Kollhosser*, in: Prölss/Martin, Anm. 1 vor § 1 AKB).

Sachversicherung zusammengefaßte Haftpflichtversicherung abschließen wollten. Hierfür genügt nicht bereits der Umstand, daß das Haftpflichtinteresse an bestimmten Sachen in einen ansonsten - durch die Vertragsbezeichnung, die Deckung von Sacherhaltungsinteressen, die vereinbarten AVB, den angewandten Prämientarif - als Sachversicherung gekennzeichneten Vertrag eingeschlossen wird.

b) Typengemischter Vertrag

aa) Ausgangspunkt

Stellt sich der Versicherungsvertrag nicht als eine Bündelung zweier separater Verträge dar, enthält er jedoch neben Elementen der Sachversicherung auch solche der Haftpflichtversicherung, so liegt eine *kombinierte Versicherung* vor[250]. Hierunter versteht man die Zusammenfassung des Versicherungsschutzes mehrerer Versicherungszweige in einem einzigen Versicherungsvertrag auf der Grundlage einheitlicher Bedingungen[251] zu einer einheitlichen Prämie[252]. Dabei handelt es sich um einen *typengemischten Vertrag*[253]. Ist ein typengemischter Vertrag insgesamt überwiegend von typischen Merkmalen der Sachversicherung geprägt, so handelt es sich um einen (wenn auch atypischen) *Sachversicherungsvertrag*. Mit dieser Zuordnung ist zwar praktisch noch nicht viel gewonnen; insbesondere ist damit nicht zwangsläufig die Konsequenz verbunden, daß die Regeln des betreffenden Vertragstyps auch auf die atypischen Elemente anzuwenden wären[254]. Für die Beantwor-

---

250 *Martin* VW 1971,89 (90); BAV, Rundschreiben R 4/54 v. 18.3.1954, VerBAV 1954,52.

251 BAV, Rundschreiben R 4/54 v. 18.3.1954, VerBAV 1954,52; dazu *Kirsch*, Kopplung von Versicherungsanträgen, Bündelung und Kombination von Versicherungsverträgen, S. 16-22.

252 Die einheitliche Prämienberechnung stellt ein Indiz für eine einheitliche Versicherung dar; BGH, Urt. v. 24.3.1976 - IV ZR 8/75, VersR 1976,480 (481).

253 Ein weiteres Beispiel eines derartigen typengemischten Vertrages ist die Film-Ausfall-Versicherung, die neben Sachschäden (Feuer, Diebstahl) auch den durch Tod, Unfall oder Krankheit eines Hauptdarstellers entstandenen Vermögensschäden deckt; *Ehrenzweig*, Versicherungsvertragsrecht, S. 292 bei Fußn. 3.

254 Für eine weitgehende Anwendung der Regeln, die für den Vertragstyp gelten, *Larenz*, Methodenlehre der Rechtswissenschaft, II, 3. Kap., 4 c (S. 303). In dieser Richtung auch *Martin* (VW 1971,89 (94), ähnlich *ders.* VersR 1974,821 (822)): Nur wenn die Gestaltung als Haftpflichtversicherung *von der Natur der Sache her am naheliegendsten wäre* (Hervorhebung d.d.Verf.), müßten die für diesen Versicherungszweig aufgestellten zwingenden gesetzlichen Regelungen beachtet werden. Diese Vorstellung geht auch aus den Ausführungen von *Braun* (VersR 1987,1162 (1165)) hervor.

tung dieser Frage ist - im Sinne von Leenen[255] - ein typologisch abstufendes, nicht ein begrifflich-alternatives Denken erforderlich. Um die Frage nach den auf das Haftpflichtelement anwendbaren Vorschriften geht es jedoch an dieser Stelle noch nicht. Vielmehr ist zunächst die der Argumentation des BGH stillschweigend zugrundeliegende Prämisse zu überprüfen, wonach sich an der Qualifikation eines Vertrages als Sachversicherung durch einen Einschluß des Haftpflichtinteresses nichts ändern würde. Sollte sich bereits diese Prämisse als unhaltbar erweisen, würde sich die Frage nach der Versicherbarkeit des Haftpflichtinteresses an bestimmten Sachen in der Sachversicherung so überhaupt nicht stellen[256].

bb) Einschluß des Haftpflichtinteresses als Annex der Deckung des Sacherhaltungsinteresses

Die Prämisse des BGH erscheint am ehesten bei jenen Versicherungsverträgen zutreffend, in denen neben dem Haftpflichtinteresse an bestimmten Sachen auch ein Sacherhaltungsinteresse (sei es durch Eigenversicherung des Eigentümers oder im Wege der Fremdversicherung des Besitzers) gedeckt wird[257]. In diesem Fall tritt das Haftpflichtinteresse als derivatives, vom Sacherhaltungsinteresse des Eigentümers abgeleitetes[258] Interesse - gleichsam als *Annex*[259] - zu diesem hinzu. Der Vertrag ist dann regelmäßig geprägt durch die genannten typischen Elemente der Sachversicherung[260]. Ein wichtiges Kriterium für diese Zuordnung ist die Zugehörigkeit der vereinbarten AVB zu einem der in Betracht kommenden Versicherungszweige. Für die Qualifikation als Sachversicherung spricht es, wenn nach den AVB der Versicherungsnehmer keinen Rechtsschutzanspruch hat und wenn keine

---

255 Typus und Rechtsfindung, insbesondere § 13 (S. 133-147) und § 17 (S. 188-190).

256 S. bereits oben IV (S. 72 f.).

257 In diesem Sinne auch *Martin* (VersR 1974,821 (823)): Bei gleichzeitiger Deckung des Eigeninteresses spreche noch mehr für die Zuordnung zur Sachversicherung als dann, wenn ausschließlich ein Sachersatzinteresse versichert werde.

258 *J. Prölss*, in: Prölss/Martin, § 80 VVG Anm. 1 B a.

259 Als gegenüber dem Sacherhaltungsinteresse des Eigentümers nachrangiges, sekundäres Interesse betrachten das Sachersatzinteresse auch *Martin*, Sachversicherungsrecht, J IV 3; *Schnepp*, Sachversicherung bei Mobilienleasing, S. 130; *Wälder* RuS 1982,61 (62); *Weygand*, Kundenversicherung, S. 26.

260 S. bereits oben a) (S. 74 f.). Diesen Gesichtspunkt vernachlässigt *E. Lorenz* (VersR 1992,399 (401)), der ohne Rücksicht auf den Gesamtvertrag davon ausgeht, auf die Versicherung von Haftpflichtinteressen seien stets die gesetzlichen Regeln für die Haftpflichtversicherung anzuwenden. Anders zu Recht *Kisch*, Privatversicherungsrecht III, S. 127.

Bindungswirkung oder Verfügungsbeschränkung zugunsten des Geschädigten besteht[261]. Ein weiteres, wesentliches Indiz für die Zuordnung zur Sachversicherung ist es ferner, wenn der Versicherer bereits bei grob fahrlässiger Herbeiführung des Versicherungsfalles leistungsfrei ist, der Leistungsumfang sich also an § 61 VVG und nicht an § 152 VVG orientiert. Anzeichen ergeben sich daneben aus der gegenständlichen Begrenzung des Versicherungsschutzes: Für eine Zuordnung zur Sachversicherung spricht der Umstand, daß nicht umfassend reine Vermögensschäden - insbesondere die Entstehung von Verbindlichkeiten wegen der Beschädigung *beliebiger* Sachen - gedeckt sind, sondern die Deckung vielmehr auf bestimmte Sachen begrenzt ist[262]. Ein weiterer Anhaltspunkt liegt in dem angewandten Prämientarif (der Sach- bzw. der Haftpflichtversicherung). Bisweilen deutet auch die Bezeichnung des Vertrages in die eine oder in die andere Richtung[263]; diesem Aspekt kommt gegenüber der inhaltlichen Ausgestaltung des Versicherungsvertrages jedoch nur eine geringe Bedeutung zu.

cc) Ausschließliche Deckung des Haftpflichtinteresses

Schwieriger zu beantworten ist die Frage, ob auch dann die typischen Elemente der Sachversicherung überwiegen, wenn - was erheblich seltener vorkommt als die *zusätzliche* Deckung - *ausschließlich* das Haftpflichtinteresse an bestimmten Sachen versichert wird. Es wurde bereits darauf hingewiesen, daß die Übergänge zwischen Sachversicherung und Haftpflichtversicherung in diesem Bereich fließend sind[264]. Entscheidend für die typologische Zuordnung des *gesamten* Vertragsverhältnisses muß es daher sein, wie der konkrete Versicherungsvertrag im einzelnen ausgestaltet ist. Bei der gebotenen wertenden Betrachtung lassen sich zwar nicht immer sichere Ergebnisse gewinnen[265]. So besteht beispielsweise eine Kontroverse über die Zuordnung der Feuerhaftungsversicherung[266] zur Haftpflichtversicherung[267] oder zur

---

261 *Martin* VersR 1974,821 (823). - Zum Anerkenntnis- und Befriedigungsverbot s.u. B III 3 c) (S. 227 f.).

262 *Martin*, Sachversicherungsrecht, A I 4.

263 Hierauf hebt *Martin* (VersR 1974,821 (822)) hinsichtlich der Sonderbedingung zur Kfz-Handel- und Handwerkversicherung (AVB abgedruckt in VerBAV 1970,322) ab.

264 Oben I (S. 26).

265 So allgemein für die typologische Zuordnung von Verträgen *Larenz*, Methodenlehre, II, 6. Kap., 2 c (S. 468).

266 AVB abgedruckt in VerBAV 1988,60.

Sachversicherung[268]. Nicht zweifelsfrei ist im Hinblick auf die gegenständliche Beschränkung des gedeckten Haftpflichtinteresses auch die Qualifikation der KVO-Versicherung als Haftpflichtversicherung[269]. An dieser Stelle soll auf derartige Einzelfragen noch nicht näher eingegangen werden. Vielmehr ist hier nur abstrakt darauf hinzuweisen, daß die soeben genannten Zuordnungskriterien auch in diesem Bereich maßgeblich sind. Entscheidend ist somit wiederum, ob sich die vertragliche Ausgestaltung der Deckung insgesamt überwiegend an der Sachversicherung orientiert. Ist dies der Fall, so steht die typologische Einordnung fest, womit freilich noch nicht über die Heranziehbarkeit der vom Gesetz für die Haftpflichtversicherung aufgestellten Regeln entschieden ist.

c) Zwischenergebnis

Die obigen Überlegungen haben gezeigt, daß der Versicherungsvertrag bei zusätzlicher, gleichsam als Annex neben das Sacherhaltungsinteresse tretender Deckung des Haftpflichtinteresses an bestimmten Sachen regelmäßig der *Sachversicherung* zuzuordnen ist. Selbst bei einer ausschließlichen Deckung dieses Interesses kommt eine solche Zuordnung in Betracht. Da die Entscheidungen des BGH Fälle betrafen, in denen es um den annexartigen Einschluß des Haftpflichtinteresses ging, trifft folglich die dieser Rechtsprechung zugrundeliegende Prämisse, wonach sich durch den Einschluß an der Qualifikation des Vertrages als Sachversicherung nichts ändert[270], uneingeschränkt zu. Demnach stellt sich unverändert die Frage, ob das Haftpflichtinteresse an bestimmten Sachen *in der Sachversicherung* versicherbar ist.

2. Vertragsfreiheit und Typenzwang

Das Problem, ob das Haftpflichtinteresse in bezug auf die Beschädigung, die Zerstörung oder den Verlust einer Sache in der Sachversicherung versicherbar ist, betrifft unmittelbar die Reichweite der Privatautonomie im Ver-

---

267 *Schirmer* ZVersWiss 1981,637 (712); *Steffen* ZfV 1978,306 (309); *Engels* VP 1977,97 (98); *Schnepp*, Sachversicherung bei Mobilienleasing, S. 38.

268 *Martin*, Sachversicherungsrecht, A I 4 und J I 16 (die Feuerhaftungsversicherung sei nur wirtschaftlich Haftpflichtversicherung, ohne daß die §§ 149 ff. VVG anwendbar wären); *Kollhosser*, in: Prölss/Martin, vor § 51 VVG Anm. 6 E a.

269 Dafür BGH, Urt. v. 7.12.1961 - II ZR 254/59, VersR 1962,129; *Bischoff* VersR 1952,217; *Martin* VersR 1974,821 (823); *Voit*, in: Prölss/Martin, Verkehrshaftpflichtvers. Vorbem. 1 A.

270 S.o. 1 (S. 73).

sicherungsvertragsrecht. Genauer gesagt geht es um den Umfang der Vertragsfreiheit, und zwar in ihrer Erscheinungsform als inhaltliche Gestaltungsfreiheit[271]. Die Vertragsfreiheit wurzelt im Grundrecht auf freie Entfaltung der Persönlichkeit (Art. 2 Abs. 1 GG)[272]; sie findet ihre Grenze nach dieser Verfassungsnorm allein an den Rechten anderer, an der verfassungsmäßigen Ordnung und am Sittengesetz. Jede Einschränkung der Vertragsfreiheit muß sich somit an diesen Maßstäben messen lassen. Die *verfassungsmäßige Ordnung* umfaßt nach der Rechtsprechung des BVerfG sämtliche Gesetze, die sowohl formell als auch materiell mit der Verfassung in Einklang stehen[273]. Etwas enger versteht Larenz[274] den Begriff: nur diejenigen Gesetze seien davon umfaßt, die der Konkretisierung grundlegender Verfassungs- und Rechtsprinzipien dienten. Darunter sollen freilich jedenfalls auch die zwingenden Normen des Schuldrechts fallen; für die hier interessierende Frage nach zulässigen Einschränkungen der Privatautonomie ergeben sich aus dem unterschiedlichen Begriffsverständnis keine abweichenden Folgen.

In der neueren verfassungsrechtlichen Literatur besteht Streit darüber, inwieweit die *Rechte anderer* und das *Sittengesetz* neben der verfassungsmäßigen Ordnung überhaupt eine eigenständige Bedeutung besitzen[275]. Zutreffend erscheint die Ansicht, wonach die Schranken des Sittengesetzes und der Rechte anderer neben der verfassungsmäßigen Ordnung lediglich ein Schattendasein führen. Im hier interessierenden Zusammenhang kann die Frage letztlich jedoch dahinstehen. Sittenverstöße und Rechte anderer sind nämlich von vornherein nur insoweit zur Begrenzung der Privatautonomie tauglich, als sie von der Rechtsordnung im Sinne der verfassungsmäßigen Ordnung anerkannt werden[276]. Allein am Maßstab der verfassungsmäßigen Ordnung ist somit ein eventueller versicherungsrechtlicher Typenzwang zu

---

271 Zu dieser Form der Vertragsfreiheit *Dilcher* NJW 1960,1040; *Schultze-v. Lasaulx* ZGenWesen 1971,325 (329).

272 BVerfG, Beschl. v. 12.11.1958 - 2 BvL 4,26,40/56, 1,7/57, BVerfGE 8,274 (328); *Raiser* JZ 1958,1 (5); *Medicus*, Schuldrecht I, § 10 I (S. 33).

273 BVerfG, Urt. v. 16.1.1957 - 1 BvR 253/56, BVerfGE 6,32 (41); Urt. v. 5.8.1966 - 1 BvF 1/61, BVerfGE 20,150 (159); Beschl. v. 14.3.1973 - 2 BvR 768,832/71, BVerfGE 34,369 (378 f.).

274 Schuldrecht I, § 4 IV (S. 58 f.).

275 Gegen eine eigenständige Bedeutung: *Schmidt-Bleibtreu/Klein*, Grundgesetz, Art. 2 Rdnr. 13; *Kunig*, in: von Münch, Grundgesetz, Art. 2 Rdnr. 37. Die Gegenansicht vertritt insbesondere *Dürig*, in: Maunz/Dürig, Grundgesetz, Art. 2 Abs. 1 Anm. 18 sub aa.

276 *Laufke*, in: FS Lehmann, S. 145 (S. 176); *Schmidt-Bleibtreu/Klein*, Grundgesetz, Art. 2 Rdnr. 13.

messen, der einer Deckung von Haftpflichtinteressen im Rahmen einer Sachversicherung die Wirksamkeit versagt. Dieser verfassungsrechtliche Ausgangspunkt wird in Rechtsprechung und Literatur bislang nicht hinreichend berücksichtigt. Vielmehr wird das Problem der Versicherbarkeit völlig losgelöst von seinen bei der Vertragsfreiheit angesiedelten Grundlagen diskutiert. Demgegenüber ist der richtige Ansatz in der Frage zu sehen, ob es Rechtssätze gibt, die einer Versicherbarkeit des Haftpflichtinteresses an Sachen im Wege der Sachversicherung entgegenstehen[277].

Durch einfachgesetzliche Regelung können derartige Einschränkungen der Privatautonomie in verfassungskonformer Weise angeordnet werden. Solche Rechtsnormen finden sich - in Gestalt der (halb-)zwingenden Regelungen[278] - auch im VVG. Allerdings ist speziell das Interesse, vor Ansprüchen Dritter wegen der Beschädigung, der Zerstörung oder dem Verlust einer Sache geschützt zu sein, nicht Gegenstand einer Vorschrift des VVG. Das Gesetz verwendet vielmehr lediglich den allgemeinen Begriff des "versicherten Interesses"[279], und zwar in einer Reihe von Regelungen zur Schadensversicherung (§§ 51, 57, 58, 59, 68, 80, 87, 105) sowie in § 187. In der Begründung[280] zum Entwurf von § 51 VVG wird betont, daß in erster Linie der Inhalt des Versicherungsvertrages darüber entscheide, welches Interesse im Einzelfall versichert sei. Diese Vertragsfreiheit wird auch nicht durch eine gesetzliche Regelung des Inhalts begrenzt, daß die Versicherbarkeit des Haftpflichtinteresses in bezug auf bestimmte Sachen generell ausgeschlossen wäre[281].

Unerörtert bleibt in den Gesetzesmaterialien zum VVG, ob die Vertragsfreiheit so weit geht, dem Interesseträger auch die Wahl des Versicherungszweiges zu eröffnen. Die Frage nach der Notwendigkeit einer Abgrenzung der Sach- von der Haftpflichtversicherung ist nicht ins Blickfeld des Gesetzgebers

277 Am nächsten kommt diesem Ausgangspunkt *Martin* (VersR 1974,821 (826)), wenn er für Einschränkungen eine deutliche gesetzliche Regelung verlangt, dies freilich bezogen nur auf die Frage, ob eine Deckung des Sachersatzinteresses außerhalb der Haftpflichtversicherung mit der Folge der Unanwendbarkeit der §§ 156 Abs. 1, 157 VVG zulässig ist.

278 Begründung zum VVG-Entwurf, in: Motive, S. 65; *Ehrenzweig*, Versicherungsvertragsrecht, S. 11. - Eine Übersicht über die (halb-)zwingenden Normen findet sich bei *J. Prölss*, in: Prölss/Martin, Vorbem. I 1 a, b.

279 Dazu eingehend *Schweitzer*, Das versicherte Interesse, 202-234.

280 Motive, S. 124.

281 Ein derartiges gesetzliches Verbot, das sich auf die Versicherbarkeit des Interesses bezieht, enthielt z.B. früher § 780 HGB für die Heuerforderungen des Schiffers und der Schiffsmannschaft; dazu *Hagen* ZVersWiss 1907,15 (20).

getreten[282]. Vielmehr beschränkt sich die Stellungnahme des VVG-Entwurfes[283] zur Reichweite der Vertragsfreiheit auf die Feststellung, abgesehen von den (halb-)zwingenden Vorschriften lasse das Gesetz die Vertragsfreiheit unberührt.

Allerdings könnte die *dem VVG zugrundeliegende Konzeption*[284] Vorgaben für die Wahl des Versicherungszweiges zur Deckung des Haftpflichtinteresses an Sachen enthalten. Das Gesetz unterscheidet zwar rein äußerlich, in der Gliederungshierarchie, nicht zwischen den in verschiedenen Titeln des 2. Abschnittes geregelten Arten der Sachversicherung (Feuerversicherung, Hagelversicherung, Tierversicherung, Transportversicherung) einerseits und der in einem weiteren, gesetzestechnisch gleichrangigen Titel geregelten Haftpflichtversicherung andererseits. Indessen lassen sich beide Versicherungszweige - Sachversicherung und Haftpflichtversicherung - grundsätzlich verschiedenen Kategorien der Schadensversicherung zuordnen. Die Haftpflichtversicherung hebt sich in ihrer typischen Erscheinungsform von der Sachversicherung in mehrfacher Hinsicht ab. Manche der typologischen Unterschiede lassen sich für, andere gegen eine Versicherbarkeit von Haftpflichtinteressen an bestimmten Sachen in der Sachversicherung anführen. Für die Versicherbarkeit in diesem Versicherungszweig spricht zum einen die Sachbezogenheit der in Rede stehenden Deckung: Es handelt sich jedenfalls nicht um ein Risiko, das typischerweise in der Haftpflichtversicherung gedeckt wird. Diese bezieht sich nämlich regelmäßig nicht auf von vornherein bestimmte oder zumindest bestimmbare Sachen, die gegen Beschädigung, Zerstörung oder Verlust versichert werden. Vielmehr knüpft grundsätzlich die Haftpflichtversicherung gem. § 149 VVG an die *Ersatzpflicht* des Versicherungsnehmers (bzw. Versicherten) für Schäden an *unbestimmten* Personen, Sachen oder Vermögen, die Sachversicherung im Gegensatz hierzu an *Gefahren für bestimmte Sachen* an[285]. Von daher kann man die Haftpflicht-

---

282 *Bischoff* VersR 1963,8.

283 Motive, S. 65. - Auch die Ausführungen von *Möller* (in: Bruck/Möller, Einleitung Anm. 40 f.) zur Vertragsfreiheit greifen hierüber nicht hinaus.

284 Vgl. *Leenen*, Typus und Rechtsfindung, S. 87: ein bestimmter Typus kann dem Gesetz nur zugrundeliegen, er wird nicht selbst Gesetz.

285 *Martin* ZVersWiss 1973,493 (504); *Schirmer* ZVersWiss 1981,637 (670); *E. Prölss* ZVersWiss 1933,215 (217) (für die Hypothekeninteresseversicherung als reine Sachversicherung in Abgrenzung zur Kreditversicherung). In dieser Richtung auch *Gärtner* ZVersWiss 1963,337 (367, 369 f.): die Haftpflichtversicherung sei im Gegensatz zur Sachversicherung nicht auf einen Gegenstand bezogen.

versicherung als personenbezogen, die Sachversicherung als sachbezogen[286] ansehen[287]. Die Sachversicherung gehört zu den Schadensversicherungen mit speziellem, gegenständlich konkretisierbarem Schutzobjekt (Objektversicherung, "Aktivenversicherung"[288]), während die Haftpflichtversicherung eine Schadensversicherung ohne ein solches Schutzobjekt ("Passivenversicherung") ist[289]. Ohne Bedeutung ist es in diesem Zusammenhang, daß das Gesetz die *Begriffe* Aktiven- und Passivenversicherung nicht verwendet[290]; entscheidend ist vielmehr, daß diese Konzeption *der Sache nach* im VVG zum Ausdruck kommt. Ein weiterer Unterschied liegt darin, daß die Haftpflichtversicherung Haftungsrisiken ohne Rücksicht darauf deckt, auf welche Weise der Schaden verursacht worden ist; demgegenüber sind die verschiedenen Zweige der Sachversicherung traditionell[291] auf bestimmte Schadensrisiken (Feuer, Leitungswasser, Sturm, Einbruchdiebstahl und Raub usw.) bezogen. Schließlich steht der Versicherungsnehmer bzw. Versicherte einer Sachversicherung - anders als bei der Haftpflichtversicherung - typischerweise bereits bei Abschluß des Versicherungsvertrages in einer bestimmten, meist durch Vertrag begründeten rechtlichen Beziehung zu der Sache. Betrachtet man diese Unterschiede, so steht die Deckung des Haftpflichtinteresses an bestimmten Sachen dem typologischen Erscheinungsbild der Sachversicherung näher als dem der Haftpflichtversicherung. Dies spricht dafür, daß sich aus der gesetzlichen Differenzierung zwischen beiden Versicherungszweigen kein Gebot entnehmen läßt,

---

286 Ähnlich *Bischoff* (ZVersWiss 1963,193 (194)), der die Sachversicherung als die Versicherung "sachwerter Interessen" bezeichnet.

287 *Ehrenberg* (Versicherungsrecht, S. 291) weist zu Recht darauf hin, daß die Verknüpfung zwischen der geschädigten Sache und dem Interesse des Versicherten bei der Deckung von Haftpflichtversicherung nur eine indirekte ist.

288 *Möller*, in: Bruck/Möller/Sieg, vor §§ 49-80 VVG Anm. 6 und § 49 VVG Anm. 58. - Kritisch zu diesem Begriff *Kollhosser*, in: Prölss/Martin, vor § 51 Anm. 1 C.

289 LAG Düsseldorf, Urt. v. 13.6.1952 - 1 Sa 206/51, VersR 1952,360; *Kollhosser*, in: Prölss/Martin, vor § 51 Anm. 1 B a, C; *Möller*, in: Bruck/Möller/Sieg, vor §§ 49-80 VVG Anm. 18 und § 49 VVG Anm. 72 f. Zu den Begriffen Aktiven- und Passivenversicherung (sowie Güter- und Vermögensversicherung) *Ehrenzweig*, Versicherungsvertragsrecht, S. 202.

290 Hierin will indessen *Martin* (VersR 1974,821 (822)) ein Argument für die Versicherbarkeit in der Sachversicherung sehen.

291 Vgl. jedoch neuerdings die recht umfassende "Extended coverage"-Versicherung, die die Feuerversicherung auf eine Vielzahl anderer Risiken ausdehnt (ECB 87, VerBAV 1987,174; zum Deckungsumfang *Kollhosser*, in: Prölss/Martin, § 1 AFB Anm. 8. Es zeichnet sich eine Tendenz hin zu Allgefahrenversicherungen ab (*Martin*, Sachversicherungsrecht, A I 12), dazu *Kirsch*, Koppelung von Versicherungsanträgen, Bündelung und Kombination von Versicherungsverträgen, S.83-93.

derartige Haftpflichtinteressen ausschließlich im Wege der Haftpflichtversicherung zu versichern.

Auf der anderen Seite enthält auch die der Gegenmeinung[292], die eine Versicherbarkeit in der Sachversicherung ablehnt, zugrundeliegende typologische Vorstellung einen zutreffenden Kern. Dies wird deutlich, wenn man sich die unterschiedliche Ausgestaltung von Haftpflichtversicherung und Sachversicherung im VVG vergegenwärtigt: Zum einen begründet die Sachversicherung grds. einen Zahlungsanspruch gegen den Versicherer, die Haftpflichtversicherung - entgegen dem insoweit mißverständlichen Wortlaut der §§ 149, 154 Abs. 1 S. 1 VVG - regelmäßig einen Befreiungs-[293] und zusätzlich einen Rechtsschutzanspruch. Zum anderen unterwirft das VVG die Haftpflichtversicherung in den §§ 149 - 158 k einer Reihe von besonderen Vorschriften. Diese modifizieren die allgemeinen Regeln der §§ 1 - 48 VVG sowie die für alle Zweige der Schadensversicherung geltenden Regelungen der §§ 49 - 80 VVG in größerem Umfang, als dies bezüglich der gesetzlich geregelten Sachversicherungszweige (§§ 81-148 VVG) geschieht. Insbesondere umfaßt der Versicherungsschutz in der Haftpflichtversicherung gem. § 152 Abs. 1 VVG auch solche Schäden, die der Versicherungsnehmer *grob fahrlässig* selbst herbeigeführt hat. Demgegenüber greift bei der Sachversicherung der Grundsatz des § 61 VVG ein, wonach der Versicherer bei grob fahrlässiger Herbeiführung des Versicherungsfalls durch den Versicherungsnehmer von der Leistungspflicht frei wird. Unterschiede ergeben sich ferner daraus, daß nach den nur für die Haftpflichtversicherung geltenden Vorschriften der §§ 156 Abs. 1, 157, 158 a VVG der geschädigte Dritte gegen Verfügungen des Versicherungsnehmers und in dessen Konkurs geschützt ist. Vergleichbare Regelungen für die Sachversicherung fehlen, da es in diesem Bereich typischerweise keinen vom Versicherungsnehmer bzw. Versicherten verschiedenen, geschädigten Dritten gibt.

Zweifelhaft ist freilich, ob sich aus diesen Unterschieden ein gesetzlicher Typenzwang folgern läßt. Dies käme nur dann in Betracht, wenn die genannten Vorschriften zum einen unabdingbar wären und zum anderen ihre Heranziehung auf Haftpflichtelemente im Rahmen der Sachversicherung von

---

292 Oben III 2 a) aa) (S. 59 ff.).

293 *Voit*, in: Prölss/Martin, § 149 Anm. 1 a; im Erg. auch *Martin* VersR 1974,821 (823 Fußn. 18).

vornherein ausgeschlossen wäre. Einer Umgehung[294] der zwingenden (§§ 154 Abs. 2, 156 Abs. 1, 157 VVG)[295] und gem. § 158 a VVG halbzwingenden (§§ 153, 154 Abs. 1, 156 Abs. 2 VVG) Vorschriften durch den Einschluß von Haftpflichtinteressen in die Sachversicherung könnte - sofern hierfür ein Bedürfnis besteht - vorgebeugt werden. Die Schutzvorschriften könnten entweder *unmittelbar* (falls man den Vertrag als gemischttypische Haftpflicht- und Sachversicherung ansieht) oder aber *analog* (falls man vom Vorliegen einer "reinen", wenn auch atypischen Sachversicherung ausgeht) auf das Haftpflichtelement angewandt werden. Sollten hingegen die Voraussetzungen einer Analogie nicht erfüllt sein - dies nimmt z.B. Martin[296] an im Hinblick auf die fehlende Schutzbedürftigkeit von Haftpflichtigen, die schon vor Eintritt des Versicherungsfalles in einer Beziehung zur Sache standen -, so kann auch keine nicht hinnehmbare Umgehung vorliegen. Ein Typenzwang, der dem Einschluß von Haftpflichtnteressen an Sachen in die Sachversicherung entgegenstünde, läßt sich somit der Ausgestaltung der Haftpflichtversicherung in den §§ 153-158 a VVG nicht entnehmen. Einer Beantwortung der Frage, inwiefern diese Vorschriften im Rahmen einer Sachversicherung heranzuziehen sind, bedarf es an dieser Stelle noch nicht[297].

Die verschiedenartige Ausprägung von Haftpflicht- und Sachversicherung setzt sich allerdings auch in den *AVB* fort. So enthält § 5 Nr. 5 AHB ein an den Versicherungsnehmer gerichtetes Anerkenntnis- und Befriedigungsverbot hinsichtlich des Haftpflichtanspruchs. Indessen mag derartigen auf einer unterschiedlichen Ausgestaltung der AVB beruhenden Divergenzen zwar eine gewisse Indizwirkung dafür zukommen, daß beide Versicherungszweige typologisch verschieden und gegeneinander abzugrenzen sind[298]. Für die Beantwortung der Frage, ob *gesetzliche* Regelungen einer Versicherbarkeit von Haftpflichtinteressen im Wege der Sachversicherung entgegenstehen, läßt

---

294 Zum Aspekt der Umgehung *Martin* VW 1971,89 (94) und 214 (217 f.); *ders.* ZVersWiss 1973,493 (504); *ders.* VersR 1974,821 (821, 826); *Schnepp*, Sachversicherung bei Mobilienleasing, S. 132. Dazu s.u. C II (S. 180 ff.).

295 Den zwingenden Charakter bejahen: BGH, Urt. v. 1.2.1968 - II ZR 79/65, VersR 1968,289 (290) (für § 154 Abs. 2 VVG); *Martin* VW 1971, 89 (94); *Voit*, in: Prölss/Martin, § 154 VVG Anm. 6, § 156 VVG Anm. 13; § 157 VVG Anm. 4.

296 ZVersWiss 1973,493 (504).

297 Dazu s.u. C II (S. 180 ff.).

298 Zur Bedeutung des Fehlens einer dem § 5 Nr. 5 AHB entsprechenden ausdrücklichen Regelung in den Sachversicherungs-AVB für die Auslegung s.u. B III 3 d) (S. 159 f.).

sich durch einen Vergleich der kraft *vertraglicher* Vereinbarung geltenden AVB jedoch nichts herleiten.

Im Ergebnis läßt sich zu den gesetzlichen Vorgaben für die Frage der Versicherbarkeit des Haftpflichtinteresses folgendes sagen: Sach- und Haftpflichtversicherung werden im VVG in einigen Punkten unterschiedlich ausgestaltet. Dies mag als ein Indiz dafür angesehen werden, daß nach der Vorstellung des Gesetzgebers Haftpflichtinteressen in der Haftpflichtversicherung gedeckt werden sollen. Hierfür können auf der Grundlage des Gesetzes freilich lediglich Ordnungsgesichtspunkte[299] angeführt werden. Diesen kommt indessen ebensowenig eine rechtliche Bedeutung zu wie dies im Schuldrecht des BGB hinsichtlich der Entstehung neuer, nicht kodifizierter Vertragstypen der Fall ist. Das VVG ist ohnehin nicht allumfassend; selbst für die in ihm geregelten Versicherungszweige enthält es kaum detaillierte Vorschriften[300]. Zahlreiche neuere Versicherungszweige - wie etwa die Betriebsunterbrechungs-Versicherung, die Leitungswasser- und die Sturmversicherung oder die technischen Versicherungen (Montageversicherung, Maschinenversicherung) - sind hingegen gesetzlich überhaupt nicht geregelt[301]. Die Auflösung der starren Grenzen der klassischen Versicherungszweige - ein verbreitetes Phänomen der vergangenen Jahrzehnte[302] - ist hinzunehmen, da diese Grenzen nicht auf Gesetz, sondern allein auf Tradition beruhten[303]. Der

---

299 Dazu *Leenen*, Typus und Rechtsfindung, S. 104-108.

300 Hierauf verweist zu Recht *Martin* ZVersWiss 1973,493. - Auch nach den jüngsten Änderungen gilt nichts anderes; so ist z.B. die private Krankenversicherung ins VVG aufgenommen, jedoch bewußt nicht umfassend geregelt worden (Art. 2 Nr. 16 des Dritten Gesetzes zur Durchführung versicherungsrechtlicher Richtlinien des Rates der Europäischen Gemeinschaften vom 21.7.1994 - Drittes Durchführungsgesetz/EWG zum VAG (BGBl 1994 I S. 1630 ff.); vgl. bereits den Teil-Diskussionsentwurf des Bundesministeriums der Justiz (Stand: Januar 1993), bzgl. der privaten Krankenversicherung abgedruckt bei *Renger* VersR 1993,678 (683-685).

301 Dies hängt u.a. damit zusammen, daß bislang der Vertragsinhalts durch einheitliche, vom Bundesaufsichtsamt für das Versicherungswesen genehmigte und damit funktional gesetzesähnliche AVB (*Martin* ZVersWiss 1973,493) ausgestaltet wurde. Nach Wegfall des Genehmigungserfordernisses (s.o. Einführung I (S. 19)) - und damit der Standardbedingungen - erscheint eine Übernahme dieser Vertragsklauseln in das VVG jedenfalls im Bereich der Sachversicherung freilich weiterhin unwahrscheinlich.

302 *R. Schmidt* (VersR 1953,457 (459)) nennt als Beispiele den Regreßverzicht in der Schadensversicherung, die kombinierten Versicherungen (zum Begriff s.o. 1 b) aa) (S. 75)) und die Weiterungen der Transportversicherung. - Die Offenheit des Systems versicherungsrechtlicher Deckungsmöglichkeiten kommt auch bei *Stenzaly* (ZfV 1954,37 (38)) zum Ausdruck, wenn er darauf hinweist, mit der von ihm so genannten "Regreßversicherung" könne sich ein völlig neuer, eigenen Regeln unterworfener Versicherungszweig entwickeln.

303 In dieser Richtung offenbar auch *Schnepp* (Sachversicherung bei Mobilienleasing, S. 109): Die üblicherweise vorgenommene Trennung von Haftpflichtversicherung und Sachversicherung

auch vom Gesetzgeber des VVG betonte Grundsatz der *Vertragsfreiheit* steht damit einem versicherungsvertragsrechtlichen Spartenzwang der hier interessierenden Art entgegen. Ein Verbot, Haftpflichtinteressen im Rahmen einer Sachversicherung zu decken, läßt sich dem VVG nach alledem nicht entnehmen[304]. Von daher ist es nur konsequent, wenn der BGH in anderem, nicht unmittelbar das Sachersatzinteresse betreffendem Zusammenhang entschieden hat, daß Haftpflichtinteressen nicht zwingend im Wege der Haftpflichtversicherung gedeckt werden müssen[305]. So wurde in der Versicherung für Kfz-Handel und -Handwerk das Haftpflichtinteresse des Werkstattinhabers wegen Gefahren, die *von* den Fremdfahrzeugen ausgehen, als versicherbar angesehen[306]. Die Ersetzung einer Haftpflichtversicherung durch eine Sach- oder eine Unfallversicherung sei nicht ungewöhnlich; sie finde sich teilweise sogar im Gesetz (§ 636 RVO, § 50 LuftVG). In einer anderen Entscheidung hat der BGH es gleichermaßen für unbedenklich gehalten, daß die Personenkautionsversicherung mittelbar Aufgaben der Haftpflichtversicherung übernehme[307]. Die Rechtsprechung des BGH zum Sachersatzinteresse ist demge-

könne kaum als Argument für die (ausschließliche) Zuordnung des Sachersatzinteresses zur Haftpflichtversicherung dienen.

304 Hiervon gehen im Erg. offenbar (stillschweigend) aus die oben III 1 a) (S. 43 ff., Rechtsprechung) und III 2 b) (S. 58 ff., Literatur) Genannten, ferner *Wälder* RuS 1982,61 (62); *J. Prölss* VersR 1977,695; *Engels* VP 1977,97 (98); *ders.*, Vorteilhafte Betriebsfeuerversicherung, 1978, S. 30 f.; *Schaefer* VersR 1975,996 (997); *Endermann* VP 1975,73 (74); *Ollick* VerBAV 1982,48; *Schwarting*, Die Schadenstragung als Quasi-Versicherer, S. 23; *Sblowski* ZfV 1984,618 (620). Ebenso *Stenzaly* (ZfV 1953,551; *ders.* ZfV 1954,37 f.), der die Ausdehnung des Versicherungsschutzes der Feuerversicherung auf das Sachersatzinteresse des Versicherungsnehmers bzgl. Schäden an Nachbargebäuden vorschlägt ("Regreßversicherung", inzwischen durch das Regreßverzichtsabkommen der Feuerversicherer weitgehend gegenstandslos). Offenbar auch *Hagen* ZVersWiss 1907,15 (29: der Annahme einer Einbeziehung des Pächterinteresses in die vom Eigentümer genommene Feuerversicherung stehe - abweichend von RG, Urt. v. 14.6.1904 - Rep VII 29/04, RGZ 58,273 = SeuffA 60 Nr. 169 - nichts entgegen). - Nicht ein Sachersatzinteresse, sondern das Sacherhaltungsinteresse des Eigentümers erörtert hingegen *Ruhwedel* (NJW 1977,811 (812)), den *Schnepp* (Sachversicherung bei Mobilienleasing, S. 108 Fußn. 207) der obengenannten Ansicht zuordnen möchte.

305 Hierauf weist zutreffend *Fuchs* (BB 1992,1217 (1220)) hin.

306 BGH, Urt. v. 20.3.1974 - IV ZR 94/73, VersR 1974,535 (536); zustimmend *Martin* VersR 1974,821 (823).

307 BGH, Urt. v. 24.11.1971 - IV ZR 71/70, VersR 1972,194 (195) = NJW 1972,437 (438). Zu weit geht allerdings *Martin* (VersR 1974,821 (822), ihm folgend *Schnepp*, Sachversicherung bei Mobilienleasing, S. 106), wenn er meint, in dieser Entscheidung habe der BGH die Wahlmöglichkeit zwischen Sach- und Haftpflichtversicherung zum Schutz des *Sachersatzinteresses* anerkannt; die Personenkautionsversicherung ist eine allgemeine Vermögensschadenversicherung (vgl. die AVB, abgedruckt in VerBAV 1959,133).

genüber von der Vorstellung eines scharfen Gegensatzes von Sach- und Haftpflichtversicherung geprägt[308], der sich aus dem Gesetz nicht begründen läßt.

Schließlich vermag auch der Einwand, daß dann, wenn man die Versicherbarkeit bejaht, *jede* Haftpflichtversicherung zugleich auch als eine andersartige Versicherung angesehen werden müsse[309], nicht zu überzeugen. Er wird der Besonderheit des Sachersatzinteresses als eines *speziellen* Haftpflichtinteresses nicht gerecht. Anders als grundsätzlich die Haftpflichtversicherung bezieht sich die Sachversicherung auf *bestimmte* (oder zumindest bestimmbare) Sachen. Daß es gewisse Überschneidungen zwischen den einzelnen Versicherungszweigen gibt, beruht auf der Vertragsfreiheit, nicht auf einer Aufgabe der für die jeweiligen Versicherungszweige maßgeblichen typisierenden Kriterien.

Was die Terminologie angeht, so erscheint es trotz der oben dargestellten Unterschiede zur Haftpflichtversicherung statthaft, das Sachersatzinteresse als eine bestimmte Art von *Haftpflichtinteresse* zu bezeichnen. Demgegenüber interpretiert E. Lorenz das Sachersatzinteresse unter Hinweis auf die sonst angeblich zwingende Zuordnung zur Haftpflichtversicherung als "Regreßschutzinteresse"[310]. Indessen folgt - wie oben[311] dargetan - aus der Charakterisierung des Sachersatzinteresses als eines bestimmten Haftpflichtinteresses gerade nicht, daß dieses Interesse der Haftpflichtversicherung zuzuordnen wäre. Daher muß man das Sachersatzinteresse nicht in ein Regreßschutzinteresse "uminterpretieren" und annehmen, der Versicherungsfall trete erst dann ein, wenn der Versicherer einen Regreßanspruch erlangt habe. Vielmehr schließt die Deckung des Sachersatzinteresses bereits den Anspruchsübergang nach § 67 Abs. 1 VVG aus, da der potentiell Haftpflichtige dann kein Dritter i. S. dieser Vorschrift ist.

3. Bedeutung der Argumentationslinien der Literatur

Nachdem soeben festgestellt wurde, daß *gesetzliche* Regelungen einer vertraglichen Deckung des Haftpflichtinteresses an Sachen in der Sachversicherung nicht entgegenstehen, soll im folgenden noch darauf eingegangen wer-

---

308 *H. Honsell* VersR 1985,301 (304).

309 *Helm*, in: Deutsche Gesellschaft für Transportrecht (Hrsg.), Gütertransport und Versicherungen, S. 197 (S. 206); dazu bereits oben III 2 a) aa) (S. 72).

310 VersR 1992,399 (401).

311 S. 83 ff.

den, ob aus den oben dargestellten Argumenten der Literatur[312] etwas anderes folgen kann. Nicht nochmals einzugehen ist dabei auf die unterschiedlichen Auffassungen zur *typologischen Einordnung* der Versicherung von Haftpflichtinteressen an Sachen[313]; sie spielten bereits im Zusammenhang mit der Erörterung eines gesetzlichen Typenzwangs[314] eine Rolle. Bezeichnend erscheint es allerdings, daß gerade diejenigen, die eine Deckung des Sachersatzinteresses in der Sachversicherung für mit dem Wesen dieses Versicherungszweiges schlechthin unvereinbar erklären, auf der anderen Seite ohne weiteres einen vertraglichen Regreßverzicht des Sachversicherers für zulässig erachten[315]. Angesichts dessen, daß die Wirkung einer Versicherung des Sachersatzinteresses entscheidend gerade im Ausschluß der Regreßmöglichkeit liegt und die praktischen Unterschiede sich im wesentlichen auf die Frage beschränken, ob der Eigentümer anstelle des Versicherers den Haftpflichtigen in Anspruch nehmen darf[316], ergibt sich hier ein kaum auflösbarer Wertungswiderspruch innerhalb der die Versicherbarkeit ablehnenden Ansicht.

Sofern gegen die Versicherbarkeit des Sachersatzinteresses in der Sachversicherung vereinzelt eine dadurch entstehende *Pflichtenkollision* des Versicherers eingewandt wird[317], ist hierzu folgendes anzumerken: Zunächst ist unklar, wem gegenüber überhaupt eine Pflicht des Sachversicherers bestehen soll, den Schadensaufwand zu Lasten des Haftpflichtigen gering zu halten. Gegenüber dem Versicherungsnehmer trifft den Versicherer eine solche Pflicht jedenfalls nicht. Offenbar ist an eine Pflicht gegenüber der Gemeinschaft der Versicherten gedacht. In der Tat ließe sich aus dem - allerdings sehr umstrittenen - Optimierungsgedanken ableiten, daß der Versicherer keine ungerechtfertigten Leistungen erbringen darf[318]. Dies bedeutet indessen keineswegs, daß der Sachversicherer gehindert wäre, seine Rückgriffsmöglichkeiten gegenüber dem Haftpflichtigen zu beschränken. Im Gegenteil wird ja gerade auch von den Gegnern einer Versicherbarkeit des Sachersatzinteresses in der Haftpflichtversicherung insbesondere ein Regreßverzicht des Versicherers zutreffend für zulässig gehalten, ohne daß darin ein Pflichtver-

---

312 III 2 a) (S. 59 ff.).

313 Oben III 2 a) aa), b) aa) (S. 59 ff., 63 ff.).

314 S.o. 2 (S. 78 ff.).

315 *Schirmer* ZVersWiss 1981,637 (682); *E. Lorenz* VersR 1992,399 (402); *Sieg*, in: Bruck/Möller/Sieg, § 67 VVG Anm. 174.

316 S.u. B II 3 (S. 99), C IV 1 (S. 200 ff.).

317 *E. Lorenz* VersR 1992,399 (400 f.); dazu bereits oben III 2 a) aa) (S. 60).

318 *J. Prölss*, in: FS Larenz (1983), S. 487 (insbesondere S. 527, 533 f.).

stoß gegenüber der Versichertengemeinschaft gesehen würde[319]. Von daher begegnet es keinen Bedenken, den Haftpflichtigen durch Mitversicherung seines Sachersatzinteresses vor der Haftung zu bewahren. Hinzu kommt, daß die behauptete Pflichtenkollision dann gleichermaßen bestünde, wenn der potentiell Haftpflichtige eine Haftpflichtversicherung bei demselben Versicherer abgeschlossen hätte, bei dem Deckungsschutz für das Sacherhaltungsinteresse des Eigentümers besteht[320]. Dem potentiell Haftpflichtigen könnte auch in diesem Falle schwerlich unter dem Gesichtspunkt einer drohenden Pflichtenkollision der Abschluß der Haftpflichtversicherung verwehrt werden.

Angesichts der obigen[321] Ausführungen zur Vertragsfreiheit erscheint es höchst zweifelhaft, ob den verschiedenen *praktischen* Argumenten[322] für die Beantwortung der Frage nach der Versicherbarkeit irgendeine Bedeutung zukommt. Grundsätzlich können nämlich die Vertragspartner, gestützt auf den Grundsatz der Vertragsfreiheit, das Haftpflichtinteresse bzgl. bestimmter Sachen im Rahmen einer Sachversicherung decken, ungeachtet dessen, ob dies aus Sicht eines (objektiven) Dritten zweckmäßig erscheint oder nicht. Hierin zeigt sich das Wesen der inhaltlichen Vertragsgestaltungsfreiheit: Es wird davon ausgegangen, daß die Privatrechtssubjekte regelmäßig den ihnen angemessen erscheinenden Interessenausgleich suchen und finden[323]. Darauf, ob der Vertragsinhalt auch objektiv angemessen ist, kommt es dann - vorbehaltlich bestimmter Fälle ungleich verteilter Verhandlungsmacht[324] - nicht mehr an. Vor allem aber darf den Parteien nicht ohne jede gesetzliche Grundlage mit dem schlichten Hinweis, es bestehe kein Bedürfnis für die von ihnen angestrebte Deckung des Sachersatzinteresses in der Sachversicherung[325], der vertragliche Gestaltungsspielraum beschnitten werden. Eine derartige "Bedürfnisprüfung" ist dem von der Privatautonomie geprägten

---

[319] Nachweise s.o. S. 24 Fußn. 36. Darüber hinaus wird allgemein akzeptiert, daß das Interesse der Versichertengemeinschaft an der Durchsetzung von Regreßansprüchen nicht einem (auf leichte Fahrlässigkeit beschränkten) Haftungsausschluß im Verhältnis von Versicherungsnehmer und potentiell Haftpflichtigem entgegengehalten werden kann, obwohl auch hierdurch die Regreßmöglichkeiten des Versicherers eingeschränkt werden.

[320] Dies ist möglich; ein Spartentrennungsgebot besteht insoweit nicht.

[321] S.o. 2 (S. 78 ff.).

[322] S.o. III 2 a) bb) (S. 62 f.), b) bb) (S. 64 ff.).

[323] *Larenz*, Schuldrecht I, § 4 II (S. 52).

[324] Zur Gegensteuerung bei Ungleichgewichtslagen *Medicus*, Schuldrecht I, § 10 III (S. 36-38); *Larenz*, Schuldrecht I, § 4 II b) (S. 53), IV 3 (S. 63-67).

[325] S. die Nachweise oben III 2 a) bb) (S. 62 f.).

Versicherungsvertragsrecht fremd. Hinzu kommt, daß die Parteien keineswegs unvernünftig handeln, wenn sie eine Deckung des Sachersatzinteresses in der Sachversicherung vereinbaren. In diesem Zusammenhang ist auf die bereits dargestellten[326] Nachteile und Grenzen der alternativ zur Verfügung stehenden versicherungsrechtlichen Deckungsmöglichkeiten zu verweisen. Aber auch die schadensersatzrechtliche Lösung mittels einer vertraglichen Haftungsbeschränkung[327] ist oft nicht interessengerecht: Zwar riskiert der Versicherungsnehmer dann, wenn der Haftungsausschluß sich allein auf leicht fahrlässiges Handeln bezieht, nicht die Leistungsfreiheit des Versicherers in analoger Anwendung des § 67 Abs. 1 S. 3 VVG. Diese Vorschrift ist nämlich nur für ungewöhnliche Abreden (Ausschluß der Haftung für grobe Fahrlässigkeit oder Vorsatz) entsprechend heranzuziehen[328]. Indessen werden durch die Haftungseinschränkung im Vergleich zu einer Deckung des Sachersatzinteresses die Interessen des Eigentümers vernachlässigt: Greift der durch eine reine Eigen-Sachversicherung des Eigentümers bewirkte Schutz im Einzelfall (z.B. wegen einer Obliegenheitsverletzung) nicht ein, so hat der Eigentümer den Schaden endgültig zu tragen[329]. Hätte er den Schädiger nicht im voraus aus der Haftung entlassen, so könnte er sich nun zumindest an diesen halten[330].

Die oben dargestellten praktischen Argumente der Literatur könnten indessen in anderem Zusammenhang Bedeutung erlangen. Zum einen ist ihnen bei der Beantwortung der Auslegungsfrage nachzugehen, unter welchen Voraussetzungen das Haftpflichtinteresse an bestimmten Sachen im konkreten

---

326 Oben III 2 b) bb) (S. 64 ff.).

327 S.o. Einführung II 2 (S. 20 ff.).

328 BGH, Urt. v. 29.10.1956 - II ZR 64/56, BGHZ 22,109 (119); bestätigt in BGH, Urt. v. 13.1.1975 - VII ZR 56/72, VersR 1975,317 (319); *J. Prölss*, in: Prölss/Martin, § 67 VVG Anm. 6 b; *Martin*, Sachversicherungsrecht, J I 18; *Schirmer* ZVersWiss 1981,637 (682); *Engels* VP 1977,97 (100); *Güllemann* NJW 1972,889 (891). - Auf diese Differenzierung geht *Sieg* (BB 1982,900 (901)) nicht ein, wenn er auf die Gefahr eines Verlustes des Deckungsschutzes verweist.

329 Dies übergeht *Sieg* (ZHR 113,95 (102 f.)) in seiner Argumentation für eine Haftungsersetzung durch Versicherungsschutz.

330 Hingegen läßt sich nicht gegen eine Haftungsbeschränkung einwenden, der potentiell Haftpflichtige verhalte sich dann nachlässiger, denn dies wird auch bei der Haftpflichtversicherung - dort wegen § 152 VVG sogar bzgl. grober Fahrlässigkeit - (sowie beim Regreßausschluß und bei einer Deckung des Sachersatzinteresses durch die Sachversicherung) akzeptiert (*von Hippel* NJW 1967,814; die Zulässigkeit einer dem § 152 VVG entsprechenden vertraglichen Vereinbarung bejaht ausdrücklich BGH, Urt. v. 18.10.1952 - II ZR 72/52, BGHZ 7,311 (324), dazu s.u. C II 1 a) aa) (S. 183 f.)). Die Mittel zur Eindämmung von Nachlässigkeit sind das öffentliche Recht einschließlich des Strafrechts und im Versicherungsbereich die Vereinbarung eines Selbstbehalts oder eines Prämienzuschlags bei ungünstigem Schadensverlauf (*Sieg* ZHR 113,95 (102 f.)).

Einzelfall vom Deckungsumfang eines Sachversicherungsvertrages mitumfaßt wird[331]. Zum anderen könnten die praktischen Gesichtspunkte für die (freilich sehr fernliegende) Überlegung eine Rolle spielen, ob *de lege ferenda* ein Typenzwang ins VVG eingeführt werden sollte, durch den für die Deckung jeglicher Haftpflichtinteressen zwingend die Haftpflichtversicherung vorgeschrieben wird. Eine derartige Einschränkung der Vertragsfreiheit ließe sich indessen nur durch materiell verfassungsgemäße, den Grundentscheidungen des Grundgesetzes entsprechende Überlegungen rechtfertigen[332]. Reine Zweckmäßigkeits- und Ordnungsgesichtspunkte vermögen eine Einschränkung des Grundrechts aus Art. 2 Abs. 1 GG nicht zu begründen. Die praktischen Argumente der Literatur erlangen daher auf der Ebene der Versicherbarkeit auch de lege ferenda keine Bedeutung.

---

[331] Dazu eingehend unten B III (S. 103 ff.).

[332] Vgl. BVerfG, Urt. v. 16.1.1957 - 1 BvR 253/56, BVerfGE 6,32 (41).

Teil B: Der Schutz potentiell Haftpflichtiger durch den konkreten Sachversicherungsvertrag

I. Einleitung

Während in AVB der Sachversicherungszweige ausdrückliche *Regreßverzichtsklauseln* bisweilen durchaus anzutreffen sind (z.B. § 15 Nr. 2 AKB), enthalten die AVB regelmäßig keine ausdrückliche Regelung des Inhalts, daß ein *Sachersatzinteresse* versichert ist. In den Sachversicherungs-AVB finden sich häufig sogar überhaupt keine Klauseln, die sich mit den versicherten Interessen im einzelnen befassen[1]. Die Formulierungen in den vorhandenen Regelungen sind zudem oft ungenau[2]. Es stellt sich dann die Auslegungsfrage, ob der potentiell Haftpflichtige im Ergebnis dennoch vor einem Regreß des Versicherers geschützt wird. Dabei ist - entsprechend den oben[3] aufgeführten versicherungsrechtlichen Möglichkeiten zum Schutz des potentiell Haftpflichtigen - zwischen der vom Eigentümer und der vom Träger des Sachersatzinteresses geschlossenen Sachversicherung zu unterscheiden. Bevor hierauf eingegangen wird, sind zunächst die beiden in Betracht kommenden Schutzmöglichkeiten (Versicherung des Sachersatzinteresses und Regreßverzicht) in ihrer Wirkungsweise darzustellen und voneinander abzugrenzen. Die nachfolgenden Ausführungen hierzu gelten allgemein, d.h. auch für den Fall, daß im Versicherungsvertrag eine ausdrückliche, keiner weiteren Auslegung bedürftige Regelung getroffen wurde.

---

1 *Martin*, Sachversicherungsrecht, J II 2; *ders.* ZVersWiss 1973,493 (500, 502); *Wälder* RuS 1982,61; Schriftleitung RuS (Js.) RuS 1976,20.

2 *Martin* ZVersWiss 1973,493 (503); vgl. auch *dens.*, Sachversicherungsrecht, J I 5 ("terminologische Ungenauigkeiten") und J III 11 ("mißverständlich"). - Näher s.u. III 1 a) (S. 103 ff.).

3 S.o. A II (S. 28 ff.).

II. Wirkungsweise der Schutzformen und ihre Abgrenzung

1. Wirkungsweise der Versicherung des Sachersatzinteresses

Es wurde bereits dargelegt[4], daß die Versicherung des Sachersatzinteresses eine auf Entschädigung des Eigentümers gerichtete Leistungspflicht des Versicherers begründet. Schließt der *potentiell Haftpflichtige* selbst eine sein eigenes Sachersatzinteresse (und zugleich das fremde Sacherhaltungsinteresse) deckende Versicherung ab, so bleibt entgegen Schirmer[5] nicht offen, wem der Versicherungsanspruch zusteht. Gläubiger des - auf Zahlung an den Eigentümer gerichteten - Anspruchs ist der potentiell Haftpflichtige als Versicherungsnehmer. Darüber hinaus ist er verfügungsbefügt über den eigenen Anspruch des Eigentümers.

Auch unter den Befürwortern der Versicherbarkeit des Sachersatzinteresses[6] besteht hingegen Streit über die versicherungsrechtlichen Konstruktion des Einschlusses fremden Sachersatzinteresses in die vom *Eigentümer* genommene Versicherung. Zu klären ist, ob insoweit die Regeln über die Fremdversicherung unmittelbar oder analog heranziehbar sind. Begreift man das Sachersatzinteresse als ein eigenständig versicherbares Interesse, so steht einer *unmittelbaren* Anwendung der Vorschriften über die Fremdversicherung (§§ 74 - 80 VVG) nichts entgegen. Hiervon geht konsequent Martin[7] aus[8]. Demgegenüber lehnen H. Honsell[9] und ihm folgend Fuchs[10] die Annahme einer Versicherung für fremde Rechnung ab. Fuchs meint sogar, jene Annahme werde von niemandem vertreten[11]; zur Begründung seiner ablehnenden Haltung verweist er darauf, man könne nicht davon ausgehen, der Versicherungsnehmer wolle, daß dem Dritten gem. § 75 Abs. 1 VVG die Rechte aus dem Versicherungsvertrag zustünden. Stattdessen wollen H. Honsell und

---

4 S.o. A II 2 a) (S. 39).

5 ZVersWiss 1981,637 (675).

6 Nachweise s.o. S. 58 Fußn. 156 f.

7 VersR 1974,821 (825 - 827); *ders.*, Sachversicherungsrecht, J I 4 f., J II (insbesondere 1, 3, 8, 11, 18); vgl. aber J IV 2: auch beim Einschluß des Sachersatzinteresses hätten die §§ 74 ff. VVG außer § 79 VVG "praktisch keine Bedeutung".

8 Für eine unmittelbare Anwendung der §§ 74 ff. VVG - allerdings in (nicht näher gekennzeichneter) "systemkonformer Auslegung" im Hinblick darauf, daß hier zugleich eigene und fremde Interessen versichert werden - auch *Schnepp*, Sachversicherung bei Mobilienleasing, S. 130.

9 VersR 1985,301 (303 f.).

10 BB 1992,1217 (1220).

11 BB 1992,1217 (1220).

Fuchs § 80 VVG lediglich *analog* heranziehen, um mit Hilfe dieser Vorschrift über die Einbeziehung des fremden Sachersatzinteresses in den vom Eigentümer geschlossenen Versicherungsvertrag zu entscheiden. Diese Ansicht begegnet in mehrerlei Hinsicht Bedenken. Wenig überzeugend ist es bereits, eine gesetzliche Auslegungsregel, wie sie § 80 VVG enthält, analog anzuwenden, nur um sie sogleich (in der Sache zutreffend[12]) als schwach und leicht widerlegbar zu kennzeichnen und deswegen für die Lösung eben doch auf die allgemeinen Auslegungsgrundsätze zurückzugreifen. Der Sinn der Analogie - deren Grundlage im übrigen nicht erörtert wird - bleibt damit im Dunkeln. Vor allem aber ist für eine Analogie von vornherein kein Raum, wenn - wie hier - das Gesetz unmittelbar Anwendung findet. Die Argumentation von Fuchs, wonach es sich bei der Deckung fremden Sachersatzinteresses deswegen nicht um eine Fremdversicherung im Sinne von § 74 Abs. 1 VVG handele, weil dem Dritten (und potentiell Haftpflichtigen) nicht die Rechte aus dem Versicherungsvertrag zugewandt werden sollten[13], überzeugt nicht. Fuchs räumt selbst ein, daß umgekehrt der Vermieter ohne weiteres eine Fremdversicherung zugunsten des Mieters hinsichtlich des von diesem eingebrachten Eigentums (Deckung fremden Sacherhaltungsinteresses) abschließen könne[14]. Wieso dies andererseits hinsichtlich des an der Mietsache bestehenden Sachersatzinteresses des Mieters nicht möglich sein soll, bleibt unklar. Offenbar liegt dieser Ansicht die Vorstellung zugrunde, neben der Fremdversicherung des Sachersatzinteresses komme dann eine gleichzeitige Eigenversicherung des Sacherhaltungsinteresses des Vermieters nicht in Betracht. Daß dies nicht zutrifft, sondern daß vielmehr die Deckung eigenen und fremden Interesses durch denselben Versicherungsvertrag möglich ist, wurde bereits oben dargelegt[15]. Zu erinnern ist ferner daran, daß bei der Fremdversicherung gem. § 75 Abs. 1 VVG grundsätzlich ausschließlich der Versicherungsnehmer die Verfügungsbefugnis über die materiell dem Versicherten zustehenden Ansprüche gegen den Versicherer hat[16]. Der Versicherte kann den Anspruch gegen den Versicherer nur dann selbst geltend

---

[12] *J. Prölss*, in: Prölss/Martin, § 80 VVG Anm. 1 A; OLG München, Urt. v. 16.5.1986 - 18 U 1964/86, VersR 1986,1116 (1117).

[13] So außer *Fuchs* (S. 93 Fußn. 10) bereits LG Köln, Urt. v. 1.12.1976 - 13 S 240/76, NJW 1977,810 (811).

[14] *Fuchs* BB 1992,1217 (1220 Fußn. 40) unter Hinweis auf BGH, Urt. v. 12.6.1991 - XII ZR 17/90, NJW 1991,3031.

[15] S.o. A II 2 a) (S. 39).

[16] S.o. A II 1 a) aa) (S. 29). Diesen Aspekt betont zu Recht *Josef* VersWissArchiv 1912,778 (779).

machen, wenn er im Besitz des Versicherungsscheines ist (§ 75 Abs. 2 VVG), wenn der Versicherungsnehmer der Geltendmachung zustimmt[17] oder wenn letzterer den Anspruch erkennbar nicht weiter verfolgen will[18]. Gerade auch im Hinblick hierauf ist nicht ersichtlich, wieso der Versicherungsnehmer etwas dagegen einzuwenden haben sollte, daß die Rechte aus dem Versicherungsvertrag, soweit sie das Sachersatzinteresse des potentiell Haftpflichtigen betreffen, diesem zustehen[19]. Dies gilt umso mehr, als die Deckung des Sachersatzinteresses einen - zum eigenen Anspruch des Eigentümers als des Versicherungsnehmers hinzutretenden - Anspruch gegen den Versicherer auf Entschädigung des Versicherungsnehmers begründet[20]. Die konstruktiv richtige Lösung ergibt sich vielmehr in unmittelbarer Anwendung der gesetzlichen Vorschriften über die Fremdversicherung. Damit sind auch die Rechtsfolgen dogmatisch klar: Der in die vom Eigentümer genommene Sachversicherung einbezogene potentiell Haftpflichtige ist *Versicherter* hinsichtlich seines Sachersatzinteresses mit allen Folgen, die gem. § 79 VVG - insbesondere hinsichtlich Obliegenheitsverletzungen oder der Leistungsfreiheit nach § 61 VVG - hieran geknüpft werden. Nach der Gegenansicht wäre demgegenüber die versicherungsrechtliche Stellung des potentiell Haftpflichtigen, dessen Interesse "als in den Versicherungsvertrag miteinbezogen"[21] anzusehen oder "auch ... versichert"[22] sein soll, ohne daß er Versicherter i. S. der §§ 74-80 VVG ist, völlig unklar und mit den gesetzlichen Kategorien des Versicherungsrechts nicht faßbar[23]. Gegen eine Anwendung von § 80 VVG macht schließlich E. Lorenz[24] geltend, diese Vorschrift greife nur ein, wenn zweifelhaft sei, *für wen* eine Versicherung abgeschlossen wurde. Dies sei

---

17 *J. Prölss*, in: Prölss/Martin, § 75 VVG Anm. 3 b.

18 BGH, Urt. v. 4.5.1964 - II ZR 153/61, BGHZ 41,327 (330); Urt. v. 4.5.1983 - IV a ZR 106/81, VersR 1983,823 (824); *J. Prölss*, in: Prölss/Martin, § 75 VVG Anm. 3 c.

19 Im selben Sinne - für die Einbeziehung des Sacherhaltungsinteresses in die vom Mieter genommene Hausratversicherung - *Köhler* JuS 1977,652 (656).

20 S.o. A II 2 a) (S. 39).

21 *Fuchs* BB 1992,1217 (1220).

22 *H. Honsell* VersR 1985,301 (304).

23 Insoweit unzutreffend die Kritik von *E. Lorenz* VersR 1992,399 (401). Soweit *E. Lorenz* a.a.O. jedoch die Ausführungen von *H. Honsell* im Ergebnis dahin deutet, jener schlage eine Regreßschutzversicherung vor, ist dem entgegenzuhalten, daß *H. Honsell* (VersR 1985,301 (303)) gerade keine Versicherung für Rechnung des Mieters annehmen und diesen nicht als Versicherten i.S. von § 80 VVG ansehen will. An anderer Stelle meint *H. Honsell* allerdings, die Mieter seien "Versicherte in dem Sinn, daß der Versicherer keinen Regreß nehmen kann" (a.a.O. S. 304); worin der Unterschied zum Regreßausschluß liegen soll, bleibt im Dunkeln.

24 VersR 1992,399 (401).

indessen bei der Versicherung des - von ihm so genannten - "Regreßschutzinteresses" (Sachersatzinteresses) klar. Hieran ist zutreffend, daß § 80 VVG die Frage betrifft, wessen Interesse versichert ist. Genau darum geht es aber, wenn über den Einschluß des Sachersatzinteresses eines potentiell Haftpflichtigen in die vom Eigentümer genommene Sachversicherung zu entscheiden ist. § 80 VVG ist nicht für die Zuordnung bestimmter Interessen zu einer Person heranzuziehen, sondern für die Beantwortung der Frage, ob das Interesse eines bestimmten Interesseträgers im Versicherungsvertrag gedeckt ist.

Im Ergebnis vermag somit keiner der gegen eine unmittelbare Heranziehung der Regeln über die Fremdversicherung vorgebrachten Einwände zu überzeugen. Die §§ 74-80 VVG sind folglich insoweit anwendbar.

2. *Wirkungsweise des Regreßverzichts*

Ist im Versicherungsvertrag ein Regreßverzicht vereinbart, so könnte hierin ein *Erlaß* i.S. von § 397 BGB zu sehen sein. Der Annahme eines Erlasses könnte bereits entgegenstehen, daß derartige Verfügungen nur in Bezug auf eine bereits bestehende (wenn auch ggf. betagte oder bedingte) Forderung möglich sein sollen[25]. Zwar bezieht sich der Regreßverzicht regelmäßig auf künftige Forderungen; bei Abschluß des Versicherungsvertrages steht bisweilen noch nicht einmal die Person des potentiell Haftpflichtigen fest, dem der Verzicht zugute kommen soll. Indessen ist nach neuerer Ansicht[26] jedenfalls eine Vereinbarung zulässig, die zur Folge hat, daß künftige Forderungen erst gar nicht entstehen. Einer näheren Stellungnahme hierzu bedarf es nicht; der Annahme eines Erlasses steht hier jedenfalls folgendes entgegen: Ginge man von einem Erlaß aus, so wäre in der vom Eigentümer genommenen Versicherung ein Vertrag zugunsten des potentiell Haftpflichtigen als eines Dritten (§ 328 BGB) enthalten. Verfügende Verträge zugunsten Dritter sind indessen insbesondere im Hinblick auf die mit dem Zurückweisungsrecht gem. § 333 BGB verbundene Rechtsunsicherheit generell unzulässig[27]. Läßt

---

[25] RG, Urt. v. 5.7.1935 - II 340/34, RGZ 148,257 (262); *von Feldmann*, in: MünchKomm, § 397 BGB Rdnr. 5.

[26] BGH, Urt. v. 28.11.1963 - II ZR 41/62, BGHZ 40,326 (330); Urt. v. 27.9.1956 - II ZR 68/55, BB 1956,1086; Erman-*H.P. Westermann*, § 397 BGB Rdnr. 4.

[27] So im Erg. auch RG, Urt. v. 5.7.1935 - II 340/34, RGZ 148,257 (262 f.); Urt. v. 27.1.1930 - VI 267/29, RGZ 127,126 (128 f.); KG, Urt. v. 5.4.1977 - 4 U 2866/76, OLGZ 78,67 (71); Palandt-*Heinrichs*, § 397 BGB Rdnr. 3; (vgl. aber auch vor § 328 BGB Rdnr. 9 und § 276 BGB Rdnr. 60);

sich beim vertraglichen Haftungsausschluß zugunsten Dritter stattdessen eine quasi-dingliche Wirkung der Vereinbarung auf die Erwägung stützen, die Entstehung des gegen den Dritten gerichteten Anspruchs werde von vornherein ausgeschlossen[28], so ist diese Überlegung auf den Regreßverzicht nicht übertragbar: Hier geht es gerade nicht darum, bereits das Entstehen der gegen den Haftpflichtigen gerichteten Forderung zu verhindern; vielmehr soll die aufgrund eines (vertraglichen oder gesetzlichen) Haftungstatbestandes entstandene Forderung lediglich nach ihrem Übergang auf den Versicherer in dessen Hand nicht mehr erhoben werden können. Dem wird am besten die Annahme eines *pactum de non petendo*[29] gerecht, durch das der Versicherer sich verpflichtet, den Anspruch nicht gegenüber dem Haftpflichtigen geltend zu machen. Dieses pactum gewährt dem Haftpflichtigen eine dauernde Einrede, was - etwa bei der bereicherungsrechtlichen Rückabwicklung von Leistungen des Haftpflichtigen[30] - jedenfalls zu konstruktiven Abweichungen von der bei Annahme eines Er-lasses bestehenden Rechtslage führt. In der vom Eigentümer genommenen Versicherung stellt sich das pactum als Vertrag zugunsten Dritter dar; ein solcher Vertrag, der keine verfügende Wirkung hat, ist zulässig[31].

3. Abgrenzung von Versicherung des Sachersatzinteresses und Regreßverzicht

Bisweilen wird angenommen, daß eine *Regreßverzichtsvereinbarung* nichts anderes sei als eine Form des Einschlusses des Sachersatzinteresses in die

---

RGRK-*Weber*, § 397 BGB Rdnr. 6, 20; Erman-*H.P. Westermann*, § 397 BGB Rdnr. 6; a.A. Staudinger-*Kaduk*, § 328 BGB Rdnr. 12; ferner (bzgl. des Haftungsausschlusses mit Wirkung für Dritte): *Gottwald*, in: MünchKomm, § 328 BGB Rdnr. 95 (die zum Nichtbestehen der Forderung führende Lösung sei gegenüber einer Einrede vorzuziehen) (vgl. aber Rdnr. 110); ähnlich *Gernhuber* JZ 1962,553 (554, 556: der Haftungsausschluß sei kein Erlaß künftiger Rechte und daher mit Wirkung zugunsten Dritter grds. zulässig).

28 *J. Prölss* JZ 1986,345.

29 *Möller*, in: Bruck/Möller/Sieg, § 61 VVG Anm. 99 (bzgl. § 15 Nr. 2 AKB); *ders.*, in: FS Hauß, S. 251 (265); *Sieg*, in: Bruck/Möller/Sieg, § 67 VVG Anm. 46; *Johannsen*, in: Bruck/Möller/Sieg/Johannsen, Anm. J 177; *Schwarting*, Die Schadenstragung als Quasi-Versicherer, S. 14 f. Ferner (nicht speziell zum Versicherungsrecht) RGRK-*Weber*, § 397 BGB Rdnr. 6; Erman-*H.P. Westermann*, § 397 BGB Rdnr. 6.

30 Dazu s.u. C IV 3 (S. 207 ff.).

31 Für zulässig hält auch die - verfügende Verträge zugunsten Dritter ablehnende (s.o. S. 96 Fußn. 27) - Rechtsprechung das pactum de non petendo zugunsten Dritter; BGH, Urt. v. 13.12.1977 - VI ZR 14/76, NJW 1978,2506 (2507); Urt. v. 26.5.1970 - VI ZR 4/69, LM § 202 BGB Nr. 12; Urt. v. 18.9.1957 - V ZR 209/55, LM § 328 BGB Nr. 15; RG, Urt. v. 5.7.1935 - II 340/34, RGZ 148,257 (262 f.). Ebenso Palandt-*Heinrichs*, § 397 BGB Rdnr. 3.

Sachversicherung[32]. Freilich sei der Versicherungsschutz des Schädigers im Falle des Regreßverzichts kein umfassender; vielmehr liege - vorbehaltlich eines weiterreichenden Parteiwillens[33] - nur eine *teilweise* Mitversicherung des Sachersatzinteresses vor. Die Unvollkommenheit bestehe darin, daß der geschädigte Versicherungsnehmer (Eigentümer) im Falle der Eigenversicherung seines Sacherhaltungsinteresses durch den Regreßverzicht nicht gehindert sei, anstelle des Versicherers den Schädiger in Anspruch zu nehmen[34]. Diese These, wonach der Regreßverzicht eine Form der Deckung des Sachersatzinteresses ist, begegnet Bedenken. Zwar ist nach den allgemeinen Auslegungsgrundsätzen der §§ 133, 157 BGB nicht am Wortlaut einer Vereinbarung zu haften; vielmehr sind der Wille und die Interessenlage der Beteiligten zu berücksichtigen. Von daher steht eine Regelung, wonach der Rückgriff des Versicherers gegen bestimmte Personen in der Sachversicherung ausgeschlossen sein soll, der Annahme einer darin liegenden Mitversicherung des Sachersatzinteresses dieser Personen nicht von vornherein entgegen. Auch ist es richtig, daß der potentielle Schädiger durch einen vertraglichen Regreßverzicht im Sachversicherungsvertrag des Eigentümers mit dem Versicherer *jedenfalls im Ergebnis* ebenso vor einer Inanspruchnahme durch letzteren geschützt ist wie bei einem Einschluß seines eigenen Haftpflichtinteresses in den Deckungsumfang der vom Eigentümer genommenen Sachversicherung (Fremdversicherung des Sachersatzinteresses)[35]. Gleiches gilt für die Eigenversicherung des Sachersatzinteresses: Schließt der potentiell Haftpflichtige eine Fremdversicherung über das Sacherhaltungsinteresse des Eigentümers, so droht ihm dann nicht der Regreß des den Eigentümer entschädigenden Versicherers, wenn entweder sein eigenes Sachersatzinteresse eingeschlossen oder ein Regreßverzicht vereinbart ist. Andererseits gilt es zu bedenken, daß es sich bei Regreßverzicht und Einschluß des Sachersatzinteresses um zwei nicht nur dogmatisch, sondern auch hinsichtlich der Rechtsfolgen voneinander zu unterscheidende Rechtsinstitute handelt[36]. Nur

---

32 Insbesondere *Martin*, Sachversicherungsrecht, J I 11 f., 15 und H IV 71; *ders.* VersR 1974,821 (824); ihm folgend *Braun* VersR 1987,1162 (1166); weitere Nachweise S. 71 Fußn. 234.

33 *Martin*, Sachversicherungsrecht, J I 12.

34 *Martin*, Sachversicherungsrecht, J I 12; ferner *Schirmer* (ZVersWiss 1984,553 (562), für den Regreßausschluß nach § 67 Abs. 2 VVG), der allerdings nicht der von *Martin* vorgenommenen Einordnung des Regreßverzichts als Form der Deckung des Sachersatzinteresses folgt.

35 S.o. A II 2 b) (S. 40).

36 Zutreffend *Schirmer* ZVersWiss 1984,553 (561 f.). - Dies übersieht *H. Honsell* (VersR 1985,301 (303)), wenn er ausführt, bei der Deckung des Sachersatzinteresses gehe es lediglich um einen Regreßausschluß.

bei einer Deckung des Sachersatzinteresses liegt neben der Eigenversicherung des Eigentümers eine Fremdversicherung zugunsten des potentiell Haftpflichtigen - bzw.: neben der Fremdversicherung zugunsten des Eigentümers eine Eigenversicherung des potentiell Haftpflichtigen - vor. Dementsprechend hat der potentiell Haftpflichtige als der Träger des Sachersatzinteresses jeweils einen eigenen, auf Entschädigung des Eigentümers gerichteten Anspruch[37] gegen den Versicherer. Inkonsequent erscheint es, wenn H. Honsell[38] dies leugnet und zugleich dennoch von einer Versicherung des Sachersatzinteresses ausgehen will[39]. Ein Regreßverzicht begünstigt den potentiell Haftpflichtigen - im Unterschied zur Deckung des Sachersatzinteresses - lediglich mittelbar, ohne ihm eigene Rechte und Pflichten zuzuordnen. Wenn Martin in diesem Zusammenhang im Hinblick auf die Möglichkeit des Eigentümers, den Schädiger statt des Versicherers in Anspruch zu nehmen, von einer "teilweisen"[40] Mitversicherung des Sachersatzinteresses des Schädigers oder von einer Mitversicherung "lediglich in der Form eines Regreßverzichts"[41] spricht, so ist dies zumindest irreführend. Einen Versicherungsschutz bewirkt der Regreßverzicht nicht; der potentiell Haftpflichtige hat keinen eigenen (materiellen) Anspruch gegen den Versicherer wegen der Beeinträchtigung eines eigenen versicherten Interesses[42]. Nach Eintritt des Versicherungsfalles hat der Haftpflichtige vielmehr nur eine tatsächliche Aussicht, daß der Versicherungsnehmer sich an den Versicherer hält[43]. Demgegenüber ist der Versicherungsnehmer bei einer Deckung des Sachersatzinteresses aufgrund des zum Haftpflichtigen als dem Versicherten bestehenden Treuhandverhältnisses gehalten, vorrangig den Versicherer in Anspruch zu nehmen; dem Haftpflichtigen steht insoweit - wie noch im einzelnen darzulegen sein wird[44] - eine Einrede zu. Diese Einrede besteht fort,

---

[37] Entschädigt anstelle des Versicherers der Haftpflichtige den Eigentümer, so soll nach *Martin* (Sachversicherungsrecht, J IV 4) in Höhe der Entschädigungsleistung ein Zahlungsanspruch des Haftpflichtigen gegenüber dem Versicherer entstehen; dies ist abzulehnen (s.u. C IV 3 c) (S. 209)).

[38] So *H. Honsell* VersR 1985,301 (303 f.).

[39] Diesen Punkt übergeht *E. Lorenz* (VersR 1992,399 (401)) in seiner ansonsten umfassenden Kritik an der Argumentation *H. Honsells*. Auch wenn man - wie *E. Lorenz* - *H. Honsell* dahin versteht, daß Sachersatzinteresse mit Regreßschutzinteresse gleichzusetzen sei, bleibt ein dogmatischer Bruch.

[40] Sachversicherungsrecht, J I 12; dem folgend ÖOGH, Entsch. v. 22.2.1990 - 7 Ob 3/90, SZ 63,150 (152) = VersR 1991,87 (88).

[41] Sachversicherungsrecht, J IV 8.

[42] So auch *Martin*, Sachversicherungsrecht, J IV 8.

[43] S.u. C IV 1 a) bb) (S. 202 ff.).

[44] Unten C IV 1 a) aa) (S. 200 ff.).

wenn der Versicherer geleistet hat. Im Unterschied hierzu wird der Haftpflichtige bei einem Regreßverzicht erst nach erfolgter Leistung des Versicherers und dem damit verbundenen Anspruchsübergang nach § 67 Abs. 1 VVG vor einer Inanspruchnahme durch den Versicherungsnehmer geschützt[45]. Da der Haftpflichtige nicht Versicherter ist, sondern ihm der Regreßverzicht nur reflexartig zugutekommt, steht ihm vor der Zahlung des Versicherers keine Einrede gegen den Schadensersatzanspruch zu. Der lediglich durch einen Regreßverzicht Begünstigte hat somit im Ergebnis nur eine faktische Aussicht darauf, keinen Schadensersatz leisten zu müssen, während derjenige Haftpflichtige, dessen Sachersatzinteresse versichert ist, dem Schadensersatzanspruch eine dauernde Einrede entgegenhalten kann.

Martin[46] sieht einen weiteren Unterschied zwischen beiden Möglichkeiten eines Schutzes des Haftpflichtigen: Entfalle die Eintrittspflicht des Versicherers in der vom Eigentümer genommenen Sachversicherung aus in dessen Person liegenden Gründen, so komme der Regreßverzicht dem Dritten nicht zugute. Sofern Martin hier an die Fälle einer *Obliegenheitsverletzung des Versicherungsnehmers* (hier: des Eigentümers) denkt[47], so ergibt sich indessen kein Unterschied zum Regreßverzicht, da solche Obliegenheitsverletzungen grds. auch Mitversicherten (hier: dem potentiell Haftpflichtigen) schaden[48]. Entsprechendes gilt für die Verletzung von Vertragspflichten durch den Versicherungsnehmer (z.B. Prämienverzug)[49]. Andererseits treffen den potentiell Haftpflichtigen dann, wenn sein Sachersatzinteresse in die vom Eigentümer genommene Sachversicherung eingeschlossen ist, *eigene Obliegenheiten* gegenüber dem Versicherer[50]. Verletzt der potentiell Haftpflichtige schuldhaft

---

[45] S.u. C IV 2 b) (S. 206).

[46] VersR 1974,821 (826 Fußn. 44); *ders.*, Montageversicherung § 3 AMoB Anm. 2.4.3.

[47] *Martin* (VersR 1974,821 (826 Fußn. 44)) spricht lediglich allgemein von "subjektiven Voraussetzungen des Versicherungsfalls", die "aus Gründen in der Person des Versicherungsnehmers" nicht erfüllt seien. In der Kommentierung zur Montageversicherung (§ 3 AMoB Anm. 2.4.3) nennt er den Fall, daß ein Schaden i.S. von § 2 Nr. 1 AMoB zwar für den Versicherungsnehmer, nicht aber für den Haftpflichtigen vorhersehbar war.

[48] BGH, Urt. v. 18.9.1991 - IV ZR 189/90, VersR 1991,1404; Urt. v. 15.11.1978 - IV ZR 183/77, VersR 1979,176 (178); Urt. v. 28.1.1958 - VIII ZR 420/56, BGHZ 26,282 (287-289); *J. Prölss*, in: Prölss/Martin, § 74 VVG Anm. 2 (auch zu Einschränkungen durch die Rechtsprechung); *Martin* VersR 1974,821 (826 Fußn. 44).

[49] *J. Prölss*, in: Prölss/Martin, § 74 VVG Anm. 2.

[50] Vgl. (nicht speziell zum Sachersatzinteresse) BGH, Urt. v. 15.11.1978 - IV ZR 183/77, VersR 1979,176 (177); ÖOGH, Entsch. v. 22.2.1990 - 7 Ob 3/90, SZ 63 Nr. 28 (S. 152) = VersR 1991,87 (88); *J. Prölss*, in: Prölss/Martin, § 75 VVG Anm. 3; § 79 VVG Anm. 1; eingehend *Lenné* ZVersWiss 1912,1208 (1236-1250).

eine dieser Obliegenheiten und verliert er deshalb seinen Leistungsanspruch gegen den Versicherer, so kann ihn dieser gem. § 67 Abs. 1 VVG in Regreß nehmen[51]. Der durch die Deckung des Sachersatzinteresses bewirkte Versicherungsschutz besteht nämlich im wesentlichen gerade im Ausschluß dieser Rückgriffsmöglichkeit. Entfällt jener Schutz, so ist das Interesse des Haftpflichtigen in concreto nicht versichert; er ist somit Dritter i.S. des § 67 Abs. 1 VVG[52]. Dasselbe gilt auch bei grob fahrlässiger oder gar vorsätzlicher Herbeiführung des Versicherungsfalles durch den potentiell Haftpflichtigen[53]. Bei einem Regreßverzicht hingegen ist der Rückgriff zwar in diesem zuletzt genannten Fall möglich, sofern die Parteien das vereinbart haben. Letzteres ist bei einem stillschweigenden Regreßverzicht, der nicht weiter reichen kann als der Schutz des Versicherungsnehmers, für den § 61 VVG gilt, stets anzunehmen[54] - Anders als bei Deckung des Sachersatzinteresses kommt indessen ein Regreß gegen den potentiell Haftpflichtigen infolge von Obliegenheitsverletzungen (vorbehaltlich der Repräsentantenhaftung) nicht in Betracht, da ihn keine eigenen Obliegenheiten treffen[55]. Aufgrund dieser deutlichen Unterschiede ist die Regreßverzichtsvereinbarung nicht als eine Form der Deckung des Sachersatzinteresses anzusehen.

4. Regreßverzicht als die Deckung des Sachersatzinteresses ausschließende Vereinbarung ("Sperrwirkung" des Regreßverzichts)

Aus den dargelegten Unterschieden könnte man nun freilich umgekehrt folgern, daß für eine Vertragsauslegung, die zur Deckung des Sachersatzinteresses führt, dann von vornherein kein Raum sei, wenn im Versicherungsvertrag ausdrücklich ein Regreßverzicht vereinbart wurde (*"Sperrwirkung"* des

---

[51] Vgl. (wiederum zur Fremdversicherung im allgemeinen) OLG Hamm, Urt. v. 6.3.1970 - 20 U 226/69, VersR 1970,708; OLG Düsseldorf, Urt. v. 21.2.1961 - 4 U 212/60, VersR 1961,685 (686); OLG München, Urt. v. 29.10.1958 - 7 U 1392/58, VersR 1959,129; ÖOGH, Urt. v. 8.11.1967 - 7 Ob 193/67, VersR 1968,1051 (1052); *J. Prölss*, in: Prölss/Martin, § 67 VVG Anm. 3 b.

[52] Zum Begriff des "Dritten" in § 67 Abs. 1 VVG s.o. A II 1 a) bb) (S. 31 ff.).

[53] Ist der potentiell Haftpflichtige zugleich Repräsentant des Versicherungsnehmers, so entfällt bereits die Leistungspflicht des Versicherers gegenüber dem Versicherungsnehmer. - Zur Repräsentantenhaftung *J. Prölss*, in: Prölss/Martin, § 6 VVG Anm. 8 B, C; speziell zur Repräsentanteneigenschaft von Sachnutzern *Zierke* VersR 1987,132-134.

[54] S. bereits oben A II 1 a) cc) (2) (S. 36 f.).

[55] Unzutreffend wäre es nach der hier vertretenen Ansicht, dem Versicherungsnehmer nach § 79 VVG auch das Verhalten des lediglich durch einen Regreßverzicht Begünstigten zuzurechnen, so aber offenbar - von seinem Standpunkt aus, wonach der Regreßverzicht eine Form der Deckung des Sachersatzinteresses ist, konsequent - *Martin*, Sachversicherungsrecht, J IV 2.

Regreßverzichts). Hierfür spricht auf den ersten Blick die Überlegung, daß verständige Vertragspartner mit dem Ausdruck "Regreßverzicht" regelmäßig eine bestimmte, begrenzte Wirkung verbinden werden. Indessen kann selbst im Großrisikobereich (vgl. Art. 10 Abs. 1 S. 2 EGVVG), wo sich sachkundige Partner gegenüberstehen, nicht vorausgesetzt werden, daß ihnen bei Vereinbarung eines "Regreßverzichts" die aufgezeigten[56] Unterschiede zwischen Regreßverzicht und Einschluß des Sachersatzinteresses bewußt sind.

Gegen die Annahme, daß die Parteien sich durch die Vereinbarung eines Regreßverzichts stets gegen die Versicherung des Sachersatzinteresses entschieden haben, spricht die Erwägung, daß auch diese Versicherung die Wirkungen eines Regreßverzichts beinhaltet und nur in mancher Hinsicht noch darüber hinausgeht. Die Mitversicherung des Sachersatzinteresses ist folglich mit einer Regreßverzichtsabrede keineswegs unvereinbar. Von daher ist dem Regreßverzicht keine "Sperrwirkung" in dem Sinne beizumessen, daß eine (durch Auslegung zu ermittelnde) Deckung des Sachersatzinteresses von vornherein nicht mehr in Betracht käme[57].

5. Zwischenergebnis

Die vorstehenden Überlegungen haben gezeigt, daß ein vertraglich vereinbarter Regreßverzicht nicht als eine Form der Mitversicherung des Sachersatzinteresses angesehen werden kann, andererseits den Weg für eine zum Einschluß dieses Interesses führende Auslegung des Versicherungsvertrages nicht versperrt.

---

[56] S.o. 3 (S. 97 ff.).

[57] So im Erg. auch *H. Honsell* VersR 1985,301; *Martin*, Sachversicherungsrecht, J I 12, 28; J III 2; ferner (bzgl. des Regreßverzichts nach § 15 Nr. 2 AKB) *Schnepp*, Sachversicherung bei Mobilienleasing, S. 145. - Offenbar geht auch *Schirmer* (ZVersWiss 1992,381 (404)) hiervon aus, wenn er argumentiert, das Regreßverzichtsabkommen der Feuerversicherer wäre "überflüssig", wenn die potentiell Haftpflichtigen in die Feuerversicherung des Eigentümers eingeschlossen wären.

III. Der im Wege der Vertragsauslegung zu ermittelnde Schutz potentiell Haftpflichtiger

1. Grundlagen

a) Ausgangspunkt

Welche versicherbaren Interessen welcher Personen an den im Vertrag als versichert bezeichneten Sachen in den Schutz dieses Vertrages eingeschlossen sind, ist durch Vertragsauslegung zu ermitteln. Kommt von vornherein nur ein einziger Interesseträger in Betracht, so läßt sich meist auch der Umfang der versicherten Interessen ohne weiteres aus dem Vertrag entnehmen. Höherer Aufwand ist mit der Auslegung überall dort verbunden, wo mehrere Personen unterschiedliche Interessen an derselben, gegenständlich von der Sachversicherung erfaßten Sache haben. Gerade dies ist bei den hier interessierenden Sachverhalten der Fall: Der Eigentümer hat ein Sacherhaltungsinteresse, der potentiell Haftpflichtige ein Haftpflichtinteresse an der Sache, nämlich das Sachersatzinteresse. Schließt nun einer dieser beiden Interesseträger einen Sachversicherungsvertrag ab, so kann hierdurch grundsätzlich jedes dieser Interessen (im Wege der Eigen- oder Fremdversicherung) gedeckt sein; möglich ist auch eine gleichzeitige Deckung beider Interessen an ein- und derselben Sache in einem einzigen Vertrag. Ein Sachversicherungsvertrag bedarf somit immer dann der Auslegung zur Ermittlung der versicherten Interessen, wenn - wie im Normalfall - eine ausdrückliche, eindeutige Regelung über die versicherten Interessen fehlt. Der Vertragsauslegung kann dabei nicht von vornherein das Argument entgegengehalten werden, eine "ausgeformte Versicherung" des in Rede stehenden Interesses gebe es überhaupt nicht[58]. Damit würde ein bestimmtes Auslegungsergebnis vorweggenommen; Ziel der Auslegung ist es gerade festzustellen, welche (grds. versicherbaren) Interessen durch den Vertrag versichert sind.

Versucht man nun, diejenigen Erklärungen des Sachversicherungsvertrages zu ermitteln, die den Gegenstand der Vertragsauslegung bilden, so ergibt sich folgendes Bild: Der im Versicherungsantrag vorformulierte oder individuell abgefaßte Vertragstext einschließlich der darin in Bezug genommenen AVB enthält nur selten eine Aufzählung der versicherten *Interessen*. Ihre ausdrückliche Beschreibung wird in aller Regel vernachlässigt. Vielmehr werden

---

[58] In dieser Richtung aber - wenn auch nur als eines von mehreren Argumenten - *E. Lorenz* VersR 1992,399 (401).

lediglich die Person des Versicherungsnehmers, bei einer Fremdversicherung meist - wenn auch nicht notwendig - zudem die des (oder der) versicherten Dritten, sowie die Sachen festgelegt, auf die der Versicherungsschutz sich gegenständlich beziehen soll[59]. So läßt sich z.B. den Klauselwerken zu den vier bedeutsamsten Einzelgefahren der Sachversicherung von 1987 entnehmen, daß die *im Eigentum des Versicherungsnehmers stehenden* Sachen versichert sind (§§ 2 Nr. 1, Nr. 3 lit. a AFB 87, AWB 87, AStB 87; § 2 Nr. 2 lit. a AERB 87; ebenso bereits die Altfassungen[60]). Damit steht allerdings zugleich - auch wenn dies nicht ausdrücklich gesagt wird - fest, daß jedenfalls das *Sacherhaltungsinteresse* des Eigentümers als des Versicherungsnehmers (bzw. in der Fremdversicherung: als des Versicherten) an diesen Gegenständen gedeckt ist.

In den Klauselwerken werden neben den unter Eigentumsvorbehalt erworbenen und den sicherungsübereigneten fremden beweglichen Sachen auch die dem Versicherungsnehmer in Obhut gegebenen fremden Sachen als versichert bezeichnet; die Versicherung gilt insoweit für Rechnung des Eigentümers und des Versicherungsnehmers (§§ 2 Nr. 3 lit. b und c, Nr. 4, Nr. 5 AFB 87, AWB 87, AStB 87; § 2 Nr. 2 lit. b und c, Nr. 3, Nr. 4 AERB 87). Damit ist für den Fall, daß der potentiell Haftpflichtige einen Versicherungsvertrag über fremde Sachen abgeschlossen hat, nunmehr klargestellt, daß neben dem fremden auch sein eigenes Interesse versichert ist[61]. Erkennt man die grundsätzliche Versicherbarkeit des Sachersatzinteresses in der Sachversicherung an, so besteht kein Zweifel daran, daß durch die zitierten Fremdeigentumsklauseln dann jedenfalls auch das *Sachersatzinteresse* des Versicherungsnehmers gedeckt ist, und nicht etwa (stattdessen oder daneben) sein *Gebrauchsinteresse*. Letzteres ist im Hinblick darauf nicht eingeschlossen, daß nach den AVB regelmäßig nur Reparatur- und Wiederherstellungskosten ersetzt werden[62], woran deutlich wird, daß die Sachversicherung am - vom Gebrauchswert zu

---

[59] So auch *Schnepp* (Sachversicherung bei Mobilienleasing, S. 153-157), der allerdings im Ansatz zwischen der Versicherung als Teil eines Sachinbegriffes und als einzelner Sache differenziert, ohne daraus im Ergebnis unterschiedliche Folgen hinsichtlich der Deckung des Sacherhaltungsinteresses herzuleiten.

[60] § 2 Abs. 1 S. 2 AFB; §§ 2 Abs. 1 S. 1 AWB und AStB; § 2 Nr. 2 lit. a AERB.

[61] *Martin*, Sachversicherungsrecht, J I 5; *Schnepp*, Sachversicherung bei Mobilienleasing, S. 161.

[62] *Kollhosser*, in: Prölss/Martin, vor § 51 VVG Anm. 6 C; s. z.B. § 11 Nr. 1 AFB 87.

unterscheidenden - Sachsubstanzwert orientiert ist[63]. Für die weitere Frage, ob das Sachersatzinteresse des potentiell Haftpflichtigen auch in die vom Eigentümer genommene Sachversicherung eingeschlossen (oder ob insoweit ein Regreßverzicht vereinbart) ist, läßt sich den zitierten Klauseln hingegen nichts entnehmen.

Andere Fremdeigentumsklauseln beziehen zwar fremde Sachen gegenständlich in den Versicherungsschutz ein, bestimmen aber weder die versicherten Interessen noch deren Träger ausdrücklich. Ein Beispiel stellt der Einschluß fremder Sachen in die Hausratversicherung dar (§ 1 Nr. 3 VHB 84, § 2 VHB 74). Klar ist in solchen Fällen allein, daß jedenfalls das - gleichsam im Mittelpunkt der Sachversicherung stehende[64] - Sacherhaltungsinteresse des Eigentümers gedeckt ist[65]. Hingegen läßt sich derartigen Klauseln nicht entnehmen, ob das Sachersatzinteresse des potentiell Haftpflichtigen gedeckt ist. Doch auch in der - in den neueren AVB entfallenen[66] - Formulierung, daß fremdes Eigentum für fremde Rechnung versichert sei, kann jedenfalls nicht ohne weiteres eine negative Ausgrenzung in dem Sinne erblickt werden, daß nach dem Vertragstext ausschließlich andere Interessen als das Sachersatzinteresse gedeckt werden sollen[67]. Umgekehrt läßt sich allein aus der Formu-

63 *Schirmer* ZVersWiss 1981,637 (653, 655); *J. Prölss*, in: Prölss/Martin, § 80 VVG Anm. 1 B b; *ders.* VersR 1977,695 (bzgl. § 5 Nr. 1 a VHB 74); *Martin*, Sachversicherungsrecht, J I 8, J III 5, J IV 2; *Kollhosser*, in: Prölss/Martin, vor § 51 VVG Anm. 6 C; für eine Versicherbarkeit (auch) des Vermögensinteresses infolge einer drohenden Pflicht zur Rückzahlung von Krediten aufgrund der §§ 102 f. VVG hingegen - ohne Begründung - BGH, Urt. v. 20.1.1988 - IV a ZR 165/86, RuS 1988,86 = NJW-RR 1988,727 und (vorgängig) OLG München, Urt. v. 16.5.1986 - 18 U 1964/86, VersR 1986,1116 (1117).

64 In der Sache so auch *Schirmer* (in: HdV, S. 1218), der die Versicherung des Eigentümerinteresses (Substanzinteresses) als den "Ausgangspunkt der Sachversicherung" bezeichnet.

65 *Kollhosser*, in: Prölss/Martin, vor § 51 VVG Anm. 7 C; *J. Prölss*, in: Prölss/Martin, § 80 VVG Anm. 1 A, B; *Schirmer*, in: HdV, S. 1218; ferner - zur Hausratversicherung - *Schirmer* ZVersWiss 1981,637 (719), *J. Prölss* VersR 1977,695 (696); *Ruhwedel* NJW 1977,811 (812).

66 S. z.B. § 1 Nr. 3 VHB 84 gegenüber § 2 Nr. 2 VHB 74/66; AWB 87 (VerBAV 1987,349) gegenüber § 1 Nr. 3 AWB (VerBAV 1968,259); AStB 87 (VerBAV 87,358) gegenüber § 1 Nr. 3 AStB (VerBAV 1968,254).

67 *Martin* VersR 1974,821 (824 Fußn. 27); *ders.* ZVersWiss 1973,493 (503); wohl auch *ders.*, Sachversicherungsrecht, J III 11; *Kollhosser*, in: Prölss/Martin, vor § 51 VVG Anm. 7 C b. So auch *J. Prölss* (in: Prölss/Martin, § 80 VVG Anm. 1 B a; vgl. ferner *dens.*, VersR 1977,695 (696 bei Fußn. 6), wo aus der fehlenden Berücksichtigung des Sachersatzinteresses in den Fremdeigentumsklauseln nicht dessen Ausschluß gefolgert, sondern auf die Kritik von *Martin* an der sprachlichen Fassung Bezug genommen wird. - Anders ohne Begründung *Sblowski* ZfV 1984,618 (621); *Schirmer* ZVersWiss 1981,637 (704); *Wälder* RuS 1982,63; *Schnepp* (Sachversicherung bei Mobilienleasing, S. 160 f.), der sich u.a. - insoweit zwar vorsichtig, aber dennoch unzutreffend - auf *Westhelle* (NJW 1977,1404 (1405)) bezieht.

lierung, die Versicherung werde "für Rechnung, wen es angeht", genommen, nicht auf die Einbeziehung der Sachnutzer in den Schutz der Sachversicherung schließen[68]. Diese Klausel betrifft allein den Fall, daß der oder die *Träger des versicherten Interesses* nicht von vornherein feststehen; sie vermag demgegenüber nicht - losgelöst vom Interesseträger - zur Einbeziehung eines bestimmten Interesses (hier: des Sachersatzinteresses) zu führen[69].

An dieser Stelle bleibt zunächst festzuhalten, daß Regelungen des genannten Inhalts, die mehr oder minder konkret den Kreis der *"versicherten Sachen"* festlegen, den Gegenstand der Auslegung darstellen. Ziel der Auslegung ist es nun zu klären, welche Aussage derartige Regelungen hinsichtlich des Schutzes potentiell Haftpflichtiger enthalten. Sollen potentiell Haftpflichtige durch einen Sachversicherungsvertrag geschützt werden, so ist ferner zu ermitteln, ob dieser Schutz durch die Versicherung des Sachersatzinteresses oder aber - gleichsam als "minus" hierzu - durch einen Regreßverzicht bewirkt wird. Im folgenden wird daher zunächst allgemein vom Schutz des potentiell Haftpflichtigen gesprochen, bevor über die Form des Schutzes zu befinden ist.

b) "Eigentliche" oder ergänzende Auslegung

In Rechtsprechung und Literatur werden ganz allgemein zwei Arten der Vertragsauslegung unterschieden. Es gibt zum einen die sog. "eigentliche"[70] Auslegung, zum anderen die ergänzende Auslegung. Methodisch ist zunächst darauf einzugehen, mit Hilfe welcher Art der Auslegung die Lösung des Problems zu suchen ist. Der Differenzierung kann nämlich insofern auch praktische Bedeutung zukommen, als für die ergänzende Auslegung besondere Regeln eingreifen sollen[71]. Die *"eigentliche"* Auslegung geht vom Wortlaut aus; sie dient dazu, den Inhalt des tatsächlich Vereinbarten festzustellen.

---

[68] Einen derartigen Schluß erwägt der ÖOGH im Beschl. v. 17.2.1993 - 7 Ob 1/93, VersR 1993,1301 (1303).

[69] ÖOGH, Beschl. v. 26.5.1993 - 7 Ob 8/93, VersR 1993,1303 (1304); *J. Prölss*, in: Prölss/Martin, § 80 VVG Anm. 2.

[70] *Larenz*, Die Methode der Auslegung des Rechtsgeschäfts, S. 92; Palandt-*Heinrichs*, § 157 BGB Rdnr. 2. *Mayer-Maly* (in: MünchKomm, § 157 BGB Rdnr. 2) spricht von "einfacher", der BGH (Urt. v. 14.10.1977 - V ZR 253/74, WM 1978,167 (168) von "unmittelbarer" Auslegung.

[71] So muß eine unbeabsichtigte Regelungslücke festgestellt werden (BGH, Urt. v. 24.4.1985 - IV b ZR 17/84, NJW 1985,1835 (1836); Erman-*Hefermehl*, § 157 BGB Rdnr. 16). Bestehen dispositive gesetzliche Regelungen, so soll eine ergänzende Auslegung meist ausscheiden (BGH, Urt. v. 10.7.1963 - VIII ZR 204/61, BGHZ 40,91 (103); Urt. v. 25.6.1980 - VIII ZR 260/79, BGHZ 77,301 (304); *Mayer-Maly*, in: MünchKomm, § 157 BGB Rdnr. 37).

Die *ergänzende* Auslegung hat demgegenüber allein den Zweck, Lücken in der (bereits ermittelten) vertraglichen Regelung zu schließen. Da es bei der Frage nach einem Einschluß des Sachersatzinteresses um die Ermittlung des Sinns derjenigen vertraglichen Regelungen geht, die gegenständlich den Umfang des Deckungsschutzes festlegen, ist hier von einer *"eigentlichen"* Auslegung auszugehen. Auch für die Ermittlung eines Regreßverzichts, bei dem es sich um ein "minus" zur Deckung des Sachersatzinteresses handelt und für den dieselben Vertragsklauseln den Ausgangspunkt der Auslegung bilden, kann insoweit methodisch nichts anderes gelten.

c) Auslegungsmaßstab

Für die Auslegung von AVB gelten folgende Regeln: Nach ständiger Rechtsprechung des BGH[72] ist insoweit weder maßgeblich, wie der einzelne Versicherungsnehmer die Klauseln tatsächlich verstanden hat, noch wie der sie verwendende Versicherer sie verstanden wissen wollte. Maßstab für die Auslegung ist vielmehr, wie ein durchschnittlicher Versicherungsnehmer, der die AVB aufmerksam durchgelesen hat, sie im Zeitpunkt des Vertragsschlusses bei "verständiger Würdigung" verstehen mußte. Die Auslegung hat sich demnach nicht nach den für Individualabreden geltenden Regeln, sondern vielmehr insofern nach *objektiven* Gesichtspunkten zu richten, als vom konkreten Erklärungsempfänger abstrahiert und stattdessen auf einen durchschnittlichen Empfänger abgestellt wird[73]. Insoweit besteht eine Parallele zur Auslegung von Gesetzen. Man spricht daher auch von "gesetzesähnlicher Auslegung"[74], wenngleich hier - anders als bei der Gesetzesauslegung - nicht die Sicht des Rechtsanwenders, sondern die des (durchschnittlichen) Versicherungsnehmers entscheidet.

Die Auslegung hat grundsätzlich vom *Wortsinn* auszugehen, worunter in diesem Zusammenhang der "buchstäbliche Sinn" i.S. von § 133 BGB zu verstehen ist. Dabei ist der allgemeine Sprachgebrauch des täglichen Lebens zu

---

[72] Urt. v. 22.5.1991 - IV ZR 183/90, VersR 1991,919; Urt. v. 20.6.1990 - IV ZR 172/89, VersR 1990,1271; Urt. v. 9.12.1987 - IV a ZR 151/86, VersR 1988,282 (283); Urt. v. 2.10.1985 - IV a ZR 184/83, VersR 1986,177; Urt. v. 15.6.1983 - IV a ZR 31/82, VersR 1983,850.

[73] BGH, Urt. v. 15.6.1983 - IV a ZR 31/82, VersR 1983,850; Urt. v. 4.12.1980 - IV a ZR 32/80, VersR 1981,173 (176).

[74] *J. Prölss*, in: Prölss/Martin, Vorbem. III A 9 a; *Pfeiffer*, in: FS Schwebler, S. 399 (S. 405); kritisch zu diesem Begriff *P. Bach/Geiger* VersR 1993,659.

berücksichtigen[75]. Auch der erkennbar werdende *Sinnzusammenhang* der Klausel ist zu beachten[76]. Überträgt man diese Grundsätze, die als allgemein anerkannt gelten können, auf die hier interessierende Auslegungsfrage, so fällt folgendes auf: Vertragliche Regelungen, die sich darin erschöpfen, den Kreis der "versicherten Sachen" gegenständlich festzulegen, lassen sich, was die Frage nach dem Schutz des potentiell Haftpflichtigen angeht, auf den ersten Blick nicht nach dem *allgemeinen Sprachgebrauch* in der einen oder der anderen Richtung verstehen. Von ihrer Formulierung her schließen diese Klauseln die Deckung eines Sachersatzinteresses oder die Vereinbarung eines Regreßverzichts nicht von vornherein aus. Anders wäre dies etwa dann, wenn die Klauseln sich ausdrücklich mit den versicherten Interessen befassen und diese präzise aufzählen würden; eine derartige Auflistung dürfte dann als abschließend zu verstehen sein[77]. Wie bereits dargelegt, finden sich solche Aufzählungen indessen in den Sachversicherungsverträgen regelmäßig gerade nicht.

Allerdings wäre es nun voreilig - wie Wälder[78] dies offenbar möchte - ohne weiteres anzunehmen, der Vertrag decke mangels ausdrücklicher Regelung jedes versicherbare Sachinteresse, also neben dem Sacherhaltungsinteresse stets auch das Sachersatzinteresse von potentiell Haftpflichtigen. Ein derartiges Vorgehen ohne Analyse der Interessenlage greift zu kurz. Es findet auch in der *Unklarheitenregel* (§ 5 AGBG) keine Stütze. Zwar sind nach dieser Regel unklare AVB gegen den Verwender (hier also: gegen den Versicherer) auszulegen. Indessen kommt die Unklarheitenregel erst dann zum Zuge, wenn die Klauseln tatsächlich unklar sind, d.h. wenn ihre *Auslegung* zu keinem eindeutigen Ergebnis führt[79].

---

[75] Z.B. BGH, Urt. v. 9.12.1987 - IV a ZR 151/86, VersR 1988,282 (283).

[76] Z.B. BGH, Urt. v. 22.5.1991 - IV ZR 183/90, VersR 1991,919.

[77] Zur Zulässigkeit solcher Begrenzungen unten IV 1 (S. 161 ff.).

[78] RuS 1982,61 (62); ähnlich *Hub. Brockmann* ZfV 1964,165 (166). Gegen die Annahme, eine Versicherung werde zugunsten aller Interesseträger abgeschlossen, *Braun* VersR 1987,1162 (1164); *Möller*, in: Bruck/Möller/Sieg, § 49 VVG Anm. 122.

[79] BGH, Urt. v. 26.10.1983 - VIII ZR 132/82, NJW 1984,289 (290); Urt. v. 19.10.1985 - VIII ZR 267/84, WM 1986,387 (388); *Lindacher*, in: Wolf/Horn/Lindacher, § 5 AGBG Rdnr. 24; *Ulmer*, in: Ulmer/Brandner/Hensen/Schmidt, § 5 AGBG Rdnr. 25 f.; *Kötz*, in: MünchKomm, § 5 AGBG Rdnr. 7; *J. Prölss*, in: Prölss/Martin, Vorbem. III A 9 b; *Pfeiffer*, in: FS Schwebler, S. 398 (S. 403).

Umgekehrt läßt sich - entgegen Sieg[80] - auch nicht mit einem Hinweis auf § 80 Abs. 1 VVG der Einschluß fremden Sachersatzinteresses von vornherein ablehnen. Vielmehr ist die in dieser Vorschrift enthaltene, für eine Eigenversicherung sprechende Auslegungsregel[81] erst und nur dann anzuwenden, wenn die Vertragsauslegung kein eindeutiges Ergebnis gebracht hat. Im Rahmen der Auslegung kommt dem bereits erwähnten[82], vom BGH hervorgehobenen Kriterium der *Verständnismöglichkeit des Versicherungsnehmers* entscheidende Bedeutung zu. Dies bedeutet, daß die Vertragsklausel so auszulegen ist, wie sie von einem durchschnittlichen, redlichen Versicherungsnehmer ohne versicherungsrechtliche Spezialkenntnisse verstanden wird[83]. Maßgeblich ist seine Vorstellung darüber, ob aufgrund der Klausel der potentiell Haftpflichtige bei Eintritt des Versicherungsfalles geschützt ist, und auf welche Weise ein solcher Schutz realisiert wird. Eine "verständige Würdigung"[84] kann dabei nicht einseitig an den eigenen Erwartungen des Versicherungsnehmers orientiert sein; sie muß vielmehr die *beiderseitige Interessenlage* berücksichtigen[85]. Da eine dem allgemeinen Sprachverständnis zugängliche Erklärung in den AVB fehlt[86], ist die Interessenlage hier - anders als im Regelfall[87] - nicht erst als Korrektiv eines Begriffsverständnisses, sondern bereits zur Ermittlung des Sinngehalts der Klausel heranzuziehen[88].

---

80 In: Bruck/Möller/Sieg, Bd. III, Lief. 1, Anm. C 35; *ders.*, in: Bruck/Möller/Sieg, § 74 VVG Anm. 8.

81 *Sieg*, in: Bruck/Möller/Sieg, § 80 VVG Anm. 3; *H. Honsell* VersR 1985,301 (303). *J. Prölss* (in: Prölss/Martin, § 80 VVG Anm. 1 A) spricht von einer "Vermutung", ohne daß in der Sache Abweichungen erkennbar wären.

82 S.o. S. 107.

83 BGH, Urt. v. 16.6.1982 - IV a ZR 270/80, BGHZ 84,268 (272) = VersR 1982,841 (842); Urt. v. 9.12.1987 - IV a ZR 151/86, VersR 1988,282 (283); Urt. v. 20.6.1990 - IV ZR 172/89, VersR 1990,1271; ferner Urt. v. 18.12.1991 - IV ZR 204/90, RuS 1992,82; ÖOGH, Urt. v. 21.5.1992 - 7 Ob 6/92, VersR 1993,511; Urt. v. 22.2.1990 - 7 Ob 1/90, VersRdsch 1990,315 (316); *Schimikowski* RuS 1991,145 (146). Bisweilen wird dieser Grundsatz in der Rechtsprechung freilich zugunsten einer schlichten Interessenabwägung vernachlässigt; so z.B. ÖOGH, Beschl. v. 17.2.1993 - 7 Ob 1/93, VersR 1993,1301 (1303) (zum Einschluß des Sachersatzinteresses in die Kaskoversicherung).

84 Z.B. BGH, Urt. v. 9.12.1987 - IV a ZR 151/86, VersR 1988,282 (283).

85 Die Bedeutung auch der Interessenlage des Versicherers kommt deutlich zum Ausdruck z.B. in BGH, Urt. v. 4.12.1980 - IV a ZR 32/80, VersR 1981,173 (174). Eine Interessenabwägung befürwortet ÖOGH, Beschl. v. 17.2.1993 - 7 Ob 1/93, VersR 1993,1301 (1303).

86 S.o. S. 108.

87 *Schirmer*, in: Symposion AGBG und AVB (1993), S. 61 (S. 80); aus der Rechtsprechung z.B. BGH, Urt. v. 4.12.1980 - IV a ZR 32/80, VersR 1981,173 (174).

88 Ein anderes Beispiel für eine derartige Auslegung enthält BGH, Urt. v. 16.6.1982 - IV a ZR 270/80, VersR 1982,841 (842) ("Vertragsbeginn").

Wendet man diese Grundsätze auf die hier interessierende Frage nach der Deckung des Sachersatzinteresses an, so erscheint es geboten, bei der Auslegung in zwei Schritten vorzugehen:

Zunächst ist die *Interessenlage des Versicherungsnehmers* zu ermitteln. Sie bildet den Ausgangspunkt für die Auslegung der Willenserklärung des Versicherungsnehmers[89]. Besteht ein Interesse des Versicherungsnehmers am Schutz des potentiell Haftpflichtigen - und damit eine entsprechende tatsächliche Schutzerwartung -, so muß geklärt werden, ob dieses Interesse sich auf den Einschluß des Sachersatzinteresses oder auf einen Regreßverzicht richtet. Die in diesem Sinne präzisierte Interessenlage des Versicherungsnehmers ist für die Auslegung insoweit bedeutsam, als sie dem Versicherer *erkennbar* wird[90].

Spricht die erkennbare Interessenlage des Versicherungsnehmers für einen Schutz des potentiell Haftpflichtigen (durch die Deckung des Sachersatzinteresses oder durch einen Regreßverzicht), so steht damit das Auslegungsergebnis allerdings noch nicht fest. Wie bereits dargelegt, ist für die Auslegung nicht die Verständnismöglichkeit des konkreten einzelnen Versicherungsnehmers maßgeblich. Vielmehr führt der anzulegende objektive Maßstab dazu, daß der potentiell Haftpflichtige nur dann durch die Sachversicherung geschützt ist, wenn der Versicherungsnehmer dies *billigerweise* erwarten konnte[91]. Damit sind - gleichsam als Korrektiv zur Interessenlage des Versicherungsnehmers und seiner auf ihr aufbauenden tatsächlichen Schutzerwartung - die nach außen erkennbaren, einem Schutz des potentiell Haft-

---

89 BGH, Urt. v. 16.6.1992 - IV a ZR 270/80, VersR 1982,841 (842).

90 Auch der BGH hat im Rahmen einer Vertragsauslegung (Umwandlung der Eigen- in eine Fremdversicherung) hierauf abgestellt (Urt. v. 15.4.1987 - IV a ZR 244/85, VersR 1987,704 (705). Zur Bedeutung der Erkennbarkeit führt das OLG Karlsruhe (Urt. v. 21.6.1990 - 12 U 56/90, VersR 1991,1048 (1049)) aus, die Vermutung des § 80 Abs. 1 VVG sei widerlegt, wenn der Versicherer bei Vertragsschluß aus den Umständen hätte erkennen können, daß der Versicherungsnehmer (ggf. zusätzlich zur Eigenversicherung) eine Fremdversicherung abschließen wollte. Der Sache nach stellt auch *Schirmer* (ZVersWiss 1981,637 (719)) auf die erkennbare Interessenlage ab, freilich im Zusammenhang mit der Frage, ob allein aus der Tatsache, daß der Versicherer von der Möglichkeit eines Schadenseintritts beim Gebäudeeigentümer weiß, auf einen Einschluß von dessen Interesse in die Hausratversicherung des Mieters gem. § 3 C Nr. 2 VHB 74 geschlossen werden kann.- Zu den Anforderungen an die Erkennbarkeit unten 2 a) bb) (S. 124 ff.).

91 Vgl. (zur Einbeziehung des Interesses von Komplementären in die Firmen-Vertrags-Rechtsschutzversicherung) BGH, Urt. v. 24.1.1990 - IV ZR 270/88, VersR 1990,380 (381): "berechtigte Erwartung".

pflichtigen entgegenstehenden *Interessen des Versicherers*[92] in die Auslegung einzubeziehen. Von daher ist, sofern die im ersten Auslegungsschritt ermittelte Interessenlage des Versicherungsnehmers für die Deckung des Sachersatzinteresses bzw. für einen Regreßverzicht spricht, in einem zweiten Schritt zu untersuchen, ob die dem Versicherungsnehmer erkennbare *Interessenlage des Versicherers* letztlich dennoch dazu führt, daß dem Versicherer der Rückgriff gegen den potentiell Haftpflichtigen offensteht. Nur soweit der Versicherungsnehmer trotz der ersichtlich entgegenstehenden Interessenlage seines Vertragspartners sich nicht zu einer Nachfrage[93] veranlaßt sehen muß, sondern von einem Schutz des potentiell Haftpflichtigen ausgehen darf, ist damit im Ergebnis dieser Schutz anzunehmen.

d) Parallelen zum Rechtsinstitut des Vertrages mit Schutzwirkung für Dritte

Insbesondere, soweit es um den Einschluß des Sachersatzinteresses geht, lassen sich dem Rechtsinstitut des *Vertrages mit Schutzwirkung für Dritte*[94] gewisse Anhaltspunkte für die Auslegung entnehmen. Es wird aus diesem Grunde im folgenden in verschiedenem Zusammenhang herangezogen. Bisweilen klingen in Rechtsprechung und Literatur zum Einschluß des Sachersatzinteresses Formulierungen an, die - wie z.B. "Einbeziehung in den Schutzbereich des Versicherungsvertrages"[95] - ihren Ursprung im Recht des Vertrages mit Schutzwirkung für Dritte haben. Auf die Parallelen zu diesem Rechtsinstitut wurde dabei freilich bisher nicht eingegangen. Zwar ist streitig, ob der Vertrag mit Schutzwirkung für Dritte auf (ergänzender) Vertragsauslegung beruht[96] oder aber auf richterlicher Rechtsfortbildung[97], während es bei der hier interessierenden Frage eindeutig um ein Problem der Vertrags-

---

92 Zur Beachtlichkeit auch der Interessen des Versicherers allgemein BGH, Urt. v. 4.12.1980 - IV a ZR 32/80, VersR 1981,173 (174).

93 Zu diesem Aspekt BGH, Urt. v. 5.7.1989 - IV a ZR 24/89, VersR 1989,908 (909); *J. Prölss*, in: Prölss/Martin, Vorbem. III A 9 a; *Bundschuh*, in: Symposion AGBG und AVB (1993), S. 3 (S. 7). Näher unten 2 b) bb) (S. 138 ff.).

94 Aus der neuesten Literatur: *Dahm* JZ 1992,1167 (1168 ff.); *Ziegltrum*, Der Vertrag mit Schutzwirkung für Dritte.

95 OLG Hamm, Urt. v. 27.3.1984 - 27 U 433/83, VersR 1984,749 (750); Urt. v. 23.7.1991 - 9 U 287/86, VersR 1991,1406 = NJW-RR 1992,163; OLG Celle, Urt. v. 5.11.1986 - 9 U 222/85, VersR 1988,27 (28) = RuS 1987,136 (137). Ähnlich *Schnepp*, Sachversicherung bei Mobilienleasing, S. 131: "Schutzwirkung zugunsten des Nichteigentümers".

96 BGH, Urt. v. 15.6.1971 - VI ZR 262/69, BGHZ 56,269 (273); Palandt-*Heinrichs*, § 328 BGB Rdnr. 14; *Dahm* JZ 1992,1167 (1169).

97 *Larenz*, Schuldrecht I, § 17 II; *Berg* JuS 1977,363; *Gernhuber*, in: FS Nikisch (1958), S. 249 (265) (für Verdichtung zu Gewohnheitsrecht).

auslegung geht[98]. Indessen sind auch dann, wenn man den Vertrag mit Schutzwirkung für Dritte dem Richterrecht zuordnet - wofür gute Gründe sprechen[99] -, die Parallelen zum Einschluß des Sachersatzinteresses deutlich:

Zum einen geht es jeweils um die Beantwortung der Frage, in welchem Umfang durch einen Schuldvertrag *Pflichten eines Vertragsteils gegenüber Dritten* begründet werden. Zwar handelt es sich dabei im Rahmen des Vertrages mit Schutzwirkung für Dritte in erster Linie um Schutz- oder Verhaltenspflichten[100], während hier eine Erstreckung des Deckungsschutzes und damit der Hauptleistungspflicht des Versicherers auf den Dritten in Rede steht. Indessen kommt diesem Unterschied keine entscheidende Bedeutung zu. Eine Erweiterung der Schutzpflichten kann den Schuldner durchaus härter treffen als eine Ausdehnung der Leistungspflicht, wie sie durch die Einbeziehung des Interesses des potentiell Haftpflichtigen in den Deckungsschutz erfolgt. Dies gilt umso mehr, als sich am eigentlichen, auf Zahlung an den Eigentümer gerichteten Inhalt des Anspruches gegen den Versicherer nichts ändert. Durch die Versicherung des Sachersatzinteresses wird lediglich ein Dritter zusätzlich zum Anspruchsinhaber (bei Eigenversicherung) bzw. zum Begünstigten des Sachversicherungsvertrages (bei Fremdversicherung durch den Eigentümer)[101]; die hinzutretende Belastung liegt in erster Linie im Wegfall der Regreßmöglichkeit. Zudem gilt es zu beachten, daß der Grundsatz, wonach es beim Vertrag mit Schutzwirkung für Dritte um die Begründung von Schutz-, nicht von Leistungspflichten geht, in jüngerer Zeit von der Rechtsprechung mehr und mehr aufgeweicht worden ist. So hat der BGH einer Erbin einen Schadensersatzanspruch gegen den allein vom Erblasser beauftragten, seine Leistungspflicht nicht ordnungsgemäß erfüllenden Rechtsanwalt zugesprochen[102]. Zur Begründung wurde ausgeführt, daß auch in den Fällen der Verletzung einer Verhaltenspflicht ein mehr oder minder enger Bezug zur geschuldeten Leistung bestehe. Inzwischen hat der BGH auch in anderen Fällen Schadensersatzansprüche Dritter wegen der Verletzung der vertraglichen Leistungspflicht bejaht[103]. Von daher besteht durchaus eine

[98] S.o. a) (S. 103 ff.).

[99] *Ziegltrum*, Der Vertrag mit Schutzwirkung für Dritte, S. 146-156.

[100] *Larenz*, Schuldrecht I, § 17 II (S. 227-230).

[101] Zur rechtlichen Wirkungsweise der Deckung des Sachersatzinteresses s.o. B II 1 (S. 93 ff.).

[102] BGH, Urt. v. 6.7.1965 - VI ZR 47/64, NJW 1965,1955 (1957).

[103] Urt. v. 21.1.1993 - III ZR 15/92, NJW-RR 1993,944 (Einbeziehung der Ehefrau in den Schutzbereich eines Vertrages zwischen Ehemann und Steuerberater über die Erstellung einer Bilanz); Urt. v. 22.11.1983 - VI ZR 85/82, BGHZ 89,95 (104) sowie Urt. v. 18.3.1980 - VI ZR

Parallele zu der hier interessierenden Erstreckung des versicherungsrechtlichen Deckungsschutzes auf Dritte. Dieser Aspekt macht zugleich deutlich, daß insoweit keine Ähnlichkeit besteht mit dem zweiten Instrument vertraglichen Drittschutzes, nämlich der durch eine Schadens*verlagerung* gekennzeichneten Drittschadensliquidation[104].

Neben der Ausdehnung vertraglicher Pflichten auf Dritte besteht eine weitere Parallele zum Vertrag mit Schutzwirkung für Dritte darin, daß jeweils auch die Interessen des Vertragsschuldners (hier: des Versicherers) zu berücksichtigen sind. Dieser Aspekt erlangt überall dort Bedeutung, wo es um Begrenzungen der Leistungspflicht (insbesondere nach ihrer Höhe und nach dem Kreis der begünstigten Dritten) geht. Solche Grenzziehungen sind deshalb bedeutsam, weil anderenfalls eine uferlose Ausdehnung der Vertragspflichten droht, wodurch für den Schuldner der Umfang des eingegangenen Risikos völlig unkalkulierbar würde[105].

2. Schutz des potentiell Haftpflichtigen durch die vom Eigentümer genommene Sachversicherung

a) Erkennbare Interessenlage des Versicherungsnehmers

aa) Bestimmung der Interessenlage des Versicherungsnehmers

(1) Ausgangspunkt

Schließt der Eigentümer selbst als Versicherungsnehmer einen auf die ihm gehörende Sache bezogenen Versicherungsvertrag ab, so ist seine Interessenlage - wie die eines jeden Vertragschließenden - abstrakt folgendermaßen beschreibbar: Ökonomisch vernünftiges Handeln unterstellt, möchte er bei einem bestimmten Einsatz eigenen Vermögens (hier: Versicherungsprämie) im Zweifel den größtmöglichen Nutzen erzielen. Dieses Interesse bezieht sich nicht nur auf den Umfang der ihm selbst als Versicherungsnehmer unmittelbar zugutekommenden Versicherungsleistung, sondern - wie im folgenden zu zei-

247/78, BGHZ 76,259 (262) (Einbeziehung des Ehemannes in den Behandlungsvertrag der Ehefrau mit einem Arzt); BGH, Urt. v. 23.9.1985 - II ZR 172/84, BGHZ 96,9 (17) (Einbeziehung des Scheckinhabers in den Auftragsvertrag zwischen Inkassobank und Deutscher Bundesbank).

104 Zu ihr *Berg* JuS 1977,363 (365). - Eine strukturelle Parallele zur Drittschadensliquidation kann allenfalls darin gesehen werden, daß es durch eine an die Stelle der Eigennutzung tretende Fremdnutzung zu einer Gefahrverlagerung kommen kann (dazu unten 2 b) aa) (2) (b) (S. 131 ff.)). Dogmatisch liegt in der Einbeziehung des Sachersatzinteresses jedoch auch in diesem Fall eine Erweiterung der Leistungspflicht des Versicherers.

105 So zum Vertrag mit Schutzwirkung für Dritte z.B. *Ziegltrum*, Der Vertrag mit Schutzwirkung für Dritte, S. 181.

gen ist - regelmäßig auch auf den Schutz des potentiell Haftpflichtigen vor einem Rückgriff des Versicherers.

(2) Gründe für ein Interesse des Versicherungsnehmers am Schutz des potentiell Haftpflichtigen

(a) Pflicht des Versicherungsnehmers zum Schutz des potentiell Haftpflichtigen

Auf der Hand liegt das Interesse des Versicherungsnehmers am Schutz des potentiell Haftpflichtigen (durch Deckung des Sachersatzinteresses oder Vereinbarung eines Regreßverzichts) dann, wenn ihn eine *Verpflichtung* zur Beschaffung solchen Schutzes trifft. Dies wird allerdings nur selten der Fall sein. Ist eine entsprechende Regelung nicht ausdrücklich getroffen, so läßt sie sich kaum im Wege ergänzender Auslegung in das zwischen Eigentümer und potentiell Haftpflichtigem bestehende Rechtsverhältnis hineinlesen[106]. Es ist nämlich grundsätzlich Sache jedes Einzelnen, sich um die Deckung der seinem Vermögen drohenden Risiken zu kümmern. Von daher besteht regelmäßig nicht einmal eine vertragliche Pflicht des Eigentümers, den potentiell Haftpflichtigen auch nur auf sein Haftungsrisiko (insbesondere auf die Möglichkeit einer Inanspruchnahme durch den Versicherer aufgrund von § 67 Abs. 1 VVG) hinzuweisen. Erst recht ist der Eigentümer grundsätzlich nicht verpflichtet, in den von ihm abgeschlossenen Versicherungsverträgen für einen Schutz des potentiell Haftpflichtigen, sei es durch den Einschluß des fremden Sachersatzinteresses, sei es durch die Vereinbarung eines Regreßverzichts, zu sorgen.

(b) Drohende Beeinträchtigung der Beziehungen zum potentiell Haftpflichtigen

Ist der Eigentümer somit regelmäßig nicht verpflichtet, bei Abschluß des Versicherungsvertrages für den Schutz potentiell Haftpflichtiger zu sorgen, so bedeutet dies indessen keineswegs, daß er damit kein Interesse an deren Schutz hätte und aus diesem Grunde die Deckung des Sachersatzinteresses

---

106 Zu Fällen, in denen die Rechtsprechung eine Versicherungspflicht unter dem Gesichtspunkt Obhuts- oder Fürsorgepflichten erwogen hat, s. z.B. BGH, Urt. v. 4.6.1980 - IV b ZR 514/80, VersR 1980,815 (Amtsvormund bzgl. Mündel); Urt. v. 8.1.1986 - VIII ZR 8/85, VersR 1986,492 (Kfz-Händler bzgl. Probefahrer); weitere Entscheidungen bei *J. Prölss*, in: Prölss/Martin, Vorbem. IV 3.

bzw. ein Regreßverzicht nicht in Betracht käme[107]. Im Gegenteil hat der Eigentümer als Versicherungsnehmer ganz unabhängig vom Bestehen einer entsprechenden vertraglichen Verpflichtung gegenüber dem potentiell Haftpflichtigen sogar häufig ein Interesse an dessen Schutz. Der Grund hierfür ist darin zu sehen, daß der Eigentümer typischerweise vor Eintritt des Versicherungsfalles bereits in Rechtsbeziehungen zum potentiell Haftpflichtigen steht, aufgrund derer jener die Herrschaft über die Sache hat[108]. Dies gilt nicht nur für den praktisch ganz im Vordergrund stehenden Bereich der Gebrauchsüberlassungsverträge, sondern etwa auch für die Kommission oder für das Rechtsverhältnis zwischen einer Kapitalgesellschaft und ihren Gesellschaftern bzw. Organwaltern[109]. Derartige Rechtsbeziehungen - insbesondere Dauerschuldverhältnisse - könnten empfindlich gestört werden, wenn der potentiell Haftpflichtige nicht vor einer Inanspruchnahme durch den Versicherer geschützt würde[110]. Der Eigentümer ist als Versicherungsnehmer aufgrund seiner vertraglichen Treuepflicht gehalten, den Versicherer u.a. bei der Ermittlung der Schadensursache zu unterstützen (vgl. § 34 VVG). Dies ist oft in AVB näher geregelt, etwa in § 13 Nr. 1 e) AFB 87 oder in § 7 AGlB. Dadurch soll nicht nur dem Versicherer die Prüfung seiner Eintrittspflicht erleichtert, sondern auch sein Regreß gegen Haftpflichtige gesichert werden[111]. Der Eigentümer ist damit gezwungen, im Interessenkonflikt zwischen Versicherer und Schädiger gegen letzteren Position zu beziehen. Zusätzlich könnten die geschäftlichen und persönlichen Beziehungen auch durch eine Auseinandersetzung darüber, ob der Vertragspartner des Versicherungsnehmers für den Sachschaden haftet, beeinträchtigt werden[112]. Ein drohender Regreß kann

---

[107] So aber - für die vom Vermieter genommene Leitungswasser-Versicherung LG Hamburg (Urt. v. 16.6.1981 - 16 S 65/81, VersR 1982,748 (749); dagegen *Martin*, Sachversicherungsrecht, J II 18.

[108] Zur näheren Festlegung des Kreises der geschützten potentiell Haftpflichtigen s.u. e) (S. 144 ff.).

[109] Dazu s.u. V 2 a) (S. 167 ff.).

[110] *J. Prölss*, in: Prölss/Martin, § 80 VVG Anm. 1 B b; *ders.* VersR 1977,695 (696); *Schnepp*, Sachversicherung bei Mobilienleasing, S. 138; ferner *Martin* (Sachversicherungsrecht, J II 3; *ders.* VersR 1975,101 (102)) unter Hinweis darauf, daß eine derartige Belastung demgegenüber bei Garantieverträgen hinzunehmen sei, da die Einstandspflicht gerade Hauptleistung des Garanten sei.

[111] So für § 7 AGlB *Kollhosser*, in: Prölss/Martin, § 7 AGlB Anm. 2; anders für § 13 Nr. 1 e) AFB 87 *ders.*, § 13 AFB 87 Anm. 1 i.V. mit § 13 AERB Anm. 1: Zweck sei nur eine Erleichterung der Beweisführung und damit zugleich eine Begrenzung des Umfangs der dem Versicherungsnehmer zugutekommenden Beweiserleichterungen.

[112] *Martin*, Sachversicherungsrecht, J II 3; *ders.* VW 1971,214 (214 f.). - Auch *Ollick* (VerBAV 1972,110 (115 Fußn. 47)) nennt die Vermeidung von Streitigkeiten über die Schadenstragung als

damit die bereits bestehenden Rechtsbeziehungen zwischen Eigentümer und potentiell Haftpflichtigem empfindlich belasten. Ist demgegenüber der Rückgriff des Versicherers gegen den Haftpflichtigen ausgeschlossen, so stellt dies für letzteren einen Vorteil dar, den der Eigentümer als solchen bereits bei der Begründung der Rechtsbeziehungen hervorheben kann.

Wird der potentiell Haftpflichtige nicht vor einem Regreß des Versicherers geschützt, so kann dies den Erwartungen des Eigentümers auch im Hinblick darauf zuwiderlaufen, daß der potentiell Haftpflichtige wirtschaftlich die Prämie zu tragen hat. Zu einer derartigen Prämienüberwälzung kommt es häufig. So darf beispielsweise der Vermieter gem. § 4 Abs. 2 MHG (nicht preisgebundener Wohnraum) bzw. §§ 18, 24, 17 II. BV (preisgebundener Wohnraum) seine Aufwendungen für eine Gebäudeversicherung anteilig auf die einzelnen Wohnungsmieter umlegen; hiervon wird in der Vertragspraxis auch Gebrauch gemacht[113]. Doch auch wenn die Versicherungsprämie nicht als Teil der Nebenkosten der Gebrauchsüberlassung ausgewiesen ist, hat der potentiell Haftpflichtige als Sachnutzer die Prämie als Kalkulationsposten eines Gesamtpreises zu tragen[114]. Finanziert er somit den Versicherungsschutz, so hegt er regelmäßig die *Erwartung, daß ihm die Versicherung auch zugutekommt* (es sei denn, er ist hierauf wegen eines Haftungsausschlusses nicht angewiesen[115]). Im Hinblick auf diese Schutzerwartung will der Eigentümer auf jeden Fall diejenigen Personen geschützt wissen, die die Versicherung der Sache (mit-)finanzieren. Wird die Schutzerwartung enttäuscht, so liegt es zudem nach Eintritt des Versicherungsfalles aus Sicht des vom Versicherer in Anspruch genommenen Sachnutzers nahe, es dem Eigentümer vorzuwerfen, daß er unzureichenden Versicherungsschutz beschafft habe. Dies ist keineswegs unvernünftig (und damit unbeachtlich); vielmehr erschiene es bedenklich, wenn z.B. der Mieter dem Vermieter die Prämien finanzieren müßte, ohne davon nach Eintritt des Versicherungsfalles irgendeinen Vorteil zu haben[116]. Es kann damit von einer *berechtigten* Schutzerwartung des

ein denkbares Motiv für die Mitversicherung fremder Interessen (dort: Einschluß der Interessen des Bestellers in die vom Werkunternehmer genommene Versicherung).

[113] § 546 BGB ist insoweit abdingbar; Palandt-*Putzo*, § 546 BGB Rdnr. 2; Beispiel bei LG Hamburg, Urt. v. 16.6.1981 - 16 S 65/81, VersR 1982,748 (749).

[114] *Schnepp*, Sachversicherung bei Mobilienleasing, S. 135.

[115] Zur Frage eines stillschweigenden Haftungsausschlusses durch Abwälzung der Versicherungsprämien s.o. Einführung II 2 (S. 21 f.).

[116] *H. Honsell* VersR 1985,301; ferner BGH, Urt. v. 29.10.1956 - II ZR 64/56, BGHZ 22,109 (113), freilich im entschiedenen Fall mit der Schlußfolgerung eines vertraglichen Haftungsausschlusses (dazu oben Einführung II 2 (S. 20 ff.)).

potentiell Haftpflichtigen gesprochen werden. Dies gilt umso mehr, als er oftmals keine wirtschaftlich vertretbare Möglichkeit hat, sich selbst gegen Haftpflichtansprüche wegen der Beschädigung, der Zerstörung oder des Verlustes der Sache zu versichern[117]. Zwar hat die berechtigte Schutzerwartung des potentiell Haftpflichtigen, der nicht Partner des Versicherungsvertrages wird, keine unmittelbare Bedeutung für die Auslegung dieses Vertrages[118]. Sie kann aber die Interessenlage des Versicherungsnehmers bestimmen und auf diese Weise mittelbar die Auslegung beeinflussen. Dem Eigentümer als Versicherungsnehmer ist nämlich regelmäßig an unbelasteten Beziehungen zu den Sachnutzern als seinen Vertragspartnern gelegen; er will deren berechtigte Erwartungen nicht enttäuschen.

(3) Interessenlage bei anderweitiger Deckung des Sachersatzinteresses

Es wurde bereits festgestellt, daß die berechtigte Schutzerwartung des potentiell Haftpflichtigen das Interesse des Versicherungsnehmers an dessen Schutz vor einem Rückgriff des Versicherers zu begründen vermag[119]. Umgekehrt könnte dies zugleich bedeuten, daß bei fehlender Schutzbedürftigkeit des potentiell Haftpflichtigen auch das Interesse des Versicherungsnehmers an jenem Schutz entfiele. Dieser Überlegung ist im folgenden nachzugehen. Der potentiell Haftpflichtige ist dann *nicht schutzbedürftig*, wenn er die Folgen eines Rückgriffs des Sachversicherers vollständig auf einen Dritten abwälzen kann, insbesondere auf einen anderen Versicherer, bei dem sein Sachersatzinteresse versichert ist[120]. Allgemein anerkannt ist das Erfordernis der

[117] Für gemietete Sachen z.B. OLG Hamm, Urt. v. 29.8.1985 - 28 U 151/84, VersR 1987,300 (301); zu diesem Aspekt bereits oben A III 2 b) bb) (S. 64 ff.).

[118] So im Ergebnis, freilich ohne Begründung, auch BGH, Urt. v. 23.1.1991 - IV ZR 284/89, NJW-RR 1991,527 (für den Fall einer ausdrücklichen Abwälzung der Versicherungskosten); *Martin*, Sachversicherungsrecht, J II 18; ÖOGH, Urt. v. 21.6.1979 - 7 Ob 33/79, VersR 1980,371; Urt. v. 11.6.1981 - 7 Ob 23/81, VersR 1982,786 (787); Entsch. v. 24.3.1983 - 7 Ob 21/83, EvBl 1983 Nr. 131 = ÖJZ 1983,471 (implizit: der Regreß des Versicherers gegen den Mieter sei nicht sittenwidrig); der Sache nach auch LG Hamburg, Urt. v. 16.6.1981 - 16 S 65/81, VersR 1982,748 (749). Diese Ansicht teilt wohl auch *H. Honsell* (VersR 1985,301 (301 f.)), der zwar zunächst abstrakt nur von der Erwartung "weiter Bevölkerungskreise" und des "Publikums" spricht, in seinen Beispielen jedoch zutreffend allein auf den *Versicherungsnehmer* als die für die Auslegung maßgebliche Person abhebt.- Im Ergebnis ebenso *Schnepp* (Sachversicherung bei Mobilienleasing, S. 135) unter Hinweis darauf, daß der Versicherer die (ausdrücklichen) Vereinbarungen zwischen Eigentümer und potentiell Haftpflichtigem über die interne Kostentragung meist nicht kenne.

[119] S.o. (2) (S. 114 ff.).

[120] Nicht hierher gehört der Fall eines vertraglichen Haftungsausschlusses, der dazu führt, daß der Dritte schon nicht mehr als potentiell Haftpflichtiger anzusehen ist und somit kein versicherbares Sachersatzinteresse hat (s.o. Einführung II 2 (S. 20 ff.)).

Schutzbedürftigkeit beim Vertrag mit Schutzwirkung für Dritte[121]. Unabhängig davon, ob man dieses Rechtsinstitut auf richterliche Rechtsfortbildung oder auf ergänzende Vertragsauslegung stützt[122], wird es als Instrument zum Schutz nur solcher Dritter angesehen, die dieses Schutzes tatsächlich bedürfen. Speziell im hier interessierenden versicherungsrechtlichen Zusammenhang könnte man für die Bedeutung der Schutzbedürftigkeit des potentiell Haftpflichtigen im Rahmen der Auslegung[123] unter Hinweis auf das oben[124] allgemein zur Interessenlage des Versicherungsnehmers Gesagte folgendes anführen: Ist der potentiell Haftpflichtige im Ergebnis in zumindest gleichem Umfang vor der Belastung seines Vermögens mit nach § 67 Abs. 1 VVG übergegangenen Ersatzansprüchen geschützt wie er dies bei einem Regreßverzicht bzw. einer Deckung seines Sachersatzinteresses in der vom Eigentümer genommenen Sachversicherung wäre, so droht konkret keine Störung der Rechtsbeziehungen zum Eigentümer. Letzterer hat in diesem Fall somit - unabhängig davon, ob der Versicherer dies erkennen konnte oder nicht - kein anerkennenswertes Interesse daran, den Schutz des potentiell Haftpflichtigen zu vereinbaren. Da allein das etwa bestehende abstrakte Motiv, für die vereinbarte Prämie zu Lasten des Vertragspartners ein Maximum an Gegenleistung zu erlangen, kein taugliches Kriterium für den Schutz des potentiell Haftpflichtigen durch die Sachversicherung sein kann, wäre der Regreßverzicht damit abzulehnen. Martin sieht dies - für die Frage nach der Deckung des Sachersatzinteresses - offenbar anders[125], eine Begründung bleibt er indessen schuldig. Sie könnte in folgender Erwägung liegen: Erachtete man die Schutzbedürftigkeit bereits als maßgeblich für die Entscheidung über das *generelle "ob"* der Vereinbarung eines Regreßverzichts bzw. des Einschlusses des Sachersatzinteresses, so wäre für die Beurteilung

---

121 BGH, Urt. v. 15.2.1978 - VIII ZR 47/77, BGHZ 70,327 (330); Ziegltrum, Der Vertrag mit Schutzwirkung für Dritte, S. 191 (die Schutzbedürftigkeit entfalle bei anderweitigem vertraglichem Anspruch); Palandt-*Heinrichs*, § 328 BGB Rdnr. 18.

122 Dazu bereits oben 1 d) (S. 111 f.).

123 *Flechtheim* (LZ 1911,675 (684)) zieht die Schutzbedürftigkeit als Auslegungskriterium heran, und zwar für die Beantwortung der verwandten Frage, ob ein vertraglicher Regreßverzicht anzunehmen ist, wenn zugleich das Haftpflichtinteresse anderweitig versichert ist.

124 S.o. (2) (b) (S. 114 ff.).

125 Sachversicherungsrecht, J II 3 f.: Schließe der Eigentümer zur Deckung seines eigenen Interesses ohnehin einen Sachversicherungsvertrag, so sei sein Wille zum Einschluß des fremden Sachersatzinteresses ohne Rücksicht darauf zu bejahen, ob dieses Interesse bereits anderweitig gedeckt ist. Ähnlich *Martin* VersR 1974,821 (825, anders aber in der Zusammenfassung auf S. 826: bereits die naheliegende Möglichkeit, daß für den potentiell Haftpflichtigen eine Haftpflichtversicherung bestehe, spreche gegen die Deckung seines Sachersatzinteresses in der Sachversicherung).

der Schutzbedürftigkeit der Zeitpunkt des Abschlusses des Versicherungsvertrages entscheidend. Fehlte in diesem Zeitpunkt die Schutzbedürftigkeit, so wäre damit von vornherein kein Regreßverzicht bzw. keine Deckung des Sachersatzinteresses anzunehmen. Diese Lösung mag zwar dogmatisch konsequent erscheinen; sie führt indessen wegen der Möglichkeit späterer Veränderungen hinsichtlich der Schutzbedürftigkeit zu unangemessenen Ergebnissen[126]: *Entfällt* die Schutzbedürftigkeit nach Abschluß des Versicherungsvertrages, so ist der potentiell Haftpflichtige für später eintretende Versicherungsfälle nicht mehr auf einen Regreßschutz angewiesen. Schwerer wiegt, daß umgekehrt eine erst nach Vertragsschluß *eintretende* Schutzbedürftigkeit (z.B. wegen Beendigung eines Haftpflichtversicherungsvertrages oder aber durch Hinzutreten eines potentiell Haftpflichtigen[127]) nicht mehr zur Annahme eines Regreßverzichts bzw. einer Deckung des Sachersatzinteresses führen könnte.

Sachgerecht erscheint angesichts dieser Ungewißheiten über die künftige Schutzbedürftigkeit folgende Lösung: Auf die Schutzbedürftigkeit des potentiell Haftpflichtigen kommt es erst beim Eintritt des Versicherungsfalles an. Fehlt sie in diesem Zeitpunkt[128], so tritt der durch die Sachversicherung bewirkte Schutz hinter die anderweitige Ersatzmöglichkeit als *subsidiär* zurück[129]. Die für die Auslegung relevante Interessenlage des Versicherungsnehmers ist somit (vorbehaltlich der Verkehrsüblichkeit einer Haftpflichtversicherung[130]) ohne Rücksicht darauf zu bestimmen, daß der potentiell Haftpflichtige bei Eintritt des Versicherungsfalles möglicherweise aufgrund anderweitiger Ersatzmöglichkeiten nicht schutzbedürftig ist.

Zwischenergebnis: Eine bei Eintritt des Versicherungsfalles fehlende Schutzbedürftigkeit spricht nicht generell gegen das Interesse des Versicherungsnehmers am Schutz des Dritten. Vielmehr tritt bei fehlender Schutzbedürftigkeit lediglich der Regreßverzicht bzw. die Deckung des Sachersatzinteresses, über deren Bestehen unabhängig von der Schutzbedürftigkeit zu befinden ist, im Einzelfall als subsidiär zurück.

---

126 Dies übersieht *Martin* VersR 1974,821 (826).

127 S.u. b) aa) (2) (b) (S. 131 ff.).

128 Zu dessen Maßgeblichkeit ÖOGH, Urt. v. 25.4.1990 - 7 Ob 14/90, VersR 1991,486 (487); *Kollhosser*, in: Prölss/Martin, § 59 VVG Anm. 6 A a.

129 S.u. C III 2 (S. 192 ff.).

130 Dazu sogleich (4).

(4) Interessenlage bei Verkehrsüblichkeit einer Haftpflichtversicherung

Im folgenden soll untersucht werden, welche Bedeutung für die Interessenlage des Versicherungsnehmers dem Umstand zukommt, daß in einzelnen Rechtsverhältnissen das Bestehen einer Haftpflichtversicherung für den potentiell Haftpflichtigen als *verkehrsüblich* anzusehen ist. Dies gilt etwa für die Betriebs-Haftpflichtversicherung eines Reparaturunternehmers, die auch das Haftpflichtrisiko bzgl. der dem Besteller gehörenden Sachen umfaßt. Die Frage ist zu unterscheiden von dem soeben[131] erörterten Problem, welchen Einfluß eine tatsächlich bestehende anderweitige Deckung auf die Interessenlage hat. Kann eine Haftpflichtversicherung im Einzelfall als bestehend vorausgesetzt werden, so muß der Versicherungsnehmer nicht damit rechnen, daß sich seine Beziehungen zum potentiell Haftpflichtigen infolge eines Rückgriffs des Sachversicherers verschlechtern. In diesem Falle kann der Eigentümer dann davon ausgehen, daß die Haftpflichtversicherung des Haftpflichtigen für die Regreßforderung aufkommt. Doch selbst dann, wenn der Eigentümer ausnahmsweise positiv weiß, daß der potentiell Haftpflichtige eine verkehrsübliche Haftpflichtversicherung nicht abgeschlossen hat, darf er die Beschaffung solchen Schutzes als Angelegenheit des potentiell Haftpflichtigen betrachten[132]. Ein Interesse am Schutz des potentiell Haftpflichtigen hat er in diesem Falle nicht; jener hegt keine berechtigte Schutzerwartung. Dies spricht im Rahmen der Auslegung entscheidend gegen den Schutz des potentiell Haftpflichtigen durch den Sachversicherungsvertrag. Im Hinblick auf das erhebliche Interesse des Versicherungsnehmers an der Vermeidung von Auseinandersetzungen mit dem potentiell Haftpflichtigen als seinem Vertragspartner sind freilich an die Verkehrsüblichkeit einer Haftpflichtversicherung strenge Anforderungen zu stellen. Die Verkehrsüblichkeit wird in erster Linie dort zu bejahen sein, wo Personen im Rahmen einer gewerblichen Tätigkeit Werk- oder Dienstleistungen erbringen[133].

---

[131] S.o. (3) (S. 117 ff.).

[132] Etwas anderes gilt nur, wenn der Eigentümer gegenüber dem potentiell Haftpflichtigen ausdrücklich oder stillschweigend eine Verpflichtung zur Beschaffung von Regreßschutz übernommen hat; dazu s.o. (2) (a) (S. 114).

[133] S. auch unten e) (S. 151).

(5) Verwirklichung des Schutzes durch Regreßverzicht oder durch Deckung des Sachersatzinteresses

Läßt sich nach den obigen Ausführungen ein Interesse des Eigentümers als Versicherungsnehmer am Schutz des potentiell Haftpflichtigen vor einem Rückgriff des Versicherers bejahen, so ist nunmehr zu klären, auf welche Weise dieser Schutz aus Sicht eines verständigen, durchschnittlichen Versicherungsnehmers zu verwirklichen ist[134]. In Betracht kommt zum einen ein vertraglicher Regreßverzicht. Dieser könnte - nach dem Vorbild des § 15 Nr. 2 AKB - zum Inhalt haben, daß die nach § 67 VVG auf den Sachversicherer übergegangenen Ersatzansprüche des Versicherungsnehmers gegen Mieter und sonstige Nutzungsberechtigte nur geltend gemacht werden können, wenn sie den Versicherungsfall vorsätzlich oder grob fahrlässig herbeigeführt haben[135]. Zum anderen könnte dem Interesse des Versicherungsnehmers auch durch die Deckung des Sachersatzinteresses des potentiell Haftpflichtigen Rechnung getragen werden[136]. Ein Vorrang der Deckung des Sachersatzinteresses läßt sich allerdings entgegen Schnepp[137] nicht damit begründen, daß die Versicherung dieses Interesses im Unterschied zu einem Regreßverzicht[138] "systemimmanent" und damit sachgerechter sei. Nach Ansicht von Schnepp müßte man, wenn man von einem Regreßverzicht ausgeht, § 67 VVG dahin erweitern, daß über die Interessenträger und deren Angehörige hinaus weitere Personen vor einem Regreß geschützt seien. Diese Argumentation verkennt, daß es hier nicht um eine erweiternde Anwendung des Gesetzes geht, sondern allein um die Auslegung des Versicherungsvertrages. Anerkennt man grundsätzlich die Zulässigkeit eines vertraglichen Regreßver-

---

[134] Eine Auseinandersetzung mit dieser Frage fehlt bei *Schwarting*, Die Schadenstragung als Quasi-Versicherer, S. 17 f. (dies kritisiert auch *Lange* WM 1987,999 (1000)).

[135] Die Einführung einer derartigen Klausel in die Sachversicherungs-AVB erwägt *E. Lorenz* VersR 1992,399 (402). - Zur Beschränkung des Regreßverzichts auf leichte Fahrlässigkeit s. bereits A II 1 a) cc) (2) (S. 36 f.) und B II 3 (S. 101). Zur näheren Abgrenzung des geschützten Personenkreises s.u. e) (S. 144 ff.).

[136] Diese Auslegungsmöglichkeit würde auch durch einen ausdrücklich vereinbarten Regreßverzicht nicht versperrt, s.o. II 4 (S. 101 f.).

[137] Sachversicherung bei Mobilienleasing, S. 130 f.

[138] Hierunter versteht *Schnepp* - terminologisch ungenau - offenbar über den versicherungsvertraglichen Regreßverzicht hinaus auch den (konkludenten) Haftungsausschluß zwischen Eigentümer und potentiell Haftpflichtigem (Sachversicherung bei Mobilienleasing, S. 128 f.).

zichts[139] - die auch Schnepp nicht bestreitet - , so wäre auch jener Lösungsweg "systemimmanent"[140].

Bei der Auslegung gilt es für die Entscheidung zwischen beiden Gestaltungsmöglichkeiten zu beachten, daß sich die Deckung des Sachersatzinteresses in ihren Auswirkungen nicht auf den Regreßausschluß beschränkt[141]. Vielmehr entsteht, wie noch im einzelnen darzulegen sein wird[142], bei Deckung des Sachersatzinteresses - anders als beim reinen Regreßverzicht - zwischen dem Eigentümer als Versicherungsnehmer und dem potentiell Haftpflichtigen als Versichertem ein Treuhandverhältnis. Dieses gebietet es dem Versicherungsnehmer, vorrangig den Versicherer in Anspruch zu nehmen. Damit ist der potentiell Haftpflichtige nicht nur vor einem Regreß des Versicherers, sondern zugleich auch vor einer Inanspruchnahme durch den Versicherungsnehmer geschützt. Auf der anderen Seite treffen den potentiell Haftpflichtigen als Versicherten auch eigene Obliegenheiten[143]. Betrachtet man diese Unterschiede zum Regreßverzicht, so ergibt sich, daß dem Interesse des Versicherungsnehmers durch einen Regreßverzicht in vollem Umfang Rechnung getragen wird[144]. Die darüber hinausgehende Deckung des Sachersatzinteresses würde im Ergebnis dazu führen, daß der Versicherungsnehmer sich der Zugriffsmöglichkeit auf den Ersatzanspruch gleichsam selbst berauben würde. Zwar liegt es im Interesse des potentiell Haftpflichtigen, auch vor einer Inanspruchnahme durch den Eigentümer geschützt zu werden. Diesen Schutz hat der Eigentümer als Versicherungsnehmer indessen selbst in der Hand; er entscheidet darüber, von wem er den Ersatz des Schadens begehrt. Ist ihm an ungetrübten Beziehungen zum Versicherten gelegen, so nimmt er statt diesem ausschließlich den Versicherer in Anspruch. Es läge ihm demgegenüber fern, dem potentiell Haftpflichtigen dadurch Schutz zu gewähren, daß er sich selbst durch die versicherungsvertragliche Gestaltung

---

139 S. die Nachweise oben S. 24 Fußn. 36.

140 Daß insbesondere § 67 Abs. 2 VVG der Annahme eines weiteren potentiell Haftpflichtigen zugutekommenden stillschweigenden Regreßverzichts nicht generell entgegensteht, wurde bereits oben (A II 1 a) cc) (2) (S. 36 f.)) dargelegt. Zur Frage, ob weitere dem Versicherungsnehmer nahestehende Personen einbezogen sein können, s.u. e) (S. 144 ff.).

141 S. bereits oben II 3 (S. 97 ff.).

142 C IV 1 (S. 200 ff.).

143 S.o. II 3 (S. 100). Demgegenüber treffen ihn in der von ihm selbst genommenen Versicherung keine über die aus der Stellung als Versicherungsnehmer erwachsenden hinausgehenden Obliegenheiten, dazu s.u. 3 b) aa) (2) (S. 155).

144 So zutreffend - allerdings auf die Bedürfnisse des potentiell Haftpflichtigen abhebend - *Martin*, Sachversicherungsrecht, 1. Aufl., J II 12 (inzwischen gegenteilig: 3. Aufl., J II 28).

(Fremdversicherung) der Zugriffsmöglichkeit begibt. Diese Erwägungen vernachlässigt Martin[145], wenn er den Einschluß des Sachersatzinteresses darauf stützt, ein Regreßverzicht genüge dem Bedürfnis des potentiell Haftpflichtigen nach Schutz vor einer Inanspruchnahme durch den Eigentümer nicht. Nach alledem ist im Ergebnis Schirmer[146] zuzustimmen, soweit er meint, bei der vom Eigentümer genommenen Versicherung gehe es nicht um den Einschluß des Sachersatzinteresses, sondern um einen Regreßverzicht. Die Begründung hierfür ergibt sich allerdings entgegen Schirmer nicht bereits daraus, daß das Sachersatzinteresse in der Sachversicherung nicht versicherbar sei. Vielmehr bedarf es einer Vertragsauslegung, die auch den Unterschieden zwischen Regreßverzicht und Deckung des Sachersatzinteresses Rechnung zu tragen hat. Ein auch praktisch bedeutsamer Unterschied zur Ansicht von Schirmer zeigt sich darin, daß jener den Parteien einen über den Regreßverzicht hinausreichenden Schutz auch dann versagt, wenn sie ihn ausdrücklich vereinbaren. Nach der hier vertretenen Ansicht ist demgegenüber der Einschluß des Sachersatzinteresses in die vom Eigentümer genommene Versicherung rechtlich zulässig; nur ergibt er sich nicht bereits aus der Interessenlage des Eigentümers als des Versicherungsnehmers. Möchte der Eigentümer dem potentiell Haftpflichtigen im Einzelfall durch Deckung des Sachersatzinteresses einen besonders nachhaltigen Schutz verschaffen - worauf er dann ggf. zu Werbezwecken hinweisen könnte -, so bedarf es dazu einer ausdrücklichen Bekundung gegenüber dem Versicherer[147].

Was den Umfang des Regreßverzichts anbelangt, so beschränkt sich bereits die Erwartung des Eigentümers darauf, daß der potentiell Haftpflichtige nur bei *leichter* Fahrlässigkeit geschützt wird. Weder der Eigentümer noch der dessen Erwartung beeinflussende potentiell Haftpflichtige geht nämlich davon aus, daß der dem letzteren durch die Versicherung verschaffte Regreßschutz über denjenigen Schutz noch hinausgeht, den der Eigentümer durch die Deckung seines Sachersatzinteresses erlangt. Gegenüber letzterem ist der Versicherer gem. § 61 VVG aber bereits bei grobfahrlässiger Herbeiführung des Versicherungsfalles leistungsfrei. *Im Ergebnis* ist die Erwartung des Versicherungsnehmers daher auf einen Schutz des potentiell Haftpflichtigen durch einen Regreßausschluß hinsichtlich leichter Fahrlässigkeit gerichtet.

---

145 Sachversicherungsrecht, J II 28 (für Werkunternehmer als potentiell Haftpflichtige).

146 ZVersWiss 1981,637 (687).

147 Zur Auslegung in diesem Fall sind die Ausführungen zur Deckung des Sachersatzinteresses durch den potentiell Haftpflichtigen (s.u. 3 (S. 151 ff.)) sinngemäß heranziehbar.

Die genannten Gründe sprechen im übrigen zugleich auch dafür, einem Regreßverzicht bzgl. leichter Fahrlässigkeit - jedenfalls in der vom Eigentümer genommenen Versicherung - entsprechend einem Vorschlag von E. Lorenz[148] bei einer künftigen ausdrücklichen Regelung in AVB gegenüber einem Einschluß des Sachersatzinteresses den Vorzug zu geben.

Aus dem soeben Gesagten ergeben sich zugleich Folgerungen für die Beurteilung der Interessenlage in dem Fall, daß im Sachversicherungsvertrag *ausdrücklich* ein Regreßverzicht zugunsten des potentiell Haftpflichtigen vereinbart ist. Zwar entfaltet ein solcher Regreßverzicht keine "Sperrwirkung" in dem Sinne, daß die Deckung des Sachersatzinteresses von vornherein ausscheiden würde[149]. Indessen wird - wie aufgezeigt - die Interessenlage des Versicherungsnehmers wesentlich von der berechtigten Erwartung des potentiell Haftpflichtigen bestimmt, vor einer Inanspruchnahme *durch den Versicherer* geschützt zu sein. Dieser Erwartung aber wird durch den Regreßverzicht in vollem Umfang Rechnung getragen. Ist ausdrücklich ein Regreßverzicht vereinbart, so hat es damit folglich sein Bewenden.

bb) Erkennbarkeit der Interessenlage

Wie bereits dargelegt[150], ist das soeben ermittelte, auf den Schutz des potentiell Haftpflichtigen gerichtete Interesse des Versicherungsnehmers im Rahmen der Auslegung nur bedeutsam, sofern es dem Versicherer *erkennbar* ist. Dabei ist insbesondere zu klären, ob eine konkrete Erkennbarkeit erforderlich ist oder ob es genügt, wenn der Versicherer abstrakt von einem entsprechenden Schutzinteresse des Versicherungsnehmers ausgehen muß. Insoweit gilt es zu differenzieren:

Beruht das Interesse des Versicherungsnehmers allein auf einer im Einzelfall bestehenden ausdrücklichen *Verpflichtung* des Eigentümers dazu, den potentiell Haftpflichtigen vor einem Rückgriff des Versicherers zu schützen, so kann dies nur dann im Rahmen der Auslegung des Versicherungsvertrages bedeutsam werden, wenn die Verpflichtung des Versicherungsnehmers dem Versicherer im Einzelfall *konkret* erkennbar war. Da es sich, wie oben dar-

---

148 VersR 1992,399 (402).

149 S.o. II 4 (S. 101).

150 S.o. 1 c) (S. 110) mit Nachweisen in Fußn. 90.

gelegt, um Ausnahmefälle handelt[151], darf dem Versicherer das Unterlassen von Nachforschungen dann nicht angelastet werden, wenn keinerlei Anhaltspunkte auf das Bestehen einer Verpflichtung zur Vereinbarung eines Regreßverzichts hindeuten.

Der Regreßverzicht liegt indessen, wie bereits dargelegt wurde[152], auch *unabhängig von einer darauf gerichteten vertraglichen Pflicht* regelmäßig im Interesse des Versicherungsnehmers, der Rechtsbeziehungen zu einem potentiell Haftpflichtigen unterhält. Zwar ist dieses Interesse dem Versicherer konkret nur dann erkennbar, wenn er von jenen Rechtsbeziehungen im Einzelfall weiß, insbesondere wenn der Versicherungsnehmer die Fremdnutzung ausdrücklich in den Versicherungsantrag aufnehmen läßt[153] oder sogar der potentiell Haftpflichtige als Sachnutzer im Vertrag namentlich erwähnt wird[154]. Indessen muß ein Versicherer stets damit rechnen, daß der Eigentümer Dritten die Möglichkeit zur tatsächlichen Einwirkung auf die Sache einräumt. Insoweit läßt sich auch hinsichtlich des Regreßverzichts - als einem "minus" zur Deckung des Sachersatzinteresses - eine Parallele zum Vertrag mit Schutzwirkung für Dritte bilden: Dort hat der BGH[155] bereits die *abstrakte* Erkennbarkeit genügen lassen. So müsse der Vermieter von Geschäftsräumen stets damit rechnen, daß die vom Mieter eingebrachten Sachen einem Dritten gehörten. Es ist nicht ersichtlich, wieso für den Regreßverzicht ein strengerer Maßstab an die Erkennbarkeit anzulegen sein sollte. Schon die abstrakte Erkennbarkeit der für die Vereinbarung eines Regreßverzichts sprechenden Interessenlage des Versicherungsnehmers genügt damit auch im hier interessierenden Zusammenhang.

Die vorstehenden Ausführungen zur abstrakten Erkennbarkeit haben zugleich gezeigt, daß es nicht darauf ankommen kann, ob das Schutzinteresse des Versicherungsnehmers bereits im Zeitpunkt des Vertragsschlusses auf einen *bestimmten* potentiell Haftpflichtigen (z.B. einen Mieter) konkretisiert war. Ganz allgemein ist die zeitliche Reihenfolge des Entstehens der Rechts-

---

151 S.o. aa) (2) (a) (S. 114).

152 S.o. aa) (2) (b) (S. 114 ff.).

153 Diesen Umstand betont - als für den Einschluß des Sachersatzinteresse sprechendes Kriterium - das OLG Hamm, Urt. v. 29.8.1985 - 28 U 151/84, VersR 1987,300 (301).

154 Hierin sieht das OLG Hamm (Urt. v. 23.7.1991 - 9 U 287/86, VersR 1991,1406 = NJW-RR 1992,163) ein Anzeichen für die Einbeziehung des potentiell Haftpflichtigen in den Versicherungsschutz.

155 Urt. v. 22.1.1968 - VIII ZR 195/65, BGHZ 49,350 (354 f.); bestätigt durch Urt. v. 7.11.1984 - VIII ZR 182/83, NJW 1985,489.

verhältnisse - Versicherungsvertrag einerseits, das das Interesse des Versicherungsnehmers am Einschluß des fremden Sachersatzinteresses begründende Rechtsverhältnis (z.B. Mietvertrag) andererseits - ohne Bedeutung[156].

b) Berücksichtigung der erkennbaren Interessenlage des Versicherers

aa) Bestimmung der Interessenlage des Versicherers

(1) Allgemeines Interesse des Versicherers an der Regreßmöglichkeit

Der Versicherer hat ganz allgemein grundsätzlich ein Interesse daran, daß die von ihm zu erbringende Leistung bei gleichbleibender Prämie möglichst nicht durch den Ausschluß der Rückgriffsmöglichkeit gegen potentiell Haftpflichtige modifiziert wird[157]. Eine Regreßverzichtsvereinbarung würde den Versicherer belasten, ohne daß dieser Belastung (bei unveränderter Prämienhöhe) irgendein Vorteil gegenüberstünde.

In gewissem Umfang wird dem Interesse des Versicherers an der Regreßmöglichkeit bereits dadurch Rechnung getragen, daß der Regreßverzicht nur subsidiär eingreift[158], und daß - wie noch zu zeigen sein wird[159] - nur Personen mit eigentümerähnlichen Befugnissen in den Versicherungsschutz einbezogen werden, nicht aber beliebige Dritte, die nur rein tatsächlich eine Einwirkungsmöglichkeit auf die Sache haben.

Man könnte nun - über diese Einschränkungen hinausgehend - das grundsätzliche Interesse des Versicherers an der Erhaltung der Regreßmöglichkeit für den Fall in Abrede stellen, daß der Versicherer die eventuell zu erwartenden Regreßerlöse bei der Prämienkalkulation unberücksichtigt läßt[160]. Offenbar wird das Regreßaufkommen tatsächlich regelmäßig nicht in diese

---

[156] *Martin* VersR 1975,101.

[157] In dieser Richtung auch *H. Honsell* VersR 1985,301 (304). Vgl. ferner (allgemein gegen einen - den Ertrag des Versicherers schmälernden - Regreßverzicht) *R. Schmidt* NJW 1956,1055 (1057).

[158] S.u. C III 2 (S. 192 ff.).

[159] S.u. e) (S. 144 ff.).

[160] So - jedenfalls im Ergebnis - *Kollhosser*, vor § 51 VVG Anm. 7) A b) aa); *H. Honsell* VersR 1985,301 (303); *Martin*, Sachversicherungsrecht, J III 2,4; ähnlich *ders.* VersR 1974,821 (825): Für den konkludenten Einschluß des Sachersatzinteresses spreche es, wenn der Versicherer einen *ausdrücklichen* Einschluß ohne Prämienzuschlag vereinbart hätte.

Kalkulation einbezogen[161]. Gegen die Annahme, daß das Interesse des Versicherers dann einem Regreßverzicht nicht entgegenstehe[162], läßt sich allerdings einwenden, daß Regreßerlöse das Schadensaufkommen des Versicherers mindern und daher künftig zu einer Prämienreduzierung führen können, so daß die Eröffnung des Regresses den Versicherer von daher nicht ungerechtfertigt begünstigt[163]. Aber selbst dann, wenn der Versicherer die nicht im Voraus einkalkulierten Regreßerlöse nicht zur Ermäßigung der Prämie verwendet, sondern schlicht als außerordentliche Erträge vereinnahmt, läßt sich hieraus nichts für ein mangelndes Interesse des Versicherers an der Erhaltung der Regreßmöglichkeit herleiten. Gerade wenn die Erlöse den Ertrag des Versicherers mehren, ist dieses Interesse besonders deutlich. Es ist nicht etwa allein deshalb weniger schutzwürdig, weil es dem Versicherungsnehmer nicht vor Vertragsschluß offengelegt wurde[164]. So wird auch der von vornherein einkalkulierte Gewinnanteil der vereinbarten Versicherungsprämie dem Versicherungsnehmer regelmäßig nicht mitgeteilt, ohne daß sich hieraus Folgerungen für den Umfang der versicherten Interessen ergäben. Auch aus der gegenteiligen Sachlage, daß der Versicherer die Regreßerlöse von Anfang an in seine Prämienkalkulation einbezieht, lassen sich insoweit keinerlei Schlüsse ziehen. Nicht die Kalkulation bestimmt die Reichweite des Versicherungsschutzes, sondern umgekehrt hat sich die Prämienberechnung am übernommenen Risiko zu orientieren[165]. Das Interesse des Versicherers daran, Regreßerlöse zu erzielen, besteht unabhängig davon, ob er ihm für den Fall des Regreßausschlusses durch seine Prämienkalkulation Rechnung trägt

---

161 *H. Honsell* VersR 1985,301 (303); *Martin*, Sachversicherungsrecht, J III 2, J II 11, vgl. auch J II 6 (Prämie bei Eigen- und Fremdnutzung identisch; s. aber auch J II 22); *Ebel* VersR 1978,1083 (1085); *Gärtner*, Das Bereicherungsverbot, S. 165-170; *Schnepp*, Sachversicherung und Moblienleasing, S. 139 Fußn. 127; *Obermayer* VW 1954,433 (434); *Wilms* VP 1961,121; *Luttmer*, Die Neuwertversicherung von Wohn-, Geschäfts- und landwirtschaftlichen Gebäuden, S. 53-57; OLG Hamm, Urt. v. 29.8.1985 - 28 U 151/84, VersR 1987,300 (301) und Urt. v. 23.7.1991 - 9 U 287/86, VersR 1991,1406 = NJW-RR 1992,163. - Abweichend - ohne nähere Begründung - *Haidinger*, Anm. zu BGH, Urt. v. 30.4.1959 - II ZR 126/57 (BGHZ 30,40), LM § 67 VVG Nr. 13 (unter 1.); RG, Urt. v. 18.12.1937 - V 147/37, DÖRV 1938,129 (130); *Bechert* VW 1954,510; ferner *Heyen*, Der Regreß der Feuerversicherer, S. 26 f., unter Hinweis darauf, die Einbeziehung werde allerdings aus steuerrechtlichen Gründen nicht deutlich. - Diesen Punkt übergeht *Mahlberg* NJW 1966,2154 (2156).

162 S. die Nachw. S. 126 Fußn. 160.

163 *J. Prölss*, in: Prölss/Martin, § 80 VVG Anm. 1 B b.

164 Zweifelnd offenbar *Schnepp*, Sachversicherung bei Mobilienleasing, S. 138.

165 In dieser Richtung auch *Wandt* (NZV 1992,89 (95)): der Versicherer habe es in der Hand, eine erweiterte Deckung von einer zusätzlichen Prämie abhängig zu machen. Diesen Gesichtspunkt vernachlässigt der BGH (Urt. v. 11.7.1960 - II ZR 254/58, BGHZ 33,97 (103)) in seiner Argumentation zum Regreß gegen den Versicherungsnehmer in der Personen-Kautionsversicherung.

oder nicht[166]. All dies spricht dagegen, der internen Prämienkalkulation des Versicherers irgendein Gewicht für die Bestimmung seiner Interessenlage - und damit für die Auslegung des Versicherungsvertrages - beizumessen. Man könnte noch erwägen, dieses Ergebnis zusätzlich auf die in der Literatur[167] aufgestellte Behauptung zu stützen, auf die künftigen Regreßerlöse habe der Versicherer überhaupt kein ihm aus dem Versicherungsvertrag erwachsendes Anrecht; die Gegenleistung für den Versicherungsschutz erschöpfe sich vielmehr im Prämienanspruch. Hiergegen läßt sich freilich einwenden, daß der Anspruchsübergang nach § 67 VVG nicht als reiner Reflex des versicherungsrechtlichen Bereicherungsverbotes angesehen werden kann, sondern vielmehr die Leistung des Versicherers genauer kennzeichnet[168]. Diese Frage bedarf hier keiner Vertiefung.

Das soeben gekennzeichnete, ganz allgemeine Interesse des Versicherers am Bestehen von Regreßmöglichkeiten hat allerdings für sich genommen im Rahmen der Auslegung nur geringe Aussagekraft. Die generelle Feststellung, daß jeder Vertragsteil durch den Vertrag seine Interessen im weitestgehenden Umfang gewahrt wissen möchte, verdeutlicht vielmehr die Notwendigkeit, präzisere Entscheidungskriterien zu finden. Für die Beantwortung der Frage, ob der Versicherungsnehmer angesichts der erkennbar entgegenstehenden Interessenlage des Versicherers dennoch von einem Einschluß des Sachersatzinteresses ausgehen darf, ist somit genauer zu ermitteln, inwiefern *konkrete, schutzwürdige Interessen des Versicherers* diesem Einschluß entgegenstehen können.

Als entscheidendes Kriterium für die Bestimmung der für die Auslegung beachtlichen Interessenlage des Versicherers (und oft sogar als maßgeblich für das Auslegungsergebnis) wird in Literatur[169] und Rechtsprechung[170] häufig

---

166 Bedeutung könnte die Einbeziehung der Regreßerlöse in die Kalkulation nur dann erlangen, wenn sie sich in einem differenzierenden Prämientarif niederschlägt; hierauf ist noch (unter bb) (S. 142 f.)) einzugehen.

167 *Fuchs* (BB 1992,1217 (1220)) in seiner Argumentation für die Deckung des Sachersatzinteresses bei unverändertem Risiko.

168 Streitig; wie hier *J. Prölss*, in: Prölss/Martin, § 67 VVG Anm. 1 A; *H. Honsell* VersR 1985,301 (303); *Ebel* VersR 1978,1083 (1086). A.A. BGH, Urt. v. 17.3.1954 - VI ZR 162/52, BGHZ 13,28 (32); *Möller*, in: Bruck/Möller, § 1 VVG Anm. 24; *Sieg*, in: Bruck/Möller/Sieg, § 55 Anm. 6; *ders.*, in: Bruck/Möller/Sieg, § 67 VVG Anm. 17.

169 *Kollhosser*, in: Prölss/Martin, vor § 51 VVG Anm. 7 A b aa; *J. Prölss*, in: Prölss/Martin, § 80 VVG Anm. 1 B b; *ders.* VersR 1977,695 (696); *H. Honsell* VersR 1985,301 (304) ("maßgebliches Kriterium"); *Martin* VersR 1975,101 (102); *ders.* VersR 1974,821 (824); *ders.*, Sachversicherungsrecht, J II 6, 11 f.; *Fuchs* BB 1992,1217 (1220); *Schnepp*, Sachversicherung bei

der Gesichtspunkt der *Risikoerhöhung* angeführt. Die Bedeutung dieses Kriteriums kann nicht von vornherein mit dem Argument negiert werden, es müßten dann schwierige Überlegungen angestellt werden, um im Einzelfall die Frage der Risikoerhöhung zu klären[171]. Dieses Argument überzeugt bereits deshalb nicht, weil eine entsprechende Klärung auch bei der Prüfung einer Gefahrerhöhung im Sinne der §§ 23 ff. VVG erforderlich ist. Im folgenden soll auf den Aspekt der Risikoerhöhung näher eingegangen werden.

(2) Erhöhung des Leistungsrisikos des Versicherers

(a) Vergleichsmaßstab für die Bestimmung einer Risikoerhöhung

Betrachtet man die Stellungnahmen zum Kriterium der Risikoerhöhung, so fällt zunächst auf, daß dieser Begriff in unterschiedlichem Sinne verstanden wird, da verschiedene Vergleichsmaßstäbe herangezogen werden. Dabei macht es für die Frage nach der für die Auslegung bedeutsamen Risikoerhöhung keinen Unterschied, ob - wie in der Literatur - die Deckung des Sacherersatzinteresses in Rede steht oder - wie nach der hier vertretenen Ansicht - die stillschweigende Vereinbarung eines Regreßverzichts.

Meist wird von dem Fall ausgegangen, daß anstelle einer (grundsätzlich möglichen) Eigennutzung die Sache einem Dritten (im folgenden: Fremdnutzer) überlassen wird. Vergleichsmaßstab ist dabei die Lage bei Eigen- und bei Fremdnutzung[172]. Eine Risikoerhöhung soll dann vorliegen, wenn die dem Fremdnutzer eingeräumte Einwirkungsmöglichkeit zu einer Erhöhung des Schadensrisikos - d.h. der Wahrscheinlichkeit des Eintritts der versicherten Gefahr - führt *("Gefahrerhöhung")*.

Mobilienleasing, S. 138 f.; ferner *von Hippel* NJW 1966,1012 (1013); *ders.* NJW 1967,814 (815) (für einen Regreßausschluß zugunsten des berechtigten Fahrers in der Kfz-Kaskoversicherung, insoweit überholt durch die Einführung von § 15 Nr. 2 AKB).

170 BGH, Urt. v. 7.3.1990 - IV ZR 342/88, VersR 1990,625 (626) = NJW-RR 1990,1175 (1176); ÖOGH, Beschl. v. 17.2.1993 - 7 Ob 1/93, VersR 1993,1301 (1302 f.); OLG Hamm, Urt. v. 29.8.1985 - 28 U 151/84, VersR 1987,300 (301) und Urt. v. 23.7.1991 - 9 U 287/86, VersR 1991,1406 = NJW-RR 1992,163; OLG Hamburg, Urt. v. 22.6.1978 - 6 U 6/78, VersR 1978,1138 (1139) (bzgl. Interesse des Käufers vor Eigentumserwerb); LG Lüneburg, Urt. v. 21.5.1975 - 3 S 37/75, VersR 1976,330 (bzgl. Sacherhaltungsinteresse bei Vermietung).

171 So aber *E. Lorenz* VersR 1992,399 (401).

172 S. die Nachweise S. 128 Fußn. 169 mit Ausnahme von *J. Prölss*, in: Prölss/Martin, § 80 VVG Anm. 1 B b.

Ein anderer Ansatz bezieht von vornherein die Fälle mit ein, in denen eine Eigennutzung aufgrund der Eigenart der Sache gar nicht in Betracht kommt (z.B. Mehrfamilienhaus). Hiernach ist unter Risikoerhöhung jede Erhöhung des Risikos zu verstehen, daß der Versicherer ohne Regreßmöglichkeit leisten muß[173] *("Erhöhung des Leistungsrisikos")*. Vergleichsmaßstab ist dabei die Lage mit und ohne den Schutz des potentiell Haftpflichtigen.

Für die folgenden Überlegungen zur Kennzeichnung der schutzwürdigen Interessen des Versicherers kann weder die eine noch die andere Definition der Risikoerhöhung ohne weiteres übernommen werden. Stellt man allein auf die *Gefahrerhöhung* im Vergleich zur Eigennutzung ab, so erscheint dies als zu eng: Dieser Vergleich paßt nicht auf die Fälle, in denen eine Eigennutzung von vornherein praktisch ausscheidet (z.B. Mehrfamilienhaus). Die Formel von der *Erhöhung des Leistungsrisikos* ist hingegen zu weit gefaßt: Nach ihr läge auch dann eine für die Kennzeichnung der Interessenlage des Versicherers beachtliche Risikoerhöhung vor, wenn ohne Gefahrerhöhung i.S. der §§ 23 ff. VVG an die Stelle der Eigen- eine Fremdnutzung tritt. Ist nämlich Vergleichsmaßstab allein die Lage mit und ohne Regreßverzicht, so erhöht sich das Leistungsrisiko durch den Regreßverzicht *stets*, da dann der Versicherer die Regreßmöglichkeit gegen den Fremdnutzer verliert. Dieses Ergebnis ist indessen für die Bestimmung der *berechtigten* Interessen des Versicherers nicht aussagekräftig: Auch im Falle der Eigennutzung hätte der Versicherer schließlich keine Regreßmöglichkeit. Die Eröffnung des Regresses durch die Fremdnutzung würde für den Versicherer einen unverdienten Vorteil darstellen. Ein hierauf gerichtetes Interesse wäre jedenfalls nicht schutzwürdig und damit im Rahmen der Auslegung unbeachtlich. Die Formel, wonach es auf die durch den Regreßverzicht (bzw.: durch den Einschluß des Sachersatzinteresses) eintretende Erhöhung des Risikos ankommt, daß der Versicherer ohne Regreßmöglichkeit leisten muß, bedarf somit der Korrektur[174]: Schutzwürdige Interessen des Versicherers werden durch einen Regreßschutz des potentiell Haftpflichtigen im Vergleich zu der ohne diesen Schutz bestehenden Lage nur dann berührt, wenn entweder durch die an die Stelle einer Eigennutzung tretende Fremdnutzung sich die Gefahr erhöht oder wenn von vornherein nur eine Fremdnutzung in Betracht kommt, so daß die Belastung des Versicherers ausschließlich im Wegfall des Regresses liegt. Von einer infolge des Regreßverzichts eintretenden *"Erhöhung des Lei-*

---

[173] *J. Prölss*, in: Prölss/Martin, § 80 VVG Anm. 1 B b.

[174] So jedenfalls im Erg. auch *J. Prölss*, in: Prölss/Martin, § 80 VVG Anm. 1 B b.

stungsrisikos" wird im folgenden daher nur dann gesprochen, wenn einer der beiden folgenden Fälle vorliegt:

- *bei Sachen, die prinzipiell auch der Eigentümer nutzen könnte* (Benutzung "statt" durch den Eigentümer, z.B. Einfamilienhaus): Die durch die Fremdnutzung begründete Gefahr i.S. der §§ 23 ff. VVG ist höher als im Falle der Eigennutzung, so daß der Regreßverzicht zu einem *erhöhten* Risiko der endgültigen Belastung des Versicherers führt *(Risikoerhöhung durch Gefahrerhöhung);*

- *bei Sachen, die eine Fremdnutzung voraussetzen* (z.B. Mehrfamilienhaus): Die Fremdnutzung schafft irgendeine Gefahr, so daß der Regreßverzicht *überhaupt* ein Risiko der endgültigen Belastung des Versicherers begründet; eine sich im Vergleich zu einer Nutzung durch den Eigentümer ergebende Gefahrerhöhung i.S. des VVG kommt in diesen Fällen hingegen nicht in Betracht *(Risikoerhöhung wegen Regreßlosigkeit).*

(b) Erhöhung des Leistungsrisikos durch Gefahrerhöhung

Eine Erhöhung des so definierten Leistungsrisikos in Form einer durch die Fremdnutzung im Vergleich zur Eigennutzung eintretenden *Gefahrerhöhung* ist auf verschiedene Weise möglich:

(aa) Gefahrerhöhung durch im Verhalten des Fremdnutzers liegende Umstände

Da der Versicherungsschutz in der Sachversicherung - anders als in der Haftpflichtversicherung - sach-, nicht personenbezogen ist[175], kann die Person des Interesseträgers nur insoweit eine Rolle spielen, als individuelle Umstände (Maß der persönlichen Sorgfalt, Art der Verwendung der Sache usw.) die der Sache drohenden Gefahren beeinflussen. Zum einen können im Verhalten des Fremdnutzers, der *anstelle* des Versicherungsnehmers und Eigentümers eine Einwirkungsmöglichkeit - insbesondere aufgrund Besitzes - auf die Sache hat, liegende Umstände eine erhöhte Schadenswahrscheinlichkeit (*Gefahrerhöhung i.e.S.*, nämlich i. S. des VVG[176]) begründen[177]. In diesem Fall führt

[175] Oben A IV 2 (S. 81 f.).

[176] Zum Begriff, der neben der Erhöhung der Gefahr, daß der Versicherungsfall eintritt, auch die Erhöhung der Schadensauswirkungsgefahr umfaßt, BGH, Urt. v. 21.9.1964 - II ZR 40/62, BGHZ 42,295 (297 f.); *J. Prölss*, in: Prölss/Martin, § 23 VVG Anm. 1, 2 A.

die durch die Fremdnutzung eintretende Gefahrverlagerung zugleich zu einer Gefahrerhöhung: Die hinzukommende, vom Fremdbesitzer ausgehende Gefahr wird durch die Senkung bzw. den Wegfall der vom Eigentümer ausgehenden Gefahr nicht vollständig kompensiert[178]. Der Fremdnutzer kann nachlässiger mit der Sache umgehen oder eine objektiv gefährlichere Tätigkeit mit ihr ausüben. Im einzelnen ist wie folgt zu differenzieren:

- Eine in *sorgloserem Verhalten des Fremdnutzers* begründete höhere Gefahr hat bereits deshalb außer Betracht zu bleiben, weil der Versicherer regelmäßig ohnehin nicht vor Vertragsschluß im Rahmen der statistischen Wahrscheinlichkeitsberechnung die individuelle Sorgfalt des Sachnutzers prüft[179]. Abgesehen davon, daß eine derartige Überprüfung praktisch kaum durchführbar wäre, erscheint sie auch nicht geboten, da der Versicherer anderweitig geschützt wird: Ist der Versicherte Repräsentant[180] des Versicherungsnehmers, und führt er den Versicherungsfall *grob fahrlässig* (oder gar vorsätzlich) herbei, so wird der Versicherer gem. § 61 VVG leistungsfrei[181]. Ferner kommt bei der Überlassung der Sache an einen besonders sorglosen potentiell Haftpflichtigen eine gem. § 61 VVG zur Leistungsfreiheit führende *grobe* Fahrlässigkeit des Eigentümers (Versicherungsnehmers) in Betracht[182]. Das Risiko einer *leicht* fahrlässigen Herbeiführung des Versicherungsfalles hingegen hat der Versicherer ohnehin stets - d.h. auch bei einer Eigennutzung durch den Eigentümer - einzukalkulieren[183].

---

177 Allein hierauf stellen *Fuchs* (BB 1992,1217 (1220)) und *Martin* (VersR 1974,821 (825)) für die Risikoerhöhung ab.

178 *Martin* VersR 1974,821 (825).

179 Dies übersieht *Mahlberg* (NJW 1966,2154 (2155)), der - unzutreffend - stets eine beachtliche quantitative Risikoerhöhung annimmt, wenn anstelle des Eigentümers (Versicherungsnehmers) ein Dritter die Sache benutzt.

180 Die Gesichtspunkte der Repräsentantenhaftung (s.o. Fußn. 422) oder des wirtschaftlichen Versicherten (dazu kritisch *J. Prölss*, in: Prölss/Martin, § 75 VVG Anm. 4) kommen nach Ansicht des LG Münster (Urt. v. 12.12.1975 - 10 O 271/75, VersR 1976,921) als Gründe für eine Leistungsfreiheit des Versicherers in Betracht (allerdings unterläßt das LG Münster die erforderliche Auseinandersetzung mit der Frage, ob das Sachersatzinteresse des haftpflichtigen Pächters eingeschlossen war).

181 Falls man entgegen der hier vertretenen Ansicht eine Deckung des Sachersatzinteresse annähme, würde der Versicherer gegenüber dem Versicherten leistungsfrei und könnte diesen dann sogar - ebenso wie bei einer zum Leistungsausschluß führenden Obliegenheitsverletzung (dazu oben II 3 (S. 100 f.)) - in Regreß nehmen.

182 *Martin*, Sachversicherungsrecht, J II 11.

183 In dieser Richtung - freilich als Argument für einen Regreßausschluß - auch *von Hippel* NJW 1966,1012 (1013); *ders.* NJW 1967,814 (815).

- Ist hingegen die Gefahr gegenüber der Eigennutzung infolge einer *objektiv gefährlicheren Tätigkeit* des Fremdnutzers erhöht - etwa wenn er in der gemieteten Scheune eine Schweißerwerkstatt einrichtet - , so bieten die für die Fälle einer Verletzung der Anzeigepflicht des Versicherungsnehmers (§§ 16 - 22 VVG) bzw. einer nachträglichen Gefahrerhöhung i.e.S. (§§ 23 - 29 a VVG) vorgesehenen Regelungen dem Versicherer bereits einen gewissen Schutz[184]. In diesen Fällen liegt nämlich ein Verschweigen bzw. eine nachträgliche Erhöhung gefahrerheblicher Umstände vor, die den Eintritt des Versicherungsfalles oder zumindest eine Vergrößerung des daraus resultierenden Schadens wahrscheinlicher macht[185]. Das im Rahmen des § 21 VVG zur Leistungsfreiheit führende Rücktrittsrecht des Versicherers (§§ 16, 17 VVG) sowie die Anordnung der Leistungsfreiheit nach den §§ 23, 25 bzw. §§ 27 Abs. 2, 28 VVG sollen sicherstellen, daß das vom Versicherer übernommene Risiko tragbar und zumutbar bleibt[186]. Man könnte nun allerdings dagegen, den Versicherer auf die genannten gesetzlichen Regelungen zu verweisen, einwenden, daß der Schutz des Versicherers nach den §§ 16 - 29 a VVG beschränkt ist. Insbesondere gilt das Verschuldenserfordernis (§§ 17 Abs. 2, 25 Abs. 2 VVG). Indessen ist zu beachten, daß der Versicherer auch im Falle einer Eigennutzung durch den Versicherungsnehmer bei einer Verletzung der Anzeigepflicht bzw. bei einer Gefahrerhöhung nur nach Maßgabe der §§ 16 - 29 a VVG von seiner Leistungspflicht befreit würde. Eine zusätzliche Belastung tritt durch die Fremdnutzung somit nur insofern ein, als bei der Geltendmachung der gesetzlichen Rechte faktische Hindernisse bestehen können (z.B. Unkenntnis des Versicherers vom Schadenshergang oder Beweisschwierigkeiten).

Im Ergebnis wird die im Wegfall der Rückgriffsmöglichkeit liegende Belastung des Versicherers somit durch die zur Leistungsfreiheit führenden Regelungen in beachtlichem Umfang relativiert.

Nutzt demgegenüber der potentiell Haftpflichtige die Sache lediglich intensiver als es der Eigentümer tun würde, *ohne* daß damit eine Gefahrerhöhung i.S. des VVG einherginge, so kann hierin keine Erhöhung des Leistungsrisikos erblickt werden. Maßgeblich ist nämlich allein, ob der Sachnutzer sich in den

---

[184] *Lenné* ZVersWiss 1912,1208 (1243-1245).

[185] BGH, Urt. v. 21.9.1964 - II ZR 40/62, BGHZ 42,295 (297); *J. Prölss*, in: Prölss/Martin, § 23 VVG Anm. 2 A.

[186] So für die gesetzlichen Vorschriften (u.a.) über die Gefahrerhöhung BGH, Urt. v. 6.5.1965 - II ZR 217/62, BGHZ 44,1 (7).

Grenzen der dem Vertrag zugrundegelegten Nutzungsweise hält[187]. Irrelevant ist demgegenüber, ob auch der Eigentümer (im Falle einer Eigennutzung) diese Gefahr geschaffen hätte. Solche individuellen Umstände fließen in die statistische Wahrscheinlichkeitsberechnung des Versicherers nämlich nicht ein.

(bb) Gefahrerhöhung durch Mehrzahl von Sachnutzern

Das Leistungsrisiko kann sich auch dadurch erhöhen, daß der Fremdnutzer *zusätzlich* zum Versicherungsnehmer die Möglichkeit zur Einwirkung auf die Sache erhält, so daß bei Annahme eines Regreßverzichts eine regreßlose (nicht grob fahrlässige) Schadensverursachung nicht nur durch eine, sondern durch zwei (bzw. bei mehreren Fremdnutzern: durch eine Mehrzahl von) Personen droht. Dies ist nicht nur dann der Fall, wenn mehrere Personen gleichzeitig die Sache nutzen, sondern auch dann, wenn sich die Nutzungsintensität abredewidrig durch ständigen Wechsel des - jeweils alleinigen - Sachnutzers erhöht, wie es etwa für die Kfz-Vermietung typisch ist[188]. Indessen ist auch in diesen Fällen nicht automatisch von einer Erhöhung des Leistungsrisikos auszugehen. Führt die Fremdnutzung zu einer Gefahrerhöhung i. S. des VVG - was keineswegs zwangsläufig der Fall sein muß[189] -, so gilt das soeben[190] Gesagte; der Versicherer ist durch die §§ 16 - 29 a VVG in weitem Umfang geschützt. Hinzu kommen die aufgeführten Möglichkeiten einer Leistungsfreiheit nach § 61 VVG. Wo dieser Schutz nicht greift, könnte man das Schutzbedürfnis des Versicherers mit der Erwägung in Zweifel ziehen, daß er auch im Falle der Eigennutzung die Anzahl (und die persönlichen Ei-

---

[187] ÖOGH, Beschl. v. 17.2.1993 - 7 Ob 1/93, VersR 1993,1301 (1302). In diesem Sinne hat ferner das OLG Hamm (Urt. v. 23.7.1991 - 9 U 287/86, VersR 1991,1406 = NJW-RR 1992,163) zutreffend den Einschluß des Interesses des tatsächlichen Sachnutzers damit begründet, daß auch der Pächter - dessen Sachersatzinteresse eingeschlossen war - die (noch im Rahmen des Nutzungszwecks liegende) erhöhte Brandgefahr hätte schaffen können, ohne daß dessen Versicherungsschutz dadurch entfallen wäre.

[188] Zu den Voraussetzungen einer Leistungsfreiheit des Versicherers bei vertragswidriger Verwendung nach § 2 Nr. 2 a AKB *Knappmann*, in: Prölss/Martin, § 2 AKB Anm. II 1 b - d. Eine Gefahrerhöhung bejaht das OLG Hamm (Urt. v. 14.6.1991 - 20 U 196/90, VersR 1992,350) bei Leasing, wenn als Verwendungsart "PKW ohne Vermietung" vereinbart war. Zu Recht nimmt dasselbe Gericht (Urt. v. 30.1.1985 - 20 U 41/84, VersR 1985,749) im umgekehrten Fall, daß Hotelzimmer an Dauermieter überlassen werden, keine Gefahrerhöhung an.

[189] Insoweit zu undifferenziert BGH, Urt. v. 21.4.1993 - IV ZR 33/92, BB 1993,2044 (2045) (zur Unwirksamkeit der Erweiterung von § 61 VVG durch § 9 Nr. 1 a VHB 84), wo in der Zugriffsmöglichkeit Dritter stets eine Gefahrerhöhung gesehen wird.

[190] S.o. (aa) (S. 131 ff.).

genschaften) der Sachnutzer, insbesondere der nach § 67 Abs. 2 VVG vor einem Regreß geschützten Familienangehörigen, regelmäßig nicht in seine Kalkulation einbeziehe. Dieser Schluß vermag jedoch nicht zu überzeugen, da es sich bei § 67 Abs. 2 VVG um eine gesetzliche Sonderregelung mit spezifischer Zielsetzung handelt (Schutz des Versicherungsnehmers vor mittelbarer Belastung[191]). Allein aus dem Umstand, daß der Versicherer die kraft Gesetzes vor dem Rückgriff geschützten Personen regelmäßig nicht in die einzelne Prämienberechnung einbezieht, lassen sich keine Rückschlüsse auf sein schutzwürdiges Interesse hinsichtlich des Regresses gegen andere Haftpflichtige ziehen. Andererseits wird der Versicherer - wie dargelegt - bereits durch das VVG in gewissem Umfang geschützt. Es bleibt ein begrenzter Bereich von Fällen, in denen er durch den Verlust der Regreßmöglichkeit tatsächlich belastet wird. Auch im Falle einer Mehrzahl von Sachnutzern, die statt des Eigentümers die Sache benutzen, entfällt das Interesse des Versicherers am Ausschluß des Sachersatzinteresses infolge der gesetzlichen Regelungen somit zwar nicht völlig, es ist jedoch beschränkt.

(cc) Unbeachtlichkeit von nur geringfügigen Erhöhungen des Leistungsrisikos

Liegt nach den vorstehenden Ausführungen im Einzelfall eine Erhöhung des Leistungsrisikos vor, ist diese jedoch nur *geringfügig*, so ist sie als unerheblich anzusehen und darf bei der Vertragsauslegung keine Rolle spielen[192]. Dies läßt sich auf den in § 29 VVG zum Ausdruck kommenden Rechtsgedanken stützen; nach jener Regelung bleibt eine unerhebliche Gefahrerhöhung im Rahmen der §§ 23 ff. VVG außer Betracht.

(dd) Zwischenergebnis

Zusammenfassend läßt sich zur Bedeutung des Kriteriums der Gefahrerhöhung folgendes sagen: Zum einen können in der Person des potentiell Haftpflichtigen liegende Umstände eine Gefahrerhöhung i. S. des VVG herbeiführen, zum anderen kann eine Erhöhung der Anzahl der Personen, die mit der Sache umgehen, eine solche Gefahrerhöhung bewirken. In beiden Fällen kommt es dann nicht zu einer Erhöhung des Leistungsrisikos, wenn der Ver-

---

191 *J. Prölss*, in: Prölss/Martin, § 67 VVG Anm. 7 A; BGH, Urt. v. 11.2.1964 - VI ZR 271/62, BGHZ 41,79 (83) (ein weiterer Zweck soll nach Ansicht des BGH a.a.O. in der Wahrung des Familienfriedens liegen).

192 OLG Hamm, Urt. v. 29.8.1985 - 28 U 151/84, VersR 1987,300 (301); *J. Prölss*, in: Prölss/Martin, § 80 VVG Anm. 1 B b; *Martin* VersR 1974,821 (825).

sicherer im Einzelfall ein Rücktrittsrecht ausüben bzw. sich auf einen leistungsbefreienden Tatbestand berufen kann. Dies wird nicht selten der Fall sein, was dafür spricht, das Interesse des Versicherers am Fortbestand der Regreßmöglichkeit als begrenzt einzuschätzen. Andererseits darf nicht verkannt werden, daß der Versicherer bei Annahme eines Regreßverzichts jedenfalls faktisch schlechter gestellt ist, als wenn er zusätzlich zu den genannten - an bestimmte Voraussetzungen geknüpften - Rechten die Möglichkeit des Rückgriffs gegen den Sachnutzer hat. Indessen fehlen dem durchschnittlichen Versicherungsnehmer meist[193] klare Maßstäbe, um die Belastung des Versicherers zu gewichten. Zudem ist die Interessenlage des Versicherers dem Versicherungsnehmer häufig gar nicht hinreichend deutlich erkennbar, wenn sie ihm gegenüber nicht eindeutig zum Ausdruck gebracht wird. Eine Klarstellung könnte insbesondere in der Vereinbarung der niedrigeren Prämie bei erkennbar differenziertem Prämientarif liegen; hierauf ist später zurückzukommen[194].

(c) Erhöhung des Leistungsrisikos durch Regreßausschluß

Bei der zweiten Gruppe von Fällen, in denen sich das Leistungsrisiko in einer für die Auslegung beachtlichen Weise erhöht, liegt die zusätzliche Belastung des Versicherers ausschließlich darin, daß infolge des Regreßverzichts die Möglichkeit eines Rückgriffs gegen den potentiell Haftpflichtigen entfällt. Dabei fällt zunächst auf, daß offenbar ein entscheidender Unterschied zwischen solchen Sachen besteht, die sowohl der Eigentümer (Versicherungsnehmer) als auch ein Dritter nutzen kann, und andererseits Sachen, deren bestimmungsgemäße Verwendung von vornherein ausschließlich die Fremdnutzung umfaßt. Als Beispiele lassen sich die bereits erwähnten[195] Ein- und Mehrfamilienhäuser anführen oder ein einzelnes Kfz gegenüber der Fahrzeugflotte eines Autovermieters. Schließt z.B. der Eigentümer über das von ihm selbst genutzte Einfamilienhaus einen Sachversicherungsvertrag, so ist dem Versicherer von vornherein ein Regreß nach § 67 Abs. 1 VVG gegen den Versicherungsnehmer, der leicht fahrlässig den Versicherungsfall herbeigeführt hat, versperrt. Bezieht sich die Versicherung hingegen auf ein Mehrfamilienhaus, so steht dem Versicherer nach dem Gesetz - vorbehaltlich

---

[193] Zu Fällen, in denen dies ausnahmsweise anders ist, s. die Ausführungen über die Bestimmung des Kreises der durch den Regreßverzicht Geschützten (unten e) (S. 144 ff.)).

[194] Unten bb) (S. 140 f.).

[195] S.o. (a) (S. 129 ff.).

abweichender vertraglicher Vereinbarung (Regreßverzicht bzw. Deckung des Sachersatzinteresses) - der Rückgriff gegen jeden Mieter offen, ebenso wie dies gegenüber beliebigen Dritten der Fall ist, sofern sie nur schuldhaft den Versicherungsfall herbeigeführt haben. Ist eine juristische Person Eigentümerin, gilt Entsprechendes; so kann z.B. der Versicherer nach § 67 Abs. 1 VVG - wiederum vorbehaltlich abweichender Vertragsgestaltung - das den Schaden herbeiführende Mitglied eines Fliegerclubs (e.V). in Anspruch nehmen[196]. Wird der Regreß nun vertraglich ausgeschlossen, so führt dies unzweifelhaft zu einer Belastung des Versicherers. Für das Ergebnis der Auslegung kommt es indessen darauf an, wie schwer dieser Nachteil aus der maßgeblichen Sicht eines verständigen Versicherungsnehmers wiegt, und insbesondere, ob das Interesse des Versicherers an der Erhaltung der Regreßmöglichkeit sich gegenüber dem gegenläufigen Interesse des Versicherungsnehmers durchzusetzen vermag. Dafür, daß die *Prämienhöhe* durch das Bestehen von Rückgriffsmöglichkeiten nicht beeinflußt wird, spricht aus Sicht eines verständigen Versicherungsnehmers, daß anderenfalls die Prämie für die auf ein Einfamilienhaus bezogene Versicherung im Hinblick auf die fehlende Regreßmöglichkeit gegen den Eigentümer als Sachnutzer höher liegen müßte als hinsichtlich eines gleichwertigen Mehrfamilienhauses, gegen dessen Mieter der Regreß eröffnet ist. Zwar hat auch der Eigentümer des Mehrfamilienhauses eine Sachherrschaft und kann - insbesondere durch Unterlassen - den Versicherungsfall herbeiführen, ohne daß ein Regreß gegen ihn möglich wäre. Indessen besteht hinsichtlich der Risiken, die aus der *Sachnutzung* entstehen, die Rückgriffsmöglichkeit allein beim Mehrfamilienhaus, für das von daher Versicherungsschutz zu niedrigeren Prämien angeboten werden müßte. In Wirklichkeit sind die Prämien demgegenüber bei gleicher Versicherungssumme identisch[197]. Dies könnte aus Sicht eines durchschnittlichen Versicherungsnehmers daran liegen, daß der Regreß oft aus Rechts- oder Kulanzgründen nicht durchgesetzt wird. Ein Blick auf die Prämienkalkulation des Versicherers bestätigt diese Sichtweise: Die Aussichten des Versicherers, Dritte in Regreß zu nehmen, werden hierbei nicht berücksichtigt[198]. Auf der

---

196 BGH, Beschl. v. 4.6.1985 - VI ZR 175/84, VersR 1985,983 (dort wird freilich verkannt, daß sich im Ergebnis wegen der Deckung des Sachersatzinteresses etwas anderes ergibt). Zur Einbeziehung potentiell Haftpflichtiger in den Schutz der für das Eigentum einer juristischen Person bestehenden Sachversicherung näher s.u. V 2 a) (S. 167 ff.).

197 Diesen Aspekt ziehen im Rahmen der Auslegung auch heran: *Martin*, Sachversicherungsrecht, J II 11; *H. Honsell* VersR 1985,301 (303); *Kollhosser*, in: Prölss/Martin, vor § 51 VVG Anm. 7 A b aa.

198 S. die Nachw. S. 127 Fußn. 161.

anderen Seite könnte der Versicherungsnehmer ein gewichtiges Interesse des Versicherers am Regreß trotz der gegenüber Einfamilienhäusern unveränderten Prämie darin erblicken, daß der Versicherer bei Mehrfamilienhäusern von einer im Vergleich zu gleichwertigen Einfamilienhäusern objektiv höheren Gefahr ausgeht[199], die (bei unveränderter Prämie) durch die Regreßmöglichkeit kompensiert werden soll.

Angesichts der dargestellten, gegenläufigen Gesichtspunkte ist es aus Sicht des Versicherungsnehmers - ebenso wie in den Fällen einer Gefahrerhöhung[200] - auch in der zweiten Fallgruppe (Erhöhung des Leistungsrisikos durch Regreßausschluß) zweifelhaft, welcher Stellenwert dem Interesse des Versicherers am Ausschluß des Sachersatzinteresses zukommt[201].

bb) Gewichtung der gegenläufigen Interessen aus Sicht des Versicherungsnehmers

Besteht somit ein zwar grundsätzlich beachtliches, für den Versicherungsnehmer jedoch in seinem Umfang und Gewicht schwer zu erfassendes Interesse des Versicherers an der Regreßmöglichkeit, so stellt sich nunmehr die Frage, wie der Konflikt mit dem gegenläufigen Interesse des Versicherungsnehmers aus dessen Sicht bei "verständiger Würdigung"[202] im Ergebnis zu lösen ist.

Keines der Interessen von Versicherungsnehmer einerseits, Versicherer andererseits kann von vornherein abstrakt den Vorrang für sich beanspruchen. Insbesondere läßt sich nicht für eine einseitige Schlechterstellung des Versicherers anführen, daß diese auch durch einen vertraglichen Haftungsausschluß herbeigeführt werden könne. Zwar hat nach h.M. der Versicherer

---

[199] Unter Hinweis hierauf will *Martin* (Sachversicherungsrecht, J II 16 f.) den Einschluß des Mieterinteresses bei Mehrfamilienhäusern ablehnen (zu dieser Frage s. sogleich Fußn. 201).

[200] S.o. (b) (dd) (S. 135).

[201] Die Ungewißheiten spiegeln sich auch in den unterschiedlichen Ansichten, die in der Literatur gerade zum Regreß gegen den Mieter bei Mehrfamilienhäusern vertreten werden. Für den Einschluß des Sachersatzinteresses plädieren *H. Honsell* VersR 1985,301 (304); ferner im Erg. - freilich ohne Begründung - auch *Kollhosser*, in: Prölss/Martin, vor § 51 VVG Anm. 7 A b aa. Gegen diesen Einschluß *Martin*, in: Prölss/Martin, 24. Aufl., vor § 51 VVG Anm. 7 A b aa; *ders.*, Sachversicherungsrecht, J II 16 (anders in der 1. Aufl.); OLG Celle, Urt. v. 5.11.1986 - 9 U 222/85, VersR 1988,27 (28); in dieser Richtung auch *J. Prölss* VersR 1977,695 (696). Nicht ausdrücklich befaßt sich hingegen das - von *Martin* a.a.O. als weiterer Beleg angeführte - LG Köln (Urt. v. 4.5.1971 - 77 O 37/72, VersR 1973,337) mit der Frage.

[202] Zu diesem Maßstab s.o. 1 c) (S. 107).

insoweit tatsächlich eine ohne seinen Willen eintretende Schmälerung seiner Regreßmöglichkeit hinzunehmen[203]. Indessen geschieht dies auf eine auch die gegenläufigen Interessen des Versicherers berücksichtigende Weise und damit in Form eines *Interessenausgleichs* durch Abwägung[204], indem nämlich analog § 67 Abs. 1 S. 3 VVG nicht jeder, sondern nur ein auf leichte Fahrlässigkeit beschränkter Haftungsausschluß für zulässig gehalten wird[205].

Aus der maßgeblichen Sicht des durchschnittlichen Versicherungsnehmers ist die Interessenlage des Versicherers nicht deutlich erfaßbar. Die ihm aus dem Einschluß des Sachersatzinteresses drohenden Nachteile sind für ihn in ihrem Umfang und Gewicht kaum abschätzbar. Dies gilt - wie oben im einzelnen dargelegt - sowohl in den Fällen der durch eine Fremdnutzung eintretenden Gefahrerhöhung als auch dann, wenn das Leistungsrisiko sich ausschließlich durch den Wegfall der Regreßmöglichkeit erhöht. Für den Versicherungsnehmer ist es insbesondere ungewiß, ob der Versicherer auch bei Annahme eines Regreßverzichts seine Interessen als durch die gesetzlichen Regelungen der §§ 16 - 29 a, 61 VVG in ausreichendem Umfang gewahrt ansieht.

Man könnte nun - in Anlehnung an eine Entscheidung des BGH[206] - erwägen, ob der Versicherungsnehmer sich durch eine *Nachfrage* Klarheit zu verschaffen hat. Man könnte folgendermaßen argumentieren: Mußte der Versicherungsnehmer sich bei sorgfältiger Lektüre der AVB angesichts der Ungewißheit über den Regreßverzicht zu einer Nachfrage veranlaßt sehen und unterließ er sie, so wäre die Auslegungsfrage zu Lasten des Versicherungsnehmers zu beantworten (hier also: keine Regreßverzichtsvereinbarung). Diese Konsequenz erscheint dann gerechtfertigt, wenn die Unklarheit sich auf eine dem allgemeinen Sprachverständnis zugängliche Erklärung (wie z.B. "Möbelwagen"[207] als versicherte Sachen; Risikobegrenzung bei Herbeifüh-

---

203 S.o. Einführung II 2 (S. 20 ff.) mit Nachweisen, ferner S. 89 Fußn. 319. Für unangemessen hält dies offenbar *E. Lorenz* VersR 1992,399 (400).

204 OLG Hamm, Urt. v. 23.7.1991 - 9 U 287/86, VersR 1991,1406 = NJW 1992,163.

205 S.o. A IV 3 (S. 90, Nachweise in Fußn. 328).

206 Urt. v. 5.7.1989 - IV a ZR 24/89, VersR 1989,908 (909). Diesen Aspekt betonen *J. Prölss*, in: Prölss/Martin, Vorbem. III A 9 a; *Bundschuh*, in: Symposion AGBG und AVB (1993), S. 3 (S. 7).

207 Vgl. § 6 Abs. 1 S. 3 VHB 74 und dazu BGH, Urt. v. 20.6.1990 - IV ZR 172/89, VersR 1990,1271.

rung des Versicherungsfalles durch "Hausangestellte"[208]) bezieht. In solchen Fällen ist es dem Versicherer nämlich kaum möglich, im Voraus sämtliche denkbaren, von seinem eigenen Begriffsverständnis abweichenden Deutungsmöglichkeiten auszuschalten; zumindest aber wäre bei entsprechenden Versuchen eine dem Transparenzinteresse widersprechende Überfrachtung der AVB mit Begriffsdefinitionen zu befürchten. Läßt ein dem allgemeinen Sprachverständnis zugänglicher Ausdruck mehrere Deutungen zu, so erscheint es im Hinblick auf die schutzwürdigen Interessen des Versicherers von daher durchaus angebracht, dem Versicherungsnehmer, der an der Bedeutung der Formulierung zweifeln muß, die Folgen einer unterbliebenen Nachfrage aufzuerlegen. Bei den hier zu beurteilenden AVB fehlt es indessen gerade an einer dem allgemeinen Sprachverständnis zugänglichen Erklärung. Vielmehr geht es um die spezielle versicherungsrechtliche Frage, ob mit der Umschreibung der "versicherten Sachen" in den AVB auch der Schutz potentiell Haftpflichtiger vereinbart ist. In diesem spezifisch versicherungsrechtlichen Zusammenhang kommt nun der Gesichtspunkt zum Tragen, daß der Versicherer regelmäßig die größere Sachkunde hat. Er ist es, der die Interessen des Versicherungsnehmers abstrakt deutlich abschätzen kann und der die verschiedenen versicherungsrechtlichen Gestaltungsmöglichkeiten zur Verwirklichung dieser Interessen kennt[209]. Dies spricht entscheidend dafür, dem Versicherer die Verantwortung dafür aufzuerlegen, es nach außen hin deutlich *offenzulegen*, wenn er zu dem vom Versicherungsnehmer erwarteten Regreßverzicht aufgrund der damit verbundenen Erhöhung des Leistungsrisikos nur gegen Zahlung eines Prämienzuschlags (oder überhaupt nicht) bereit ist. Dies ist - anders als bei den Fällen eines dem allgemeinen Sprachverständnis zugänglichen Begriffs - ohne weiteres in den AVB möglich[210]. Die damit verbundene Beschränkung der "Nachfrageobliegenheit" auf Fälle, in denen es um eine dem allgemeinen Sprachverständnis zugängliche Erklärung geht, steht auch nicht im Widerspruch zu dem erwähnten Urteil des BGH[211]; dieser hat, wenn er darauf abhebt, ob die AVB-Formulierung dem versicherungsrechtlichen Laien "von vornherein geläufig" ist "oder (...) ihm zumindest" Anlaß zur Nachfrage geben mußte, wohl - jedenfalls in erster Linie - jene Fälle im Auge,

---

208 Vgl. § 3 B Nr. 4 VHB 74 und dazu BGH, Urt. v. 14.2.1990 - IV ZR 305/88, VersR 1990,487.

209 Die Bedeutung der überlegenen Sachkunde des Versicherers für die Ermittlung des Vertragsinhalts hebt auch *Pfeiffer* (in: FS Schwebler, S. 399 (S. 417)) hervor.

210 Zur Zulässigkeit entsprechender Klauseln s.u. IV 1 (S. 161 ff.).

211 S. bereits oben S. 139 Fußn. 206.

in denen ein Ausdruck dem durchschnittlichen Versicherungsnehmer überhaupt geläufig sein kann.

Mit dem Gebot zur Offenlegung wird dem Grundsatz Rechnung getragen, daß einem vom Versicherer verfolgten Regelungszweck nur dann Bedeutung für die Auslegung zukommen kann, wenn er in den Formulierungen erkennbar wird[212]. Bereits auf der Ebene der Vertragsauslegung kommen somit hier Erwägungen zum Tragen, die in anderem Zusammenhang unter dem Aspekt der sich aus § 5 AGBG ergebenden Formulierungsverantwortlichkeit des Verwenders eine Rolle spielen können[213]. Die gebotene Offenlegung erscheint dem Versicherer im Hinblick auf seinen erheblichen Informationsvorsprung auch ohne weiteres zumutbar. Der Versicherer muß lediglich in geeigneter Weise (insbesondere, aber nicht notwendig in den AVB) klarstellen, daß er sich den Regreß gegen potentiell Haftpflichtige vorbehält. Fehlt eine solche Klausel und legt der Versicherer sein dem Regreßverzicht entgegenstehendes Interesse auch nicht in anderer Weise offen (dazu sogleich), so darf der Versicherungsnehmer - sofern sich nicht im Hinblick auf die Art des zum potentiell Haftpflichtigen bestehenden Rechtsverhältnisses etwas anderes ergibt[214] - davon ausgehen, daß dem in seinem Interesse liegenden Regreßverzicht im Ergebnis nicht ein gewichtigeres Interesse des Versicherers entgegensteht. Unter diesen Voraussetzungen ist somit die stillschweigende Vereinbarung eines Regreßverzichts zu bejahen.

Eine Offenlegung des Interesses des Versicherers am Bestehen der Rückgriffsmöglichkeit könnte sich (abgesehen von einer Regelung in den AVB[215]) daraus ergeben, daß er - insbesondere im Antragsformular - *Fragen* stellt, die das Bestehen von Rechtsbeziehungen des Versicherungsnehmers zu einem potentiell Haftpflichtigen betreffen. Jedenfalls im Ergebnis zielt Martin[216] in diese Richtung, wenn er im Unterbleiben derartiger Fragen einen für den Einschluß des Sachersatzinteresses sprechenden Umstand sieht. Indessen läßt sich bezweifeln, daß der Umstand, ob der Versicherer nach potentiell Haft-

---

212 BGH, Urt. v. 14.2.1990 - IV ZR 305/88, VersR 1990,487.

213 S. bereits RG, Urt. v. 26.3.1943 - VI (VII) 144/42, RGZ 171,43 (50): Versicherungsbedingungen seien dann zu Lasten des Versicherers auszulegen, wenn er es unterlassen habe, seinen möglicherweise bestehenden Belangen in der Fassung der AVB Ausdruck zu verleihen.

214 Zum Kreis der durch den Regreßverzicht Begünstigten s. sogleich e) (S. 144 ff.).

215 Dazu s.u. IV 1 (S. 161 ff.).

216 Sachversicherungsrecht, J II 7 f., 12. - Vgl. auch RG, Urt. v. 10.5.1938 - VII 51/38, RGZ 157,310 (313): Der Versicherer hat sich dadurch vor Unkenntnis zu schützen, daß er vor Vertragsschluß zu den erheblichen Umständen Fragen an den Versicherungsnehmer richtet.

pflichtigen fragt oder nicht, aus Sicht eines verständigen Versicherungsnehmers eindeutige Rückschlüsse auf die Interessenlage des Versicherers erlaubt. *Unterbleibt* die Frage, so mag dies daran liegen, daß die Existenz von Fremdbesitzern als potentiell Haftpflichtigen offenkundig ist (z.B. Mieter eines Mehrfamilienhauses; Organwalter bzgl. der einer juristischen Person gehörenden Sachen), oder daß es dem Versicherer hierauf nicht ankommt, weil er vom Bestehen der Regreßmöglichkeit nach § 67 VVG gegen eventuelle Fremdbesitzer ausgeht. Umgekehrt mag der Versicherer die Frage allein deshalb *stellen*, weil er die vertragsgemäße Art der Nutzung festschreiben will, ohne daß sich hieraus irgendetwas bzgl. des Schutzes potentiell Haftpflichtiger ableiten ließe. Solange der Versicherer an die Antwort auf die Frage nach der Eigen- oder Fremdnutzung keine Konsequenzen knüpft, offenbart er somit allein durch diese Frage sein Interesse jedenfalls nicht mit der erforderlichen Eindeutigkeit.

Eine hinreichend deutliche Offenlegung des Interesses des Versicherers am Bestehenbleiben der Regreßmöglichkeit kann sich indessen aus dem Prämientarif ergeben. Sieht der Tarif des Versicherers erkennbar *unterschiedliche Prämien* für die Sachversicherung mit und ohne Regreßverzicht vor, so spricht dies entscheidend gegen die Vereinbarung eines Regreßverzichts, sofern im Versicherungsvertrag die niedrigere, für die Deckung des Sacherhaltungsinteresses ohne Regreßverzicht vorgesehene Prämie vereinbart wird. *Erkennbar* ist eine solche Prämiendifferenzierung nicht nur dann, wenn der Versicherungsnehmer ausdrücklich auf die unterschiedlichen Konditionen eines Versicherungsschutzes mit und ohne Regreßverzicht hingewiesen wurde. Vielmehr reicht es aus, wenn ihm vor Vertragsschluß der Tarif zur Verfügung gestellt wurde, aus dem sich die Unterscheidung in der Prämienhöhe deutlich ergibt. Bleibt der differenzierende Tarif hingegen reines Internum des Versicherers, so daß er dem (künftigen) Versicherungsnehmer nicht erkennbar ist[217], kann aus dem Umstand der Prämiendifferenzierung nicht darauf geschlossen werden, daß kein Regreßverzicht vereinbart ist. Nur bei Erkennbarkeit der Differenzierung ist somit die Argumentation Haidingers zutreffend, wonach dem Versicherer nicht die Rolle eines unentgeltlichen

---

[217] Dies soll nach *Martin* (Sachversicherungsrecht, J II 7) offenbar stets der Fall sein. Diese Generalisierung erscheint zu weitgehend. Auch *Martin* gesteht (a.a.O.) zu, daß der Versicherungsnehmer vor Vertragsschluß vom Versicherer Informationen über die verschiedenen Tarife erlangen kann. Das OLG Hamm (Urt. v. 29.8.1985 - 28 U 151/84, VersR 1987,300 (301)) stellt daher zu Recht auf die Erkennbarkeit der Prämiendifferenzierung im Einzelfall ab.

Haftpflichtversicherers aufgedrängt werden darf[218]. Diese Überlegung kann jedoch nicht ohne weiteres allgemein gegen die Vereinbarung eines Regreßverzichts vorgebracht werden, da damit die Regeln der Vertragsauslegung vernachlässigt würden: Was sich im Wege der Auslegung ergibt, kann dem Versicherer schwerlich "aufgedrängt" sein.

c) Anwendung der Unklarheitenregel (§ 5 AGBG)

Die vorstehenden Ausführungen zur Vertragsauslegung haben zu dem Ergebnis geführt, daß ein durchschnittlicher, verständiger Versicherungsnehmer dann von einem Regreßverzicht zugunsten des potentiell Haftpflichtigen ausgehen darf, wenn der Versicherer sein entgegenstehendes Interesse nicht bei Vertragsschluß offengelegt hat. In diesem Fall ist ein Regreßverzicht als stillschweigend vereinbart anzusehen. Letztlich entscheidend ist hierfür die Überlegung, daß dem Eigentümer als einem versicherungsrechtlichen Laien das einem Regreßverzicht entgegenstehende Interesse des Versicherers in Umfang und Gewicht nicht hinreichend erkennbar ist. Indessen ist selbst dann im Ergebnis ein Regreßverzicht anzunehmen, wenn man dem letzten der obigen Auslegungsschritte nicht folgt, wenn man also nicht im Hinblick auf eine sich aus der überlegenen Sachkunde des Versicherers ergebende "Offenlegungspflicht" bei Ausbleiben der aus Sicht des Versicherungsnehmers zu erwartenden Klarstellung ein eindeutiges Aulegungsergebnis annehmen will. In diesem Fall greift dann nämlich jedenfalls die *Unklarheitenregel des § 5 AGBG*[219] ein. Die Erwägungen zur einem Regreßverzicht entgegenstehenden Interessenlage des Versicherers und zu deren Erkennbarkeit für einen durchschnittlichen Versicherungsnehmer haben nämlich eines ganz deutlich vor Augen geführt: Keinesfalls ergibt sich im Hinblick auf die aufgezeigten Ungewißheiten mit hinreichender Klarheit, daß ein Regreßverzicht nicht vereinbart sein sollte[220]. Die verbleibenden Unklarheiten gehen gem. § 5 AGBG zu lasten des Versicherers als des Verwenders. Jedenfalls in Anwendung der Unklarheitenregel ist somit ein Regreßverzicht anzunehmen.

---

[218] *Haidinger*, Anm. zu BGH, Urt. v. 30.4.1959 - II ZR 126/57 (BGHZ 30,40), LM § 67 VVG Nr. 13 (unter 1.).

[219] Zum Verhältnis von Vertragsauslegung und Anwendung der Unklarheitenregel s.o. 1 c) (S. 108).

[220] Zu den Voraussetzungen eines "Zweifels" i.S. von § 5 AGBG, der bei nur theoretischen Alternativen nicht bestehen soll, näher *H. Roth* WM 1991,2125 (2134).

d) Ergebnis

Die Überlegungen zum Schutz des potentiell Haftpflichtigen durch die vom Eigentümer genommene Sachversicherung lassen sich wie folgt zusammenfassen:

- Soll der potentiell Haftpflichtige vor dem Regreß des Versicherers geschützt werden, so führt die Auslegung zur Annahme eines *Regreßverzichts*, nicht eines (weitergehenden) Einschlusses des fremden Sachersatzinteresses. Zur Deckung des Sachersatzinteresses bedarf es vielmehr einer ausdrücklichen Einigung der Vertragspartner.

- Maßgeblich für das Bestehen eines Regreßverzichts ist es, ob ein durchschnittlicher, verständiger Versicherungsnehmer von diesem Verzicht ausgehen darf. Dies ist dann der Fall, wenn der Versicherungsnehmer ein beachtliches, dem Versicherer erkennbares Interesse am Regreßausschluß hat, und wenn der Versicherer nicht zu der Vereinbarung eines solchen Ausschlusses erkennbar nur gegen einen Prämienzuschlag (oder überhaupt nicht) bereit wäre. Unerheblich ist demgegenüber, ob sich durch den Regreßverzicht das Leistungsrisiko des Versicherers (wegen Gefahrerhöhung oder Regreßausschluß) erhöht, denn der durchschnittliche Versicherungsnehmer ist nicht in der Lage, das Interesse des Versicherers eindeutig zu erfassen und gegenüber seinem eigenen Interesse am Regreßverzicht zu gewichten. Geht man demgegenüber davon aus, daß letztlich dennoch Zweifel an der Vereinbarung eines Regreßverzichts bestehen, so folgt diese im Ergebnis jedenfalls aus der Anwendung der Unklarheitenregel in § 5 AGBG.

e) Abgrenzung des Kreises potentiell Haftpflichtiger, denen der stillschweigende Regreßverzicht zugutekommt

Für die Abgrenzung des Kreises potentiell Haftpflichtiger, denen der Regreßverzicht zugutekommt, sind die oben[221] dargelegten Auslegungsgrundsätze maßgeblich. Somit kommt es darauf an, welche erkennbaren, berechtigten Erwartungen ein durchschnittlicher Versicherungsnehmer bzgl. des Schutzes bestimmter, mit der Sache in Berührung kommender Personen hegt. Der Umfang dieser Erwartungen ist bei der vom Eigentümer genommenen Versicherung von seinem Interesse geprägt, Auseinandersetzungen mit dem

---

[221] S.o. 1 c) (S. 107 ff.).

potentiell Haftpflichtigen zu vermeiden. Dieses Interesse wird wiederum wesentlich durch die Erwartungen beeinflußt, die letzterer hinsichtlich des durch den Eigentümer beschafften Schutzes hegt. Die so ermittelten Erwartungen des Versicherungsnehmers führen indessen nur dann zu einem Regreßausschluß, wenn sie berechtigt sind; insoweit sind schutzwürdige, eindeutig dem Regreßverzicht entgegenstehende Interessen des Versicherers zu berücksichtigen. Legt man diese Maßstäbe zugrunde, so ergibt sich für den Kreis der Geschützten folgendes:

Stets setzt die Einbeziehung des potentiell Haftpflichtigen jedenfalls voraus, daß ihm die vollständige oder (z.B. bei Mietern bzgl. des versicherten Mehrfamilienhauses) zumindest teilweise *Sachherrschaft* an den von der Versicherung umfaßten Sachen eingeräumt wurde. Anderenfalls wäre der Kontakt zur Sache so locker, daß von einer vor Eintritt des Versicherungsfalls bestehenden, eine berechtigte Erwartung des Versicherungsnehmers begründenden Schutzerwartung des potentiell Haftpflichtigen[222] nicht ausgegangen werden könnte[223]. Auf die formale Stellung als (Mit-)Besitzer i.S. der §§ 854 ff. BGB[224] kommt es freilich nicht an; insbesondere genügt Besitzdienerschaft nach § 855 BGB. Zweifelhaft erscheint allerdings, ob die Sachherrschaft als solche das alleinige Kriterium zur Festlegung des durch den stillschweigenden Regreßverzicht geschützten Personenkreises ist. In diesem Falle würden z.B. stets auch Handwerker oder Gäste des Eigentümers vom Schutz der Sachversicherung profitieren, sofern sie nur - wenn auch u.U. ganz vorübergehend - die Sachherrschaft ausüben. Dies käme einer weitgehenden Abbedingung des § 67 VVG gleich, die zwar zulässig ist, aber nicht ohne weiteres aus der für die Auslegung maßgeblichen Interessenlage der Parteien folgt.

Zu untersuchen ist zunächst, ob der Regreßverzicht auch denjenigen Personen zugutekommt, die nicht in vertraglichen Beziehungen, sondern in einem *persönlichen Näheverhältnis* zum Eigentümer stehen (Familienange-

---

222 Zum Einfluß der Erwartungen des potentiell Haftpflichtigen auf die berechtigte Erwartung des Versicherungsnehmers s.o. a) aa) (2) (S. 114 ff.).

223 Die Lage ist insoweit vergleichbar mit dem Fall der Verkehrsüblichkeit einer Haftpflichtversicherung, dazu s.o. a) aa) (4) (S. 120 ff.).

224 Auf den Besitz hebt *Kisch*, Privatversicherungsrecht III, S. 127, ab; ferner das OLG Hamm (Urt. v. 29.8.1985 - 28 U 151/84, VersR 1987,300), das konsequent einen Einschluß des Sachersatzinteresses hinsichtlich solcher Sachen verneint, die nicht im Allein- oder Mitbesitz des potentiell Haftpflichtigen stehen.

hörige, Freunde, Bekannte)[225]. Gegen die Einbeziehung jener Personen spricht nicht bereits die Erwägung, daß die Versicherung sich allein auf den Schutz materieller Interessen bezieht, während das Interesse des Versicherungsnehmers am Regreßausschluß hier ein rein immaterielles ist (Streitvermeidungsinteresse). Mit einer solchen, am versicherten Interesse anknüpfenden Argumentation würde verkannt, daß es nicht um die *Versicherung* eines ideellen Interesses geht, sondern um die *Erwartung* des Versicherungsnehmers, die (auf den Schutz materieller Interessen gerichtete) Versicherung werde einem potentiell Haftpflichtigen in Gestalt des Regreßausschlusses zugutekommen[226].

Ermittelt man im Rahmen der Auslegung zunächst die Interessenlage des Versicherungsnehmers, so ergibt sich, daß es zumeist im Interesse des Eigentümers liegt, die Versicherung auch ihm nahestehenden Personen zugutekommen zu lassen. Diesem Interesse wird indessen in den wichtigsten Fällen - nämlich denen der in häuslicher Gemeinschaft mit dem Eigentümer lebenden Familienangehörigen - bereits durch den in § 67 Abs. 2 VVG angeordneten Regreßausschluß Rechnung getragen. Hierdurch wird nicht nur (mittelbar) der Versicherungsnehmer vor den wirtschaftlichen Folgen einer Inanspruchnahme seiner Angehörigen geschützt[227]; der Regreßausschluß fördert jedenfalls faktisch[228] auch den Familienfrieden und damit das ideelle Interesse des Versicherungsnehmers an der Vermeidung von Auseinandersetzungen mit ihm persönlich nahestehenden Haftpflichtigen. Man könnte nun dem § 67 Abs. 2 VVG die Entscheidung des Gesetzgebers entnehmen, den Kreis derjenigen dem Versicherungsnehmer nahestehenden Personen abschließend festzulegen, gegen die ein Regreß aus objektiven Gründen nicht möglich sein soll. Das würde bedeuten, daß eine auf die erkennbaren Erwartungen des durchschnittlichen Versicherungsnehmers gestützte und in diesem Sinne objektive Auslegung nicht darüber hinausgehend zur Annahme eines Regreßverzichts bzgl. weiterer, in einem Näheverhältnis zum Eigentümer

---

[225] Für deren Einbeziehung in den Schutz (durch Deckung des Sachersatzinteresses) *Kisch*, Privatversicherungsrecht III, S. 127.

[226] Vgl. (zur Abgrenzung von versichertem Interesse und Motiv) *Blanck* ZVersWiss 1929,393 (404).

[227] Nachweise s.o. S. 36 Fußn. 48.

[228] Nach Ansicht des BGH (Urt. v. 11.2.1964 - VI ZR 271/62, BGHZ 41,79 (83)) soll hierin sogar einer der Zwecke des § 67 Abs. 2 VVG liegen; zweifelnd offenbar *J. Prölss*, in: Prölss/Martin, § 67 VVG Anm. 7 A.

stehender potentiell Haftpflichtiger führen kann[229]. Diese auf den ersten Blick überzeugende Überlegung erscheint allerdings deshalb nicht zwingend, weil § 67 Abs. 2 VVG den Regreß auch im Falle der grob fahrlässigen Herbeiführung des Versicherungsfalles ausschließt, während es hier um einen Regreßverzicht nur bzgl. leichter Fahrlässigkeit[230] geht. Andererseits hat der Gesetzgeber eine bestimmte Gruppe von dem Versicherungsnehmern Nahestehenden herausgegriffen, ohne zugleich für andere Personen zumindest einen Regreßausschluß bzgl. leichter Fahrlässigkeit vorzusehen. Jedenfalls wenn man mit dem BGH[231] den Zweck des § 67 Abs. 2 VVG auch in der Wahrung des Familienfriedens sieht, müßten indessen zumindest alle - nicht nur die in häuslicher Gemeinschaft mit dem Versicherungsnehmer lebenden - Angehörigen ins Blickfeld des Gesetzgebers gelangt sein, was für eine Ausschlußwirkung im oben beschriebenen Sinn spricht.

Die Frage kann hier indessen dann letztlich dahingestellt bleiben, wenn sich auch im Wege der Vertragsauslegung nicht ein auf objektive Gründe gestützter Regreßverzicht zugunsten weiterer Personen ergibt. Jenseits des durch § 67 Abs. 2 VVG erfaßten Personenkreises ist bereits das Interesse des Eigentümers am Schutz ihm nahestehender Personen (Freunde, Bekannte) typischerweise weniger intensiv als bei im selben Haushalt wohnenden Angehörigen, die regelmäßig gesteigerte Schutzerwartungen hegen. Vor allem aber wäre eine auf den Schutz von nahestehenden Personen außerhalb des Anwendungsbereichs von § 67 Abs. 2 VVG gerichtete Erwartung im Hinblick auf die entgegenstehende Interessenlage des Versicherers nicht berechtigt: Ein verständiger Versicherungsnehmer kann nicht ohne weiteres davon ausgehen, der Versicherer sei bereit, auf den Wunsch des Versicherungsnehmers nach ungetrübten persönlichen Beziehungen dadurch Rücksicht zu nehmen, daß er auf den Rückgriff gegen einen möglicherweise kaum überschaubaren Personenkreis verzichtet. Hinzu kommt, daß anderenfalls - anders als bei vertraglichen Beziehungen, die im übrigen ein wirtschaftliches Interesse des Versicherungsnehmers am Regreßausschluß begründen - erhebliche Abgrenzungsschwierigkeiten und Manipulationsgefahren entstünden. Im Ergebnis besteht daher kein stillschweigender Regreßverzicht zugunsten solcher

---

[229] Vgl. bereits oben A II 1 a) cc) (2) (S. 36 f.).

[230] Dazu s.o. S. 37 Fußn. 51 unter Hinweis auf die abweichende Rechtslage nach Art. 72 Abs. 3 des schweizerischen VVG.

[231] Urt. v. 11.2.1964 - VI ZR 271/62, BGHZ 41,79 (83).

potentiell Haftpflichtiger, zu denen der Eigentümer in irgendeinem persönlichen Näheverhältnis steht[232].

Fraglich ist ferner, ob der Regreßverzicht auch Personen zugutekommt, die zwar aufgrund vertraglicher Beziehungen zum Eigentümer mit der Sache in Berührung kommen, die mit ihr aber typischerweise *nur vorübergehenden oder flüchtigen Kontakt* haben, wie z.B. der Reparaturarbeiten ausführende Handwerker. Ein etwaiger Regreßverzicht käme bei diesen Personen freilich nach der hier vertretenen Ansicht[233] im Ergebnis häufig zumindest wegen der Subsidiarität gegenüber einer anderweitigen Ersatzmöglichkeit (Berufs-Haftpflichtversicherung) nicht zum Zuge. Zunächst ist jedoch im Wege der Auslegung zu ermitteln, ob den genannten Personen überhaupt ein Regreßverzicht zugutekommt. Ein besonderes, die Erwartung auch des Versicherungsnehmers beeinflussendes Schutzinteresse des potentiell Haftpflichtigen läßt sich regelmäßig jedenfalls nicht auf die wirtschaftliche Belastung mit der Prämie stützen, da es an einer Prämienumlage meist fehlt. Allein mit dieser Erwägung läßt sich der Personenkreis indessen nicht abgrenzen. Das letztlich entscheidende Argument dafür, trotz des gegenläufigen Interesses des Versicherers einen stillschweigenden Regreßverzicht anzunehmen, ist nämlich nach den obigen Ausführungen[234] nicht die Prämientragung, sondern der Umstand, daß dem Eigentümer als Versicherungsnehmer das Interesse des Versicherers an der Erhaltung der Regreßmöglichkeit nicht deutlich erkennbar wird. Dieses Kriterium ist auch auf die Abgrenzung des geschützten Personenkreises anzuwenden. Je mehr die Befugnisse des potentiell Haftpflichtigen denen eines Eigentümers angenähert sind, je mehr er im Umgang mit der Sache an dessen Stelle tritt, umso größer ist die Schutzerwartung des durchschnittlichen Versicherungsnehmers und umso weniger gewichtig ist aus dessen Sicht das einem Regreßverzicht entgegenstehende Interesse des Versicherers. Dies entspricht dem Annexcharakter[235] des Sachersatzinteresses als eines vom Eigentümerinteresse abgeleiteten Interesses. Zu einer starken Annäherung an die Stellung eines Eigentümers kommt es insbesondere dann, wenn die Sache einer Person zum *Gebrauch* überlassen wird. Gerade dann, wenn der Eigentümer dem potentiell Haftpflichtigen die Stellung eines Gebrauchsberechtigten einräumt und ihm damit ein wesentliches, aus der

---

232 So wohl auch *Martin*, Sachversicherungsrecht, H III 70.

233 S.u. C III 2 (S. 192 ff.).

234 S.o. b) bb) (S. 138 ff.).

235 S.o. A IV 1 b) bb) (S. 76) sowie die Nachweise dort in Fußn. 258 f.

Eigentümerstellung fließendes Recht überträgt, erwartet er, daß (aufgrund eines Regreßausschlusses) der Versicherungsvertrag dem potentiell Haftpflichtigen als seinem Vertragspartner in gleicher Weise zugutekommt wie ihm selbst, wenn er die Sache in Gebrauch hätte. Von daher läßt sich in Anlehnung an eine Entscheidung des BGH[236] zur Abgrenzung des durch den Vertrag mit Schutzwirkung für Dritte begünstigten Personenkreises folgende Formel[237] aufstellen: Der stillschweigende Regreßverzicht kommt denjenigen potentiell Haftpflichtigen zugute, die nach dem Inhalt des zwischen ihnen und dem Eigentümer bestehenden Rechtsverhältnisses *bestimmungsgemäß am Gebrauch der Sache teilhaben oder ihn anstelle des Eigentümers ausüben.*

Wendet man diese Formel auf die praktisch bedeutsamen Fallgruppen an, so ergibt sich hinsichtlich des Schutzes potentiell Haftpflichtiger folgendes: Der Regreßverzicht kommt insbesondere sämtlichen Personen zugute, denen die Sache im Rahmen eines *Gebrauchsüberlassungsverhältnisses* übergeben wurde (Mieter, Pächter, Leasingnehmer, Entleiher)[238]. Martin[239] will allerdings den durch die Sachversicherung des Eigentümers vermittelten Schutz den Mietern solcher beweglicher Sachen nicht zugutekommen lassen, die sich nicht am Versicherungsort befinden, für die jedoch *Außenversicherung* besteht (z.B. nach § 12 Nr. 1 VHB 84[240]). Dies soll sogar dann gelten, wenn das Risiko geringer ist als es am Versicherungsort wäre. Zur Begründung führt Martin[241] aus, bei der Außenversicherung obliege es dem potentiell Haftpflichtigen, sein eigenes Interesse zu versichern. Außerdem erlaube die

---

236 Urt. v. 19.7.1973 - VIII ZR 175/72, BGHZ 61,227 (233).

237 Der in manchen AVB für die Einbeziehung fremder Sachen verwendete Begriff der "Obhut" (vgl. z.B. § 2 Nr. 4 AFB 87/AWB 87/AStB 87; § 2 Nr. 3 AERB 87; vgl. ferner *Schirmer* ZVersWiss 1981,637 (652, 657): "Obhutsfälle") ist demgegenüber zur Umschreibung des geschützten Personenkreises nicht geeignet. Das Obhutsverhältnis ist dadurch gekennzeichnet, daß gegenüber dem Eigentümer Sorgfalts- und Fürsorgepflichten bestehen (*Martin*, Sachversicherungsrecht, H III 70); auf die Existenz derartiger Pflichten kann es indessen bei der hier interessierenden Auslegungsfrage nicht ankommen. Auf die - bedenkliche - Ansicht von *Martin* (Sachversicherungsrecht, H III 71), die Mieter von Räumen stünden nicht in einem Obhutsverhältnis, ist daher hier nicht weiter einzugehen.

238 Eine ausdrückliche vertragliche Regreßverzichtsvereinbarung, die sich auf Gebrauchsüberlassungsverhältnisse bezieht, beinhaltet der bereits mehrfach erwähnte § 15 Nr. 2 AKB.

239 Sachversicherungsrecht, J II 21; G V 16.

240 Diese Außenversicherung umfaßt auch den Fall, daß der Versicherungsnehmer die Sache vermietet; *Knappmann*, in: Prölss/Martin, § 13 VHB 84 Anm. 3 c; *Martin*, Sachversicherungsrecht, G V 16.

241 Sachversicherungsrecht, J II 21.

Regreßmöglichkeit die Berechnung einer günstigen Prämie[242]. Zu beiden Argumenten ist festzustellen, daß sie nicht allein die Außenversicherung betreffen, sondern stets dem Schutz des potentiell Haftpflichtigen entgegengehalten werden könnten. Der Umfang dieses Schutzes kann - auch wenn es hier lediglich um die Deckung eines "Nebenrisikos"[243] geht - nicht davon abhängen, ob sich die Sache am Versicherungsort oder vertragsgemäß an einem anderen Ort befindet. Für die Auslegung ist allein auf die erkennbaren, berechtigten Erwartungen eines verständigen Versicherungsnehmers abzustellen; diese ändern sich nicht, wenn die Sache vereinbarungsgemäß vom Versicherungsort entfernt wird. Erfolgt diese Entfernung im Rahmen eines Gebrauchsüberlassungsverhältnisses, so ist der potentiell Haftpflichtige somit vor einem Regreß des Versicherers geschützt.

Auch im Falle der (nicht nur ganz vorübergehenden) *Überlassung von Arbeitsmitteln* an Arbeitnehmer üben jene den Gebrauch bestimmungsgemäß anstelle des Eigentümers aus; daß dies nicht eigennützig geschieht, spielt hier keine Rolle. Entgegen Martin[244] sind daher auch Arbeitnehmer vor einem Regreß des Versicherers geschützt. Häufig ist der Rückgriff hier allerdings bereits im Hinblick darauf ausgeschlossen, daß der Arbeitnehmer nach den Grundsätzen der gefahrgeneigten Arbeit[245] einen Freistellungsanspruch gegen seinen Arbeitgeber hat[246].

Im Einzelfall kommt auch dann, wenn die Sache dem potentiell Haftpflichtigen nicht zum Gebrauch überlassen wird, bisweilen ein stillschweigender Regreßverzicht in Betracht. So wird im Hinblick darauf, daß der potentiell Haftpflichtige mit der Sache in ähnlicher Weise wie ein Eigentümer in Berührung kommt und der Versicherungsnehmer eine hierauf aufbauende Schutzerwartung hegt, auch der *Kommissionär* vor einem Rückgriff des Versicherers geschützt. Zweifelhaft ist die Rechtslage bei *Verwahrungsverhältnissen.* Geht man hier wiederum von der berechtigten Erwartung eines verständigen Versicherungsnehmers aus, so ist dann, wenn schutzwürdige ent-

---

242 *Martin*, Sachversicherungsrecht, J II 22.

243 *Martin*, Sachversicherungsrecht, G V 16.

244 Sachversicherungsrecht, J II 33 (ohne Begründung).

245 BAG, Beschl. v. 12.6.1992 - GS 1/89, NZA 1993,547; Urt. v. 24.11.1987 - 8 AZR 524/82, NJW 1988,2816.

246 Daß der Rückgriff bei Bestehen dieses Anspruchs entfällt, hebt - insoweit zutreffend - auch *Martin* (Sachversicherungsrecht, J II 33) hervor. - Zu den Auswirkungen einer Haftpflichtdeckung auf die Arbeitnehmerhaftung *Hirschberg* VersR 1973,786; *Jung* DAR 1981,9 (10).

gegenstehende Interessen des Versicherers nicht deutlich erkennbar werden, von einem stillschweigenden Regreßverzicht zugunsten des Verwahrers auszugehen[247].

Nicht in den Genuß eines stillschweigenden Regreßverzichts gelangen demgegenüber insbesondere *Werkunternehmer*, die Arbeiten an fremden Sachen verrichten[248]. Hier fehlt es oft bereits an der Sachherrschaft, zumindest jedoch an der Einräumung eines Gebrauchsrechts. Hinzu kommt, daß der Abschluß einer Haftpflichtversicherung für die im Zusammenhang mit der Durchführung des Werkvertrages entstehenden Haftpflichtrisiken wohl verkehrsüblich ist, so daß nach den obigen[249] Ausführungen der Versicherungsnehmer insoweit keine berechtigte, erkennbare Schutzerwartung hegt.

3. Schutz des potentiell Haftpflichtigen durch die von ihm selbst abgeschlossene Sachversicherung

a) Vorüberlegungen

Schließt jemand im eigenen Namen einen Sachversicherungsvertrag über eine ihm nicht gehörende Sache ab, so kann darin eine ausschließliche Versicherung des eigenen Sachersatzinteresses, eine ausschließliche Versicherung des fremden Sacherhaltungsinteresses oder aber die gleichzeitige Versicherung beider Interessen liegen. Alternativ zur Deckung des Sachersatzinteresses kommt zudem wiederum die Vereinbarung eines Regreßverzichts in Betracht.

Entscheidend für das Interesse des potentiell Haftpflichtigen an der Deckung seines eigenen Sachersatzinteresses spricht es, wenn (ausnahmsweise) *feststeht*, daß ein *fremdes* Sacherhaltungsinteresse durch den Sachversicherungsvertrag *nicht* gedeckt werden soll. Dies kann insbesondere dann der Fall sein, wenn der Versicherungsnehmer sich bei Vertragsschluß irrtümlich für den Eigentümer hält, oder wenn das Sacherhaltungsinteresse bereits umfas-

---

247 Bei unentgeltlicher Verwahrung ist die praktische Bedeutung der Frage freilich deshalb begrenzt, weil der Verwahrer hier gem. § 690 BGB nur für die Sorgfalt einzustehen hat, die er in eigenen Angelegenheiten aufbringt.

248 So im Erg. - unter Berufung auf die durch die Tätigkeit des Werkunternehmers eintretende Risikoerhöhung - auch *Fuchs* BB 1992,1217 (1220); *Martin* VersR 1974,821 (824); *Braun* VersR 1987,1162 (1164).

249 S.o. a) aa) (4) (S. 120).

send versichert (und eine Doppelversicherung nicht gewollt) ist[250]. Würde man in solchen Fällen die Eigenversicherung ablehnen, so wäre der Versicherungsvertrag mangels versicherten Interesses gegenstandslos (Interessemangel im Sinne von § 68 VVG). Dieses Ergebnis widerspräche indessen dem Willen beider Vertragspartner. Somit ist hier von der Deckung des tatsächlich bestehenden Eigeninteresses (Sachersatzinteresses) des Versicherungsnehmers auszugehen[251].

In allen anderen Fällen folgt aus der für eine Eigenversicherung sprechenden Vermutungsregel des § 80 Abs. 1 VVG keineswegs, daß die vom potentiell Haftpflichtigen genommene Sachversicherung regelmäßig ausschließlich sein eigenes Sachersatzinteresse deckt[252]. Vielmehr kommt diese gesetzliche Auslegungsregel erst dann zum Tragen, wenn keine ausdrückliche Vereinbarung vorliegt und auch die Auslegung nicht zu einem eindeutigen Ergebnis führt[253].

Ohne weiteres ergibt sich die Deckung des eigenen Sachersatzinteresses aus den §§ 2 Nr. 4 S. 1 AERB 87, 2 Nr. 5 S. 1 AFB/AWB/AStB 87[254]. Nach diesen Klauseln gilt u.a. die Versicherung fremden Eigentums für Rechnung des Eigentümers und des Versicherungsnehmers. Fehlt eine derartige Bestimmung im Vertrag, so bedarf es der Auslegung der Klauseln, die sich mit den gegenständlich erfaßten Sachen befassen. Dabei ist wiederum nach dem oben entwickelten Verfahren in mehreren Auslegungsschritten vorzugehen[255].

---

[250] Letzteres nimmt das OLG München (Urt. v. 16.5.1986 - 18 U 1964/86, VersR 1986,1116 (1117)) an in einem Fall, in dem das Sacherhaltungsinteresse bereits vollständig gedeckt war und es um den Einschluß des Nutzungsinteresses und des weiteren, auf der drohenden Kreditrückzahlungspflicht aufgrund der §§ 102 f. VVG beruhenden Vermögensinteresses des Besitzers ging (s.o. S. 105 Fußn. 63).

[251] *Martin*, Sachversicherungsrecht, J V 3.

[252] In dieser Richtung aber *Schriftleitung RuS (Js.)*, RuS 1987,24.

[253] S. bereits oben 1 c) (S. 108).

[254] S.o. 1 a) (S. 104, Nachweise dort in Fußn. 61).

[255] S.o. 1 c) (S. 107 ff., insbesondere S. 110 f.).

b) Erkennbare Interessenlage des Versicherungsnehmers

aa) Bestimmung der Interessenlage des Versicherungsnehmers

(1) Interesse am Schutz vor einem Regreß des Versicherers

Die *Interessenlage des potentiell Haftpflichtigen als Versicherungsnehmer* ist - ganz allgemein gesprochen - dadurch gekennzeichnet, daß er bei einem bestimmten Einsatz an Prämie einen möglichst umfassenden Versicherungsschutz erhalten will. Es wurde bereits gesagt, daß jedenfalls meist von der Deckung des Sacherhaltungsinteresses des Eigentümers auszugehen ist[256]. Dies folgt - unabhängig vom Bestehen einer Verpflichtung des potentiell Haftpflichtigen zur Beschaffung von Versicherungsschutz für den Eigentümer - regelmäßig bereits daraus, daß der Schutz des Eigentümerinteresses an der Erhaltung der Sache im Mittelpunkt der Sachversicherung steht. Was die weitere, hier interessierende Frage nach dem Schutz des potentiell Haftpflichtigen vor einem Rückgriff des Versicherers angeht, ist folgendes zu beachten: Typischerweise wird es dem potentiell Haftpflichtigen beim Abschluß eines Sachversicherungsvertrages im eigenen Namen gerade auch darauf ankommen, sein Vermögen vor Einbußen zu schützen. Dieses eigene Interesse des Versicherungsnehmers liegt - anders als bei Vertragsschluß durch den Eigentümer, dessen Interesse erst durch das des potentiell Haftpflichtigen begründet wird - auf der Hand; auch der BGH[257] erkennt dies an. Würde nun der Versicherungsnehmer einen auf das fremde Sacherhaltungsinteresse beschränkten Vertrag schließen, so wäre er hierdurch vor einem Regreß des Versicherers nicht geschützt. Zwar ist Dritter im Sinne von § 67 Abs. 1 VVG grundsätzlich jeder außer Versicherungsnehmer und Versichertem. Indessen gilt diese Regel bei der reinen Fremdversicherung nicht uneingeschränkt. Vielmehr ist - wie oben[258] näher dargelegt - in diesem Fall der Schädiger auch dann, wenn er der Versicherungsnehmer ist, vorbehaltlich abweichender Vertragsgestaltung dem Rückgriff des den Versicherten entschädigenden Versicherers ausgesetzt. Das Interesse des potentiell Haftpflichtigen am Schutz vor einem Rückgriff des Versicherers erlangt im Hinblick darauf besonderes Gewicht, daß - anders als bei Vertragsschluß durch den Sacheigentümer - eine Abwälzung der Prämie regelmäßig nicht stattfindet. Vielmehr hat der potentiell Haftpflichtige die Prämien nicht nur als Vertragsschuldner des

[256] S.o. 1 a) (S. 104 f.) und die Nachweise dort in Fußn. 65.

[257] Urt. v. 20.3.1974 - IV ZR 94/73, VersR 1974,535 (536).

[258] S.o. A II 1 a) bb) (S. 31 ff.).

Versicherungsnehmers, sondern auch im Verhältnis zum Eigentümer *endgültig* zu tragen. Ist der potentiell Haftpflichtige (z.B. als Nutzungsberechtigter) zur Deckung des Sacherhaltungsinteresses des Eigentümers vertraglich verpflichtet, so schließt dies regelmäßig die Verpflichtung zur Tragung der damit verbundenen Kosten ein. Auch dann, wenn eine solche Kostenregelung nicht ausdrücklich getroffen wird, ist davon auszugehen, daß der potentiell Haftpflichtige die Sachversicherungsprämien nicht (etwa nach § 670 BGB) vom Eigentümer ersetzt verlangen kann. Trägt der Versicherungsnehmer somit die Prämien, so hegt er die berechtigte Erwartung, daß ihm der Versicherungsschutz auch zugutekommt. Auf der Ebene der Auslegung erlangt diese Schutzerwartung entscheidende Bedeutung[259].

(2) Verwirklichung des Schutzes durch Regreßverzicht oder durch Deckung des Sachersatzinteresses

Ist der potentiell Haftpflichtige somit an einem Ausschluß der Regreßmöglichkeit interessiert, so stellt sich wiederum die Frage, auf welche Weise dieser Schutz aus Sicht eines verständigen Versicherungsnehmers in der Rolle des potentiell Haftpflichtigen erreicht werden soll. Erscheint bei der vom Eigentümer genommenen Versicherung ein Regreßverzicht ausreichend[260], so könnte demgegenüber der potentiell Haftpflichtige als Versicherungsnehmer ein berechtigtes Interesse am Einschluß des Sachersatzinteresses haben. Anders als der Eigentümer verfolgt der potentiell Haftpflichtige mit dem Abschluß des Versicherungsvertrages über die fremde Sache nämlich über den Regreßausschluß hinausgehend zugleich das Ziel, sich vor einer Inanspruchnahme durch den Eigentümer zu schützen. Dieses Ziel erreicht er durch die Vereinbarung eines reinen Regreßverzichts nicht in demselben Umfang wie mit der Deckung des Sachersatzinteresses. Zwar kann er die Möglichkeit, daß der Eigentümer sich an ihn statt an den Versicherer hält, auch durch die Dekkung seines Sachersatzinteresses nicht einseitig ausschließen[261]. Indessen erlangt er - anders als beim Regreßverzicht - einen eigenen Anspruch gegen den Versicherer und nicht nur die Verfügungsmacht über den Anspruch des Eigentümers (§§ 75, 76 VVG). Dies wird insbesondere dann praktisch be-

---

259 Dies übergeht *Sieg* (BB 1993,149 (150 f.)), wenn er aus der Auferlegung einer Versicherungspflicht schließt, daß der Mieter - nur - fremdes Interesse decken soll. - Zur Schutzerwartung als Argument für die Versicherbarkeit s.o. A III 2 b) cc) (S. 70 f.).

260 S.o. 2 a) aa) (5) (S. 121 ff.).

261 Näher unten C IV 1 b) (S. 204 f.).

deutsam, wenn der Eigentümer als Versicherter[262] schuldhaft eine Obliegenheit verletzt. Derartige Verletzungen führen nur zur Leistungsfreiheit gegenüber dem Versicherten, während der Versicherungsnehmer seinen eigenen Anspruch gegen den Versicherer behält[263]. Bei einem reinen Regreßverzicht hingegen käme der durch die Versicherung bewirkte Schutz dem potentiell Haftpflichtigen in diesem Falle nicht zugute. Der Einschluß seines Sachersatzinteresses bringt für den Versicherungsnehmer noch einen weiteren Vorteil gegenüber einem Regreßverzicht: Ist der Eigentümer als Versicherter im Einzelfall befugt, den Anspruch selbst geltend zu machen[264], und nimmt er stattdessen den Haftpflichtigen in Anspruch, so käme es bei fehlender Deckung des Sachersatzinteresses darauf an, ob der Versicherte hieran aufgrund des zum Haftpflichtigen bestehenden Innenverhältnisses gehindert ist[265]. Den mit der Klärung dieser Frage verbundenen Ungewißheiten und Auseinandersetzungen entgeht der potentiell Haftpflichtige, indem er sich durch die Deckung seines Sachersatzinteresses einen eigenen Anspruch gegen den Versicherer verschafft. Dies gilt umso mehr, als den Vorteilen, die sich für den potentiell Haftpflichtigen aus dem Einschluß seines Sachersatzinteresses in die von ihm selbst genommene Versicherung[266] ergeben, keine Nachteile gegenüberstehen. Insbesondere treffen ihn hierdurch keine weiteren Obliegenheiten, die über die bereits durch seine Stellung als Versicherungsnehmer begründeten[267] hinausgehen. Im Ergebnis ist das Interesse des potentiell Haftpflichtigen somit auf den Einschluß seines eigenen Sachersatzinteresses gerichtet.

(3) "Sperrwirkung" eines Regreßverzichts

Enthält der Sachversicherungsvertrag einen *ausdrücklichen Regreßverzicht*, so äußert dieser - wie bereits dargelegt[268] - keine "Sperrwirkung" in dem

---

[262] Zu Obliegenheitsverletzungen durch den Eigentümer als Versicherungsnehmer s.o. II 3 (S. 100 f.).

[263] *J. Prölss*, in: Prölss/Martin, § 75 VVG Anm. 3.

[264] Zu den Voraussetzungen, unter denen dies der Fall ist, *J. Prölss*, in: Prölss/Martin, § 75 VVG Anm. 3.

[265] S.u. C IV 1 b) (S. 204 f.).

[266] Anders beim Einschluß des Sachersatzinteresses in die vom Eigentümer genommene Versicherung, s.o. 2 a) aa) (5) (S. 121 ff.).

[267] Vgl. *J. Prölss*, in: Prölss/Martin, § 74 VVG Anm. 2: Auch in der (ausschließlichen) Fremdversicherung treffen neben dem Versicherten den Versicherungsnehmer die Obliegenheiten.

[268] S.o. II 4 (S. 101 f.).

Sinne, daß sich nicht im Wege der Auslegung darüber hinausgehend eine Deckung des Sachersatzinteresses ergeben könnte. Wie soeben[269] aufgezeigt, ist das Interesse des potentiell Haftpflichtigen als Versicherungsnehmer auf die - über einen reinen Regreßverzicht hinausreichende - Deckung des Sachersatzinteresses gerichtet. An dieser Interessenlage ändert sich nichts, wenn im Versicherungsvertrag ausdrücklich ein Regreßverzicht vereinbart ist. Im Gegenteil wird hieran deutlich, daß der potentiell Haftpflichtige jedenfalls vor einem Rückgriff des Versicherers geschützt werden sollte. Allein aus der auf einen Ausschluß der Rückgriffsmöglichkeit beschränkten Regelung im Vertrag läßt sich nicht schließen, der Versicherungsnehmer, der sich der Unterschiede zwischen Regreßverzicht und Deckung des Sachersatzinteresses kaum je bewußt ist, habe durch diese Vereinbarung sein tatsächlich bestehendes Interesse einschränken wollen[270].

(4) Interessenlage bei im Einzelfall fehlendem Schutzbedürfnis des potentiell Haftpflichtigen

Es spricht nicht generell gegen das Interesse des Versicherungsnehmers an einer Deckung seines Sachersatzinteresses, wenn er des hierdurch bewirkten Schutzes im Einzelfall nicht bedarf. Vielmehr gilt im Ergebnis das oben zur Annahme eines Regreßverzichts in der vom Eigentümer genommenen Versicherung Gesagte[271] entsprechend für die hier interessierende Deckung des Sachersatzinteresses durch die Sachversicherung des potentiell Haftpflichtigen: Fehlt es im Einzelfall an der Schutzbedürftigkeit des Versicherungsnehmers, so tritt der grundsätzlich bestehende Ersatzanspruch lediglich gegenüber dem inhaltsgleichen anderweitigen Anspruch als subsidiär zurück[272].

bb) Erkennbarkeit der Interessenlage

Am deutlichsten erkennbar ist das Interesse des Versicherungsnehmers an der Deckung seines Sachersatzinteresses dem Versicherer dann, wenn dieser

---

[269] S.o. (2) (S. 154 f.).

[270] So im Ergebnis wohl auch *Martin* (Sachversicherungsrecht, J III), der bei der vom potentiell Haftpflichtigen genommenen Versicherung - im Gegensatz zur Versicherung durch den Eigentümer (dazu J I 12, J II 28) - die Möglichkeit eines auf den Regreßverzicht beschränkten Schutzes nicht eigens erörtert.

[271] Oben 2 a) aa) (3) (S. 117 ff.).

[272] S.u. C III 2 a) (S. 192 ff.).

weiß, daß die Sache dem Vertragschließenden nicht gehört. Schließt jemand einen Versicherungsvertrag über eine fremde Sache ab, so bestehen regelmäßig rechtliche Beziehungen zu deren Eigentümer. Das Risiko einer Haftung für die Beschädigung dieser Sache - und damit auch das Interesse des Versicherungsnehmers, durch Versicherungsschutz entsprechende Belastungen des eigenen Vermögens zu vermeiden - ist dem Versicherer erkennbar.

Hält der Versicherer den Vertragschließenden hingegen *irrtümlich für den Eigentümer* der Sache, so ist ihm dessen wahre Interessenlage nicht erkennbar. Vielmehr geht er dann davon aus, daß ausschließlich ein eigenes Sacherhaltungsinteresse des Versicherungsnehmers versichert wird. Seine Fehlvorstellung ist freilich jedenfalls insofern unerheblich, als der Irrtum über die Person des Eigentümers sich auf die Deckung des *Sacherhaltungsinteresses* nicht auswirkt; es liegt dann lediglich Fremd- statt Eigenversicherung vor[273]. Von der Versicherung für Rechnung "wen es angeht" (§ 80 Abs. 2 VVG) unterscheidet die Lage sich dadurch, daß dort der jeweilige Interesseträger selbst Versicherungsnehmer ist[274]. Hinsichtlich des *Sachersatzinteresses* ist für den Versicherer zwar ein möglicher Interesseträger nicht konkret erkennbar, wenn er den Vertragschließenden für den Eigentümer hält. Indessen gilt hier nichts anderes als bei der Versicherung *fremden* Sachersatzinteresses[275]; aus Sicht des im Irrtum befindlichen Versicherers kommt ohnehin nur eine solche Fremdversicherung des Sachersatzinteresses in Betracht. Somit reicht es auch hier aus, wenn die Möglichkeit einer Fremdnutzung *abstrakt erkennbar* ist. Zutreffend hat daher der BGH[276] in einem Fall, in dem es dem Versicherer nicht bekannt war, daß der Versicherungsnehmer ein Kfz nur geleast hatte, darauf abgestellt, welche Interessen nach der *objektiven Rechtslage* als Gegenstand der Versicherung in Betracht kommen.

c) Berücksichtigung der erkennbaren Interessenlage des Versicherers

Das Interesse des Versicherers ist darauf gerichtet, den für eine bestimmte Prämie gebotenen Leistungsumfang nicht im Ergebnis durch den Verzicht auf

---

273 BGH, Urt. v. 6.7.1988 - IV a ZR 241/87, VersR 1988,949. Die Möglichkeit der Fremdversicherung läßt *Möller* (in: Bruck/Möller/Sieg, § 49 VVG Anm. 125) in diesem Zusammenhang unerwähnt.

274 *J. Prölss*, in: Prölss/Martin, § 80 VVG Anm. 2.

275 Dazu s.o. 2 a) bb) (S. 124 ff.).

276 Urt. v. 6.7.1988 - IV a ZR 241/87, VersR 1988,949.

Regreßmöglichkeiten zu erweitern[277]. Bei der Sachversicherung steht das Eigentümerinteresse an der Sache (Sacherhaltungsinteresse) im Vordergrund. Die Versicherung dieses Interesses geht regelmäßig aus den Klauseln über die "versicherten Sachen" hervor[278]. Unerheblich ist aus Sicht des Versicherers die Person des Interesseträgers, sofern sich kein Unterschied hinsichtlich des übernommenen Risikos ergibt. Dementsprechend steht die irrige Annahme des Versicherers, der Versicherungsnehmer sei selbst Sacheigentümer, dem Vorliegen einer Fremdversicherung zugunsten des wahren Eigentümers nicht entgegen[279]. Die kumulative Eigen- und Fremdversicherung hingegen widerspricht den Interessen des Versicherers, wenn sie mit einer Erhöhung des Leistungsrisikos verbunden ist. Indessen führt dieser Umstand keineswegs dazu, daß der Versicherungsnehmer nicht von einem Regreßschutz (hier: durch Deckung des Sachersatzinteresses) ausgehen dürfte. Hierfür sind dieselben Gründe maßgeblich wie bei der parallelen Frage des Regreßverzichts in der vom Eigentümer genommenen Versicherung[280]. Es ist dem potentiell Haftpflichtigen als Versicherungsnehmer regelmäßig nicht möglich, das Interesse des Versicherers zu erfassen und gegenüber seinem eigenen Interesse an der Einbeziehung des Sachersatzinteresses zu gewichten. Das eigene Sachersatzinteresse des Versicherungsnehmers ist nur dann nicht in den Deckungsschutz einbezogen, wenn der Versicherer den Einschluß erkennbar von bestimmten Voraussetzungen, insbesondere der Vereinbarung eines Prämienzuschlages, abhängig macht (*"Offenlegungspflicht"*), und diese im Einzelfall nicht erfüllt sind.

Ist das Sachersatzinteresse eingeschlossen, so finden die schutzwürdigen Interessen des Versicherers allerdings bei der Ausgestaltung dieser Deckung insofern ihren Niederschlag, als ein stillschweigend vereinbartes *Anerkenntnis- und Befriedigungsverbot* anzunehmen ist. Hinsichtlich des Sachersatzinteresses als eines Haftpflichtinteresses unterscheidet sich die Interessenlage des Versicherers nämlich nicht von der in der Haftpflichtversicherung beste-

---

[277] S. bereits oben 2 b) aa) (1) (S. 126 ff.).

[278] S.o. 1 a) (S. 104); 3 b) aa) (1) (S. 153).

[279] BGH, Urt. v. 6.7.1988 - IV a ZR 241/87, VersR 1988,949;, ÖOGH, Entsch. v. 25.6.1987 - 7 Ob 31/87, SZ 60,618 (Nr. 123); Entsch. v. 13.3.1986 - 7 Ob 6/86, VersRdsch 1987,66 (Nr. 25); *J. Prölss*, in: Prölss/Martin, § 80 VVG Anm. 1 A; a.A. OLG München, Entsch. v. 17.12.1987 - 24 U 325/87, ZfS 1988,147 (Ist der Sacheigentümer - hier: Leasinggeber - im Versicherungsschein nicht genannt, so sei alleinige Eigenversicherung des Versicherungsnehmers - hier: Leasingnehmer - zu vermuten). - Zur Erkennbarkeit der Interessenlage des Leasingnehmers in solchen Fällen s.o. b) bb) (S. 156 f.).

[280] S.o. 2 b) bb) (S. 138 ff.).

henden Lage. Dort wird regelmäßig (vgl. § 5 Nr. 5 AHB) ein derartiges Verbot mit der Sanktion der Leistungsfreiheit bei schuldhaftem Verstoß (vgl. § 6 Abs. 3 VVG)[281] vereinbart. Dem schutzwürdigen Interesse des Versicherers daran, infolge eines Anerkenntnis oder der Befriedigung keine Nachteile zu erleiden, steht kein berechtigtes Interesse des potentiell Haftpflichtigen gegenüber. Von daher ergibt die Vertragsauslegung, daß eine stillschweigende Vereinbarung mit dem Inhalt des § 5 Nr. 5 AHB anzunehmen ist.

Anders als bei der vom Eigentümer genommenen Versicherung[282] bestehen keine weiteren, in der *Person des potentiell Haftpflichtigen* liegenden Voraussetzungen für die Einbeziehung seines Interesses in die von ihm abgeschlossene Versicherung. Ist der potentiell Haftpflichtige selbst Versicherungsnehmer, so entfällt die Gefahr einer uferlosen, dem Versicherer nicht erkennbaren Ausdehnung des Versicherungsschutzes. Zugleich dokumentiert sich in der Tatsache des Abschlusses das eigene wirtschaftliche - und nicht nur, wie dies bei der vom Eigentümer genommenen Versicherung vorkommen kann, ideelle[283] - Interesse des Versicherungsnehmers an der Deckung seines Sachersatzinteresses.

d) Kein Schluß auf entgegenstehenden Willen des Versicherers wegen Abweichungen der AVB vom üblichen Haftpflichtversicherungsmodell

Der potentiell Haftpflichtige als Versicherungsnehmer muß schließlich auch nicht aus dem Umstand, daß die vereinbarten AVB vom typischen Haftpflichtversicherungsmodell abweichen, auf einen dem Einschluß seines Interesses entgegenstehenden Willen des Versicherers schließen. Zwar liegt eine solche Abweichung insbesondere in der Vereinbarung einer an *§ 61 VVG* und nicht an § 152 VVG orientierten Leistungsfreiheit des Versicherers. Indessen gehört es nicht wesensmäßig zur Deckung eines Haftpflichtrisikos, daß der Versicherer auch bei grob fahrlässiger Herbeiführung des Versicherungsfalles zur Leistung verpflichtet bleibt. Im Gegenteil hat der BGH[284] sogar im Hinblick auf das entgegenstehende Präventionsinteresse die Zweckmäßigkeit einer solchen Regelung ausdrücklich in Frage gestellt. Vor allem aber besteht ein sachlicher Grund dafür, hier von den typischen Haftpflichtversicherungs-

---

281 Dazu näher *Johannsen*, in: Bruck/Möller/Sieg/Johannsen, Anm. F 145; *Voit*, in: Prölss/Martin, § 154 VVG Anm. 3.

282 Dazu oben 2 e) (S. 144 ff.).

283 S.o. 2 e) (S. 144 ff.).

284 Urt. v. 18.10.1952 - II ZR 72/52, BGHZ 7,311 (324); dazu s.u. C II 1 a) aa) (S. 183).

regeln abzuweichen: Wird das Sachersatzinteresse nur als *Annex* zur Deckung des Sacherhaltungsinteresses eingeschlossen, so liegt es nahe, hierfür keine abweichenden Regeln zu vereinbaren, insbesondere sofern diese (wie im Falle des § 152 VVG) über die gegenüber dem Inhaber des Sacherhaltungsinteresses begründeten Leistungspflichten hinausgehen[285]. Von daher erlaubt allein die Tatsache, daß das Sachersatzinteresse in den AVB keine von den für das Sacherhaltungsinteresse vereinbarten Regeln abweichende Ausgestaltung erfährt, keine Rückschlüsse auf einen der Deckung des Sachersatzinteresses entgegenstehenden Willen des Versicherers. Etwas anderes ergibt sich auch nicht im Hinblick auf den Umstand, daß der Versicherer ein *Anerkenntnis- und Befriedigungsverbot*, wie es für die Deckung von Haftpflichtinteressen angesichts seiner Interessenlage regelmäßig vereinbart wird, nicht ausdrücklich in die AVB aufgenommen hat. Man wird einem durchschnittlichen Versicherungsnehmer kaum unterstellen können, er durchsuche die AVB auf derartige, spezielle Ausgestaltungsmerkmale und schließe dann aus dem Fehlen einzelner solcher Merkmale darauf, der Versicherer wolle ein bestimmtes Interesse nicht decken.

Insgesamt ergibt sich somit aus den Abweichungen der vereinbarten AVB vom üblichen Haftpflichtversicherungsmodell aus Sicht eines durchschnittlichen Versicherungsnehmers nicht ein dem Einschluß des Sachersatzinteresses entgegenstehender Wille des Versicherers.

e) Anwendung der Unklarheitenregel (§ 5 AGBG)

Gelangt man somit bereits im Wege der Vertragsauslegung zu dem Ergebnis, daß das Sachersatzinteresse des potentiell Haftpflichtigen eingeschlossen ist, so ist für die Anwendung der Unklarheitenregel (§ 5 AGBG) kein Raum. Ginge man demgegenüber davon aus, daß auch durch die Auslegung letzte Zweifel nicht ausgeräumt werden können, so ergäbe sich im Ergebnis dennoch infolge der Anwendung von § 5 AGBG nichts anderes. Insoweit gelten die Ausführungen zum Regreßverzicht in der vom Eigentümer genommenen Versicherung[286] entsprechend.

---

[285] Eine andere Frage ist es, inwieweit hierbei Abweichungen von den (halb-)zwingenden Regeln der für die Haftpflichtversicherung geltenden Regeln (§§ 149-158 a VVG) zulässig sind, dazu s.u. C II 1 (S. 180 ff.).

[286] S.o. 2 c) (S. 143 ff.).

f) Ergebnis

Schließt der potentiell Haftpflichtige die Versicherung, so ist sein Sachersatzinteresse eingeschlossen. Dies ergibt sich bereits im Wege der Vertragsauslegung, zumindest aber in Anwendung der Unklarheitenregel.

4. Zusammenfassung

Insgesamt ist bei der Versicherung *fremder* Sachen das eigene Sachersatzinteresse des Versicherungsnehmers regelmäßig mitversichert[287]; häufig ergibt sich dies bereits ausdrücklich aus den (jüngeren) AVB. Doch auch in der vom *Eigentümer* genommenen Versicherung wird sich bei der Anwendung der aufgeführten Kriterien oft ein Schutz potentiell Haftpflichtiger ergeben; verwirklicht wird dieser Schutz dann allerdings nicht in Form der Deckung des Sachersatzinteresses, sondern durch einen Regreßverzicht. Für *beide* Fallgruppen läßt sich beim Fehlen ausdrücklicher Regelungen folgender Grundsatz aufstellen: Lediglich dann, wenn der Versicherer sein dem Schutz des potentiell Haftpflichtigen vor einem Rückgriff entgegenstehendes Interesse nach außen erkennbar - insbesondere durch einen differenzierenden Prämientarif - offenlegt, darf der Versicherungsnehmer nicht vom Schutz des potentiell Haftpflichtigen ausgehen. Andernfalls führt die Vertragsauslegung zu dem Ergebnis, daß ein Regreßverzicht vereinbart bzw. das Sachersatzinteresse eingeschlossen ist.

IV. Vertraglicher Ausschluß des Schutzes von potentiell Haftpflichtigen

1. Wirksamkeit

Würden nach den obigen Ausführungen potentiell Haftpflichtige durch die Sachversicherung geschützt, so liegt es aus Sicht eines an der Erhaltung der Regreßmöglichkeit interessierten Versicherers nahe, dieses Auslegungsergebnis durch entsprechende Vertragsgestaltung zu verhindern. In der vom Eigentümer genommenen Versicherung kommt eine dem § 67 Abs. 1 VVG entsprechende Regreßklausel in Betracht, in der vom potentiell Haftpflichtigen genommenen Versicherung ein ausdrücklicher Ausschluß der Deckung

---

[287] So - allerdings mit abweichender Begründung - im Ergebnis auch *Martin* VersR 1974,821 (825).

des Sachersatzinteresses. Im folgenden soll die Wirksamkeit derartiger Klauseln anhand des AGBG überprüft werden.

a) Regreßklausel in der vom Eigentümer genommenen Versicherung

aa) Prüfung anhand von § 3 AGBG

Sehen die vom Versicherer verwendeten AVB ausdrücklich die Möglichkeit eines Regresses gegen potentiell Haftpflichtige in der vom Eigentümer genommenen Versicherung vor, so könnte darin eine *überraschende* Regelung liegen mit der Folge, daß die Klausel nach § 3 AGBG nicht Vertragsinhalt geworden ist. Dies ist dann der Fall, wenn die Klausel so ungewöhnlich ist, daß der Vertragspartner - hier also: der Versicherungsnehmer - mit ihr nicht zu rechnen brauchte ("Überrumpelungseffekt"[288]). Ob eine Klausel überraschend ist, richtet sich generell nach dem angesprochenen Kundenkreis[289]. Aus Sicht eines durchschnittlichen Versicherungsnehmers ist es nicht als "Überrumpelung" anzusehen, wenn der Versicherer keine Rücksicht auf das - allein auf der Schutzerwartung des potentiell Haftpflichtigen beruhenden - Interesse des Versicherungsnehmers am Ausschluß der Rückgriffsmöglichkeit nimmt.

bb) Inhaltskontrolle nach § 9 AGBG

Eine inhaltliche Überprüfung der Regreßklausel anhand von § 9 AGBG kommt nur in Betracht, wenn es sich bei ihr um eine gem. § 8 AGBG kontrollfähige Klausel handelt. Nach dieser Vorschrift unterliegen nur solche Klauseln in AGB der Inhaltskontrolle nach den §§ 9-11 AGBG, die von Rechtsvorschriften abweichende oder sie ergänzende Bestimmungen enthalten. Mit der den Rückgriff vorsehenden Klausel wird lediglich der Inhalt von § 67 Abs. 1 VVG als vertragliche Regelung vereinbart und damit klargestellt, daß die Parteien nicht stillschweigend davon abweichen. Hierin liegt indessen keine Abweichung von gesetzlichen Vorschriften. Die Regreßklausel unterliegt somit gem. § 8 AGBG nicht der Inhaltskontrolle.

---

[288] BGH, Urt. v. 20.2.1987 - V ZR 249/85, BGHZ 100,82 (85); Urt. v. 6.12.1984 - IX ZR 115/83, NJW 1985,848 (849); *Kötz*, in: MünchKomm, § 3 AGBG Rdnr. 8.

[289] BGH, Urt. v. 6.3.1986 - VII ZR 195/84, NJW 1986,1805 (1806).

b) Ausschluß der Deckung des Sachersatzinteresses in der vom potentiell Haftpflichtigen genommenen Versicherung

Ist der potentiell Haftpflichtige Versicherungsnehmer, so stellt sich der Ausschluß seines eigenen Sachersatzinteresses als so ungewöhnlich i.S. von § 3 AGBG dar, daß er damit nicht zu rechnen braucht. Bereits im Zusammenhang mit der Vertragsauslegung wurde darauf hingewiesen, daß es dem potentiell Haftpflichtigen gerade auf seinen eigenen Schutz vor einem Regreß des Versicherers ankommt[290]. Wird dieser aufgrund einer die Deckung des Sachersatzinteresses ausschließenden Klausel in den AVB nicht realisiert, so verfehlt die Versicherung damit aus seiner Sicht ihren Zweck. Eine derartige Klausel wird somit gem. § 3 AGBG schon nicht Vertragsbestandteil.

2. Aufklärungspflicht

Steht aufgrund eines ausdrücklichen Ausschlusses oder als Ergebnis der Vertragsauslegung fest, daß das Sachersatzinteresse nicht gedeckt bzw. ein Regreßverzicht nicht vereinbart ist, so ist eine entsprechende *vorvertragliche Aufklärungspflicht* des Versicherers in Betracht zu ziehen. In anderem Zusammenhang hat die Rechtsprechung verschiedentlich derartige Informationspflichten angenommen. Ihre Verletzung soll zu Schadensersatzansprüchen oder aber dazu führen können, daß der Versicherer sich z.B. auf den Deckungsausschluß, auf den er hätte hinweisen müssen, nicht berufen darf[291]. Indessen ist hier folgendes zu beachten: Sofern sich der Ausschluß des Schutzes des potentiell Haftpflichtigen im Wege der Vertragsauslegung ergibt, kommen die für den Schutz des potentiell Haftpflichtigen sprechenden Belange bereits bei der Auslegung zum Tragen. Damit ist seinem Schutzbedürfnis Genüge getan. Das Ergebnis der Auslegung, das auch die schutzwürdigen Interessen des Versicherers zu berücksichtigen hat, darf dann nicht im Nachhinein durch die Annahme einer vorvertraglichen Hinweispflicht des Versicherers wieder in Frage gestellt werden. Es ist grundsätzlich kein Aspekt des Versicherungsnehmerschutzes ersichtlich, der nicht bereits bei der Vertragsauslegung zur Geltung gebracht werden kann. Entsprechendes gilt im Falle eines ausdrücklichen Ausschlusses bei der vom potentiell Haft-

---

290 S.o. III 3 b) aa) (1) (S. 153).

291 BGH, Urt. v. 25.3.1992 - IV ZR 55/91, VersR 1992,603 (604) = JZ 1992,925; dem folgend OLG Saarbrücken, Urt. v. 17.6.1992 - 5 U 85/91, VersR 1993,341 (343); OLG Köln, Urt. v. 14.1.1993 - 5 U 175/91, VersR 1993,1385 (1386).

pflichtigen genommenen Versicherung für die Kontrolle nach § 3 AGBG. Gelangt man im Wege der Auslegung oder der Wirksamkeitskontrolle nach dem AGBG zu dem Ergebnis, daß der potentiell Haftpflichtige durch die Sachversicherung nicht geschützt wird, so ist folglich für die Annahme einer vorvertraglichen Pflicht des Versicherers zum Hinweis hierauf regelmäßig kein Raum. Etwas anderes kann sich nur dann ergeben, wenn im Einzelfall der Versicherer aufgrund besonderer Umstände erkennen kann, daß der Eigentümer als Versicherungsnehmer ein gesteigertes Interesse am Ausschluß der Regreßmöglichkeit hat, so daß eine Versicherung ohne Regreßverzicht ihren Zweck völlig verfehlen würde[292]. Letzteres dürfte indessen kaum in Betracht kommen, da der Eigentümer stets jedenfalls Deckungsschutz für sein eigenes Sacherhaltungsinteresse erlangt.

V. Besonderheiten bei einzelnen Rechtsverhältnissen

Wendet man die soeben ermittelten Auslegungsgrundsätze auf die verschiedenen Rechtsverhältnisse an, bei denen die Frage nach der Deckung des Sachersatzinteresses praktisch bedeutsam wird, so ergeben sich insbesondere bei Gebrauchsüberlassungsverträgen und bei gesellschaftsrechtlich begründeten Rechtsbeziehungen einige Besonderheiten. Auf sie soll nachfolgend eingegangen werden.

1. Gebrauchsüberlassungsverträge

a) Schutz bzgl. nicht mitüberlassener Teile der Sache

Wird eine Sache mehreren Personen in der Weise zum Gebrauch überlassen, daß das Gebrauchsrecht jeweils gegenständlich auf einen Teil der Sache beschränkt ist (z.B. Vermietung der Wohnungen eines Mehrfamilienhauses), so bezieht sich der Schutz des einzelnen Gebrauchsberechtigten jedenfalls auf sein Sachersatzinteresse an dem ihm überlassenen Teil. In Betracht kommt, den durch den Regreßverzicht bzw. die Deckung des Sachersatzinteresses bewirkten Schutz darüber hinaus auch auf die hinsichtlich der übrigen Teile der Sache bestehenden Haftpflichtrisiken zu erstrecken. Hierfür spricht, daß diese Risiken sich stets auf die Sache als Ganzes beziehen (z.B. Brandrisiko in

---

[292] Vgl. z.B. BGH, Urt. v. 8.10.1969 - IV ZR 627/68, VersR 1969,1088 (1089); Urt. v. 19.3.1986 - IV a ZR 182/84, VersR 1986,541 (542); *Wandt* NZV 1992,89 (93) für den Deckungsschutz der "grünen Karte"; *J. Prölss*, in: Prölss/Martin, Vorbem. II 3 A.

einem Mehrfamilienhaus). Von daher ist die Erwartung des Versicherungsnehmers, gleich, ob es sich bei ihm um den Eigentümer oder um den Gebrauchsberechtigten handelt, erkennbar darauf gerichtet, Schutz vor einem Regreß bzgl. Schäden an der Gesamtsache zu erlangen. Diese Erwartung ist auch berechtigt; ein entgegenstehendes, schutzwürdiges Interesse des Versicherers gerade in Bezug auf die nicht mitüberlassenen Teile der Sache ist nicht ersichtlich. Der Regreßverzicht bzw. die Deckung des Sachersatzinteresses bezieht sich somit auf die gesamte Sache[293].

b) Regreßverzicht zugunsten von Mietern in der Glasversicherung

Eine Besonderheit besteht in der Glasversicherung. Hat der Mieter sich im Mietvertrag zur Erstattung der Prämie für die vom Vermieter genommene Glasversicherung verpflichtet, so greift der in einer geschäftsplanmäßigen Erklärung[294] enthaltene *Regreßverzicht der Glasversicherer* hinsichtlich leichter Fahrlässigkeit ein. Auf den bislang bestehenden Streit um die zivilrechtliche Bindungswirkung derartiger Erklärungen[295] kommt es für den Schutz des Mieters ebensowenig an wie auf die Frage, welche Bedeutung derartige Erklärungen als Bestandteil des Geschäftsplans künftig - nach Wegfall der aufsichtsbehördlichen Präventivkontrolle - überhaupt noch haben werden. Nach den obigen Ausführungen ergibt nämlich bereits die Vertragsauslegung, daß der Mieter als potentiell Haftpflichtiger in der vom Eigentümer genommenen Versicherung durch einen Regreßverzicht vor dem Rückgriff des Versicherers geschützt ist[296]. Der stillschweigende Regreßverzicht greift unabhängig davon ein, ob die Prämie im Mietvertrag gesondert ausgewiesen oder - wie meist - als nicht offengelegter Kalkulationsposten im Mietzins enthalten ist.

---

293 So bzgl. des Sachersatzinteresses des Mieters an den nicht an ihn mitvermieteten Gebäudeteilen auch *Martin*, Sachversicherungsrecht, J II 26.

294 Abgedruckt in VerBAV 1953,218; 1969,303.

295 Dazu *Prölss/Schmitt/Frey*, § 5 VAG Rdnr. 22 ff.; BGH, Urt. v. 13.7.1988 - IV a ZR 55/87, VersR 1988,1062 (1064 f.) (für ein Recht des Versicherungsnehmers auf Beachtung der Erklärungen analog § 328 Abs. 2 BGB); *J. Prölss*, in: Prölss/Martin, Vorbem. I 8; *ders.* JZ 1989,148 (150) (für Einbeziehung von den Versicherungsnehmer begünstigenden Erklärungen im Wege ergänzender Auslegung).

296 S.o. III 2 (S. 113 ff., insbesondere S. 138 ff.).

c) Versicherungsschein/-bestätigung beim Kfz-Leasing

Eine Besonderheit ergibt sich dann, wenn - was speziell im Bereich des Kfz-Leasing nicht selten vorkommt - der Versicherer einen *"Kfz-Versicherungsschein"*[297] oder eine *"Versicherungsbestätigung für Leasinggesellschaften"* erteilt hat. Durch diese Dokumente wird der Leasinggeber in den vom Leasingnehmer geschlossenen Versicherungsvertrag über die Leasingsache einbezogen. Die Versicherung gilt danach während der Laufzeit des Leasingvertrages als "für Rechnung des Leasinggebers" genommen[298]. Vergleichbare Formeln, wonach fremdes Eigentum für fremde Rechnung versichert ist, finden sich auch in manchen älteren Fremdeigentumsklauseln[299]. Im Zusammenhang mit ihnen wurde bereits dargelegt[300], daß derartige Klauseln für sich genommen noch keine Schlußfolgerungen hinsichtlich der Einbeziehung des Sachersatzinteresses rechtfertigen. Ebenso läßt sich allein aus dem Wortlaut der in der Versicherungsbestätigung bzw. im Kfz-Sicherungsschein enthaltenen Formulierung nichts dafür herleiten, daß damit ein andernfalls eingeschlossenes Sachersatzinteresse aus dem Deckungsschutz der Sachversicherung herausgenommen werden soll[301]. Schnepp[302], der dies anders sieht, zieht ausschließlich Belege heran, die völlig unabhängig vom Vorliegen der Bestätigung oder des Scheines das Sachersatzinteresse des Leasingnehmers für nicht versicherbar oder jedenfalls für nicht versichert halten. Der von Schnepp angestellte Vergleich mit verschiedenen Klauseln bei der Sicherungsübereignung ist für die Auslegung kaum hilfreich, da dort nicht nur ganz andere Interessen des Versicherungsnehmers als das Sachersatzinteresse in Rede stehen, sondern vor allem keinerlei Argumente für ein bestimmtes Verständnis der Klauseln vorgebracht werden. Gegen ein Verständnis der Klauseln, wonach durch sie der Deckungsumfang der Sachversicherung eingeschränkt werden soll, spricht insbesondere, daß sich - was dem durchschnittlichen Leasingnehmer erkennbar ist - durch die Erteilung der Versicherungsbestätigung bzw. des Kfz-Sicherungsscheines weder die Prämienkalkulation noch der Umfang der dem Kfz drohenden Risiken verändert. Mit der Ertei-

---

[297] Zur rechtlichen Konstruktion näher *Knappmann*, in: Prölss/Martin, § 15 AKB Anm. 2.

[298] So Ziffer 1 der vom Leasingnehmer abzugebenden Anzeige bzw. des Antrages, abgedruckt bei *Schnepp*, Sachversicherung bei Mobilienleasing, Anhang III.

[299] Beispiele s.o. S. 105 Fußn. 66.

[300] S.o. III 1 a) (S. 105 f.).

[301] So im Erg. auch *J. Prölss*, in: Prölss/Martin, § 80 VVG Anm. 1 B a; *Bethäuser* DAR 1987,107 (112).

[302] Sachversicherung bei Mobilienleasing, S. 172-175.

lung des Versicherungsscheines bzw. der Bestätigung soll ausschließlich der Schutz des Leasinggebers sichergestellt werden. Dessen Sacherhaltungsinteresse wird indessen durch die Deckung des Sachersatzinteresses, das nach Eintritt des Versicherungsfalls auf Leistung an den Leasinggeber als den Geschädigten gerichtet ist, nicht berührt[303]. Daß auch Schnepp[304] selbst durchgreifende Bedenken gegen das von ihm gefundene Ergebnis hat, zeigt sein Bemühen, die vermeintliche Eingrenzung des Versicherungsschutzes als unvereinbar mit dem AGBG zu verwerfen: Möglicherweise sei die Klausel, wonach die Versicherung für Rechnung des Leasinggebers gilt, bereits überraschend i.S. des § 3 AGBG, jedenfalls aber halte sie einer Überprüfung anhand des § 9 Abs. 1, Abs. 2 Nr. 2 AGBG nicht stand. Die von Schnepp hierzu angestellten Erwägungen sind indessen geeignet, bereits im Wege der Auslegung[305] der Klausel zum zutreffenden Ergebnis zu gelangen, daß das Sachersatzinteresse des Versicherungsnehmers durch die Ausstellung der Versicherungsbestätigung bzw. des Sicherungsscheines nicht ausgeschlossen werden soll[306].

2. *Gesellschaftsrechtlich begründete Rechtsverhältnisse*

a) Kapitalgesellschaften (und rechtsfähige Vereine)

Die Frage nach dem Schutz potentiell Haftpflichtiger durch einen Sachversicherungsvertrag stellt sich auch dann, wenn es um die Haftpflicht von Gesellschaftern und Organwaltern einer *Kapitalgesellschaft* geht und der Vertrag namens der Gesellschaft als der Sacheigentümerin abgeschlossen wurde. Dabei konzentriert sich das Problem, soweit es um das Sachersatzinteresse von *Gesellschaftern* geht, auf die GmbH. Bei der AG wird diese Frage im Hinblick darauf kaum praktisch, daß Aktionäre typischerweise nicht mit dem Eigentum der Gesellschaft in Berührung kommen und ihnen von daher

---

303 Dies verkennt bei der Auslegung der Sicherungsbestätigung neben *Schnepp* (s.o. Fußn. 302) auch *Sblowski* (ZfV 1984,618 (622)), der jedoch im Hinblick auf vertragliche Anrechnungsvereinbarungen meint, das Sachersatzinteresse gelte im Ergebnis als mitversichert.

304 Sachversicherung bei Mobilienleasing, S. 175-178.

305 Bei der ähnlich gelagerten Frage nach der Auslegung u.a. des § 2 Nr. 5 i.V.m. Nr. 3 lit. c AFB 87 mißt auch *Schnepp* (Sachversicherung bei Mobilienleasing, S. 191) dem Wortlaut (der den Leasingnehmer nicht nennt) angesichts der Zweckrichtung der Klausel zutreffend keinerlei Bedeutung bei.

306 Zur Frage der Höhe der Entschädigung bei Leasingverträgen s.u. C I 1 a) bb) (S. 177 ff.).

keine Haftung droht. Hier geht es stattdessen in erster Linie um das Sachersatzinteresse von *Organen*.

Die folgenden Ausführungen zum Schutz von Gesellschaftern und Organwaltern gelten entsprechend auch für die Mitglieder bzw. Organwalter von *rechtsfähigen Vereinen*. Je nachdem, ob die Mitglieder mit den im Eigentum des eingetragenen Vereins stehenden Sachen in Berührung kommen oder nicht, besteht insoweit eher eine Parallele zur GmbH oder aber zur AG.

aa) Sachersatzinteresse von Gesellschaftern

Untersucht man, inwieweit durch den von einer Kapitalgesellschaft geschlossenen Sachversicherungsvertrag die Gesellschafter als potentiell Haftpflichtige geschützt werden, so ergibt sich folgende Besonderheit: Anders als bei den übrigen im Rahmen dieser Untersuchung interessierenden Rechtsverhältnissen besteht hier eine spezifische Verbindung zwischen der Gesamtheit der potentiell Haftpflichtigen (Gesellschafter) und dem Eigentümer (Gesellschaft). Zwar führt die rechtliche Verselbständigung der Kapitalgesellschaft dazu, daß Träger des versicherten Sacherhaltungsinteresses nicht die einzelnen Gesellschafter in ihrer Verbundenheit sind, sondern die Gesellschaft selbst. Hinsichtlich der Deckung des Sacherhaltungsinteresses sind die Kapitalgesellschafter damit "Dritte" i.S. des § 67 Abs. 1 VVG. Es wäre allerdings voreilig, hieraus zu schließen, daß dem Versicherer stets der Regreß gegen einen die Sache beschädigenden Gesellschafter offenstehe[307]. Zu beachten ist nämlich, daß für den im Rahmen der Auslegung zu ermittelnden Umfang des Versicherungsschutzes die erkennbaren, berechtigten Erwartungen der Gesellschafter maßgeblich sind. Insoweit besteht eine Identität zwischen Gesellschafts- und Gesellschafterinteresse; die dem Versicherer erkennbaren Erwartungen der Gesellschaft werden unmittelbar durch die ihrer Mitglieder bestimmt. Die Situation unterscheidet sich damit erheblich von der nur mittelbar bedeutsamen, die Interessenlage des Eigentümers als Versicherungsnehmer bestimmenden Erwartung z.B. eines Mieters. Durch die rechtliche Verselbständigung der Kapitalgesellschaft ändert sich nichts daran,

---

[307] So - ohne nähere Begründung - BGH, Beschl. v. 4.6.1985 - VI ZR 175/84, VersR 1985,983 (für eingetragene Vereine) und jüngst - unter Hinweis auf die Urteile zur Kfz-Kaskoversicherung - Urt. v. 27.10.1993 - IV ZR 33/93, VersR 1994,85 (86) (für die Einmann-GmbH, mit kritischer Anmerkung von *Armbrüster* VersR 1994,893); ferner (für Kapitalgesellschaften) ÖOGH, Entsch. v. 5.7.1979 - 7 Ob 36/79, SZ 52,536 (537) = VersR 1980,372; OLG Celle, Urt. v. 1.7.1971 - 10 U 149/70, VersR 1972,1015 (1016); *Sieg*, in: Bruck/Möller/Sieg, § 67 VVG Anm. 43.

daß die für sie handelnden Organwalter die Sachversicherung in Wahrnehmung der Interessen der Gesellschafter abschließen. Von daher ist hinsichtlich der Verständnismöglichkeit der den Versicherungsvertrag schließenden Organwalter auf die erkennbaren, berechtigten Erwartungen der Gesamtheit der Gesellschafter abzustellen. Diese Erwartungen sind darauf gerichtet, daß der Schutz der Sachversicherung denjenigen Gesellschaftern zugutekommt, die aufgrund ihrer Gesellschafterstellung mit der Sache in ähnlicher Weise wie ein Eigentümer in Berührung kommen[308]. Dies ist dann der Fall, wenn sie - was bei GmbH-Gesellschaftern zwar nicht stets unterstellt werden darf, aber häufig vorkommt - mit (bzw. bei Gebäuden: in) den im Eigentum der Gesellschaft stehenden Sachen arbeiten.

Steht fest, welchen Gesellschaftern der Schutz des Sachversicherungsvertrages zuteil wird, so stellt sich nunmehr wiederum die Anschlußfrage, auf welche Weise dieser Schutz erfolgt, durch Regreßverzicht oder durch Versicherung des Sachersatzinteresses[309]. Auch insoweit sind die berechtigten Erwartungen der Gesellschafter maßgeblich. Die Gesellschafter erwarten, als Versicherte einen eigenen Anspruch gegen den Versicherer zu erlangen; durch das damit entstehende Treuhandverhältnis zur Gesellschaft als Versicherungsnehmerin wird sichergestellt, daß jene vorrangig den Versicherer in Anspruch nehmen muß[310]. Damit werden die Unsicherheiten vermieden, die bei einem reinen Regreßverzicht für den einzelnen Gesellschafter mit der Frage verbunden wären, ob die Gesellschaft aufgrund des Innenverhältnisses daran gehindert ist, ihn persönlich in Anspruch zu nehmen[311]. Gegen die Deckung des Sachersatzinteresses spricht auch nicht die oben[312] allgemein angestellte Erwägung, der Eigentümer habe es selbst in der Hand, den Haftpflichtigen zu schützen, indem er den Versicherer in Anspruch nimmt. Verschuldet nämlich ein Gesellschafter den Eintritt des Versicherungsfalles, so könnte die Gesellschaftermehrheit - etwa um eine Kündigung oder Prämienerhöhung durch den Versicherer zu vermeiden - eine Inanspruchnahme des haftpflichtigen Gesellschafters beschließen. Durch die Deckung des Sach-

---

308 So bereits *Armbrüster* ZVersWiss 1993,245 (248) und VersR 1994,893 (896). In dieser Richtung auch *J. Prölss*, in: Prölss/Martin, § 74 VVG Anm. 1 b; § 67 VVG Anm. 3.

309 S. bereits allgemein oben III 2 a) aa) (5) (S. 121 ff.).

310 Näher s.u. C IV 1 a) aa) (S. 200 ff.).

311 Dazu s.u. C IV 1 a) bb) (S. 202 ff.).

312 III 2 a) aa) (5) (S. 123).

ersatzinteresses wird dies verhindert; sie erweist sich somit hier zugleich als ein Instrument des gesellschaftsrechtlichen Minderheitenschutzes.

Im Ergebnis führt somit die Auslegung hier nicht zur Vereinbarung eines Regreßverzichts, sondern ausnahmsweise zum Einschluß des Sachersatzinteresses in die vom Eigentümer genommene Versicherung[313] und damit zu demjenigen Ergebnis, das bei einer vom potentiell Haftpflichtigen genommenen Versicherung die Regel darstellt[314].

bb) Sachersatzinteresse von Organwaltern

In der vom Prinzip der Fremdorganschaft bestimmten Kapitalgesellschaft haben häufig Nichtgesellschafter als *Organwalter* (GmbH-Geschäftsführer; Vorstandsmitglieder einer AG) gesteigerte Einwirkungsmöglichkeiten auf die im Eigentum der Gesellschaft stehenden Sachen. Die Gesellschaft hat ein Interesse daran, der Gefahr von Auseinandersetzungen mit Organwaltern vorzubeugen, die ihr Eigentum beschädigen. Als Versicherungsnehmerin hegt sie somit erkennbar die Erwartung, daß ihre Organe vor einem Rückgriff des Versicherers bewahrt werden[315]. Dieser Schutz könnte wiederum durch einen Regreßverzicht oder aber durch die Deckung des Sachersatzinteresses erzielt werden. Für einen reinen Regreßverzicht spricht auf den ersten Blick, daß hinsichtlich der Organwalter nicht die Überlegung eingreift, mit der oben der Einschluß des Sachersatzinteresses der Gesellschafter begründet wurde (Identität von Gesellschafts- und Gesellschafterinteressen). Indessen ist zu beachten, daß die Organwalter hinsichtlich des Risikos einer Herbeiführung des Versicherungsfalles an die Stelle der Gesellschaft treten, die ja nicht selbst, sondern gerade durch die für sie handelnden Organwalter Schadensrisiken setzt. Die Sachlage unterscheidet sich dadurch z.B. von den Fällen der Vermietung, daß der potentiell Haftpflichtige hier Vertreter eines Eigentümers

---

313 So im Erg. - zur Einbeziehung des Sachersatzinteresses von Mitgliedern eines Fliegerclubs - (freilich ohne Auseinandersetzung mit der Frage, wieso nicht lediglich ein Regreßverzicht anzunehmen ist) auch ÖOGH, Beschl. v. 17.2.1993 - 7 Ob 1/93, VersR 1993,1301 (1302) gegen BGH, Beschl. v. 4.6.1985 - VI ZR 175/84, VersR 1985,983; ferner OLG Frankfurt/M., Urt. v. 22.1.1993 - 24 U 210/91, RuS 1993,131 (= GmbHRdsch 1993,741, dort irrig als rechtskräftig bezeichnet) als Vorinstanz zu BGH, Urt. v. 27.10.1993 - IV ZR 33/93, VersR 1994,85.

314 Eingehend oben III 3 (S. 151 ff.).

315 Dies verkennen *Möller* DAR 1953,107 (109), ferner *Sieg* (in: Bruck/Möller/Sieg, § 67 VVG Anm. 43), der den Regreß gegen Vorstandsmitglieder trotz gewisser Bedenken letztlich mit der Erwägung zulassen will, daß eine Entlastung dieser Organe nicht Sinn einer Versicherung der juristischen Person sei.

ist, der als solcher, d.h. als juristische Person gar nicht handlungsfähig ist, sondern dem allenfalls das Handeln natürlicher Personen (insbesondere: der Organwalter), die etwa den Versicherungsfall herbeiführen, zuzurechnen ist[316]. Dies spricht entscheidend dafür, den Organwaltern eigene Ansprüche gegen den Versicherer auf Ersatz des der Gesellschaft entstandenen Schadens zuzuerkennen, mithin von einer Deckung des Sachersatzinteresses auszugehen. Damit erübrigt sich auch die nicht immer eindeutig zu entscheidende Frage, ob eine natürliche Person - z.B. ein GmbH-Geschäftsführer - in ihrer Eigenschaft als Gesellschafter oder als Organ mit der Sache Umgang hatte; in beiden Fällen ist das Sachersatzinteresse gedeckt (und nicht beim Handeln als Organ lediglich ein Regreßverzicht anzunehmen).

b) Personengesellschaften

Im Bereich der *Personengesellschaften* kommt es jedenfalls konstruktiv für die Frage nach dem Schutz der potentiell Haftpflichtigen darauf an, ob man diesen Gesellschaften mit der neueren Ansicht[317] eigene Rechtssubjektivität zuerkennt. In diesem Falle gelten die obigen Ausführungen zu den Kapitalgesellschaften entsprechend. Lehnt man hingegen die rechtliche Selbständigkeit von Personengesellschaften ab[318], so sind die Gesellschafter als Gesamthandseigentümer selbst Träger des Sacherhaltungsinteresses. Sie sind, soweit der Sachversicherungsvertrag in ihrem Namen abgeschlossen wird, selbst Versicherungsnehmer[319]; bei Vertragsschluß durch einen Gesellschafter im eigenen Namen sind die übrigen Versicherte[320] hinsichtlich des aus ihrer Stellung als (Gesamthands-)Eigentümer erwachsenden Sacherhaltungsinteresses. Ein Rückgriff nach § 67 Abs. 1 VVG kommt somit von vornherein

[316] S. bereits *Armbrüster* ZVersWiss 1993,245 (249). - Die Organe treffen auch die Obliegenheiten aus dem Versicherungsvertrag; BGH, Urt. v. 2.6.1953 - II ZR 176/52, VersR 1953,316 (317); ÖOGH, Urt. v. 25.4.1990 - 7 Ob 18/90, VersR 1991,571 (572); *J. Prölss*, in: Prölss/Martin, § 6 VVG Anm. 6. Darin sieht *Sieg* (in: Bruck/Möller/Sieg, § 67 VVG Anm. 43) einen für den Schutz von Vorstandsmitgliedern sprechenden Aspekt.

[317] *K. Schmidt* (JZ 1985,909 (913)) für die "Mitunternehmer-BGB-Gesellschaft".

[318] BGH, Urt. v. 24.1.1990 - IV ZR 270/88, VersR 1990,380; Urt. v. 7.10.1987 - IV a ZR 67/86, NJW 1988,556.

[319] *J. Prölss*, in: Prölss/Martin, § 74 VVG Anm. 1 b; ÖOGH, Entsch. v. 15.6.1989 - 7 Ob 16/89, VersRdsch 1990,119 (121); i.Erg. auch OLG Düsseldorf, Urt. v. 16.8.1988 - 4 U 227/87, RuS 1989,43 (44). Für Mitversicherte, während "die OHG" Versicherungsnehmerin sei, hingegen BGH, Urt. v. 9.3.1964 - II ZR 216/61, VersR 1964,479; *Sieg*, in: Bruck/Möller/Sieg, § 74 VVG Anm. 24.

[320] Näher *Armbrüster* ZVersWiss 1993,245 (251).

nicht in Betracht[321]; die Frage nach einem Regreßschutz stellt sich somit in diesem Falle nicht. Dasselbe gilt im übrigen für andere Gesamthandsgemeinschaften (Erbengemeinschaft, eheliche Gütergemeinschaft).

3. Bruchteilsgemeinschaften

Schließt der *Bruchteilsberechtigte* einen Vertrag im eigenen Namen über die ganze Sache, so ist neben seinem eigenen Sacherhaltungsinteresse nach den oben[322] aufgestellten Regeln zur Versicherung fremden Eigentums zugleich das Sacherhaltungsinteresse der übrigen Miteigentümer gedeckt[323]. Das an der Sache bestehende Sacherhaltungsinteresse des Versicherungsnehmers ist allerdings *wertmäßig* (wirtschaftlich) auf den *eigenen* Bruchteil beschränkt. Von daher ist der einzelne Bruchteilsberechtigte allein durch die Deckung des (eigenen und fremden) Sacherhaltungsinteresses - was Martin[324] zutreffend darlegt - noch nicht vor einem Regreß des Versicherers hinsichtlich der auf die *übrigen Bruchteile* entfallenden Entschädigung geschützt. Ein Regreßschutz[325] im Umfang des Wertes der *fremden* Bruchteile wird jedoch dadurch erreicht, daß insoweit nach den oben[326] zur Auslegung der vom potentiell Haftpflichtigen genommenen Versicherung aufgestellten Grundsätzen eine Eigenversicherung des Sachersatzinteresses anzunehmen ist[327]. Zugleich kommt den übrigen Bruchteilsinhabern in Höhe des Wertes des Bruchteils des Versicherungsnehmers nach den obigen[328] Regeln ein Regreßverzicht zugute.

Bei der *Wohnungseigentümergemeinschaft* als einer Bruchteilsgemeinschaft bzgl. des Gemeinschaftseigentums (§§ 1 Abs. 2, 10 Abs. 1 WEG) ist folgende Besonderheit zu beachten: Ein Sacherhaltungsinteresse des einzelnen Wohnungseigentümers besteht hier nicht nur hinsichtlich seines Bruchteils am Gemeinschaftseigentum, sondern auch an dem damit verbundenen Sonderei-

---

[321] Insoweit zutreffend BGH, Urt. v. 9.3.1964 - II ZR 216/61, VersR 1964,479.

[322] S.o. III 3 b) aa) (S. 153 ff.).

[323] *J. Prölss*, in: Prölss/Martin, § 80 VVG Anm. 1 A gegen OLG Karlsruhe, Urt. v. 21.6.1990 - 12 U 56/90, VersR 1991,1048.

[324] Sachversicherungsrecht, J III 17.

[325] Für ihn außer *Martin* (Fußn. 324) im Erg. auch *Sieg*, in: Bruck/Möller/Sieg, § 67 VVG Anm. 42.

[326] S.o. III 3 (S. 151 ff.).

[327] *Martin*, Sachversicherungsrecht, J III 17.

[328] S.o. III 2 (S. 113 ff.).

gentum. Im übrigen greifen die Grundsätze ein, die oben[329] für die Auslegung der vom potentiell Haftpflichtigen genommenen Sachversicherung entwickelt wurden. Besteht Versicherungsschutz für die Wohnungseigentümergemeinschaft, so ist folglich das Sachersatzinteresse jedes Wohnungseigentümers am fremden Sondereigentum[330] und an den fremden Anteilen am Gemeinschaftseigentum eingeschlossen. Allerdings sind die in manchen AVB enthaltenen speziellen Klauseln über die Regreßmöglichkeiten bei Wohnungseigentümergemeinschaften zu beachten[331].

329 S.o. III 3 (S. 151 ff.).

330 *Kollhosser*, in: Prölss/Martin, vor § 51 VVG Anm. 7 D.

331 Z.B. Klausel 841 (zu den VGB) und Klausel 785 (zu den AGlB). Zur Kritik an diesen Regelungen *Kollhosser*, in: Prölss/Martin, vor § 51 VVG Anm. 7 D.

Teil C: Umfang und Folgen einer Deckung des Sachersatzinteresses bzw. eines Regreßverzichts

I. Umfang des versicherten Sachersatzinteresses bzw. des Regreßverzichts

1. Umfang des Haftungsschutzes

a) Haftungsgründe

Steht im Einzelfall fest, daß ein Sachersatzinteresse gedeckt ist, so stellt sich die Frage nach dem genauen Umfang dieser Deckung. Entsprechendes gilt hinsichtlich der Reichweite eines Regreßverzichts; die folgenden Ausführungen zur Deckung des Sachersatzinteresses gelten insoweit sinngemäß.

Bereits eingangs wurde das Sachersatzinteresse definiert als das Interesse daran, nicht wegen der Haftung für die Beschädigung, die Zerstörung oder den Verlust einer bestimmten fremden Sache Vermögensnachteile zu erleiden[1]. Eine derartige Haftung kann sich aus Delikt oder aus Vertrag ergeben. Die vertragliche Haftung wird bisweilen so ausgestaltet, daß sie unabhängig von einem Verschulden eintritt *(Zufallshaftung)*. Beispielsweise übernimmt nicht selten der Mieter die Haftung für jeden - auch zufälligen - Schaden an der gemieteten Sache. Das hieraus folgende Sachersatzinteresse hält - insoweit zutreffend - sogar Schirmer[2], der hinsichtlich der Verschuldenshaftung gegenteiliger Ansicht ist, für in der Sachversicherung versicherbar. Ein Sachersatzinteresse kann sich ferner auch daraus ergeben, daß ein Werkunternehmer bei Beschädigung des Werks vor Abnahme dem Besteller gegenüber weiterhin zur Leistung verpflichtet bleibt. Zwar handelt es sich hierbei nicht um einen Schadensersatzanspruch, sondern um die primäre Erfüllungspflicht; indessen macht es für das Interesse des Nichteigentümers keinen Unterschied, ob er bei Beschädigung der Sache aufgrund eines primären oder

---

[1] Oben Einführung I (S. 17).

[2] ZVersWiss 1981,637 (insbesondere S. 660 f., 713).

eines sekundären Anspruchs zur Wiederherstellung verpflichtet ist[3]. Dies gilt umso mehr, als die Abgrenzung ohnehin gerade bei Gebrauchsüberlassungsverhältnissen nicht immer zweifelsfrei ist[4]; die Unterscheidung ist zudem aus Sicht des Haftpflichtigen ohne praktische Bedeutung. Die unbeschädigte Existenz der Sache begründet somit immer dann ein versicherbares Interesse des potentiell Haftpflichtigen, wenn er bei einer Beschädigung aufgrund eines Schadensersatz- oder Erfüllungsanspruches des Eigentümers zur Wiederherstellung verpflichtet ist[5]. Konsequent ist es dann, auch die auf § 278 BGB beruhende Haftung für das Verschulden von Erfüllungsgehilfen einzuschließen. Andererseits genügt es entgegen Kisch[6] zur Begründung einer Eintrittspflicht des Versicherers nicht, wenn der Schädiger sich lediglich aufgrund seiner persönlichen Beziehungen zum Eigentümer zum Ersatz verpflichtet fühlt. Vielmehr umfaßt das Sachersatzinteresse nur rechtlich bindende Ersatzpflichten[7]. Fehlt es hieran, so verbleibt potentiellen Schädigern natürlich die Möglichkeit, das Sacherhaltungsinteresses des Eigentümers durch eine Fremdversicherung zu decken. Ein weiterer Schutz ist nicht erforderlich, da die Gefahr eines Regresses nach § 67 VVG in diesen Fällen mangels Ersatzpflicht gerade nicht besteht.

b) Haftungsfolgen

aa) Ersatz von Vermögensschäden

Im Hinblick auf die *einzelnen Schadenspositionen* ist zu klären, ob das Sachersatzinteresse lediglich die Haftung für Substanzschäden umfaßt oder ob darüber hinaus auch Vermögensfolgeschäden (z.B. Mietausfall während der Reparaturzeit) eingeschlossen sind. Für eine Begrenzung auf Substanzschäden spricht die Überlegung, daß das Sachersatzinteresse als *Annex* des Sacherhaltungsinteresses betragsmäßig nicht weiter reichen sollte als letzteres, zumal

---

3 *Martin* VW 1971,89 (94). - Für die Versicherbarkeit des Werkunternehmerinteresses (begründet durch den primären Herstellungsanspruch bei Zerstörung des Werks vor Abnahme) in der Sachversicherung auch *Schirmer* (ZVersWiss 1981,637 (729)), der allerdings von einem "Sacherhaltungsinteresse des Unternehmers" spricht.

4 Dies räumt auch *Schirmer* (ZVersWiss 1981,637 (660)) ein, der dennoch hinsichtlich des Versicherungsschutzes differenziert, indem er die Versicherbarkeit des aus sekundären Ansprüchen resultierenden Sachersatzinteresses ablehnt (s. bereits S. 174 bei Fußn. 2).

5 *Martin* VW 1971,89 (94).

6 Privatversicherungsrecht III, S. 122-125.

7 *Schirmer* ZVersWiss 1981,637 (715 f.).

die Prämienkalkulation am Sachwert und damit an der Substanz orientiert ist. In neueren AVB ist häufig ausdrücklich geregelt, daß bei der Fremdversicherung des *Sacherhaltungsinteresses* für die Höhe des Versicherungswertes jenes Interesse maßgeblich ist, d.h. auch hinsichtlich der Interessen des Versicherungsnehmers[8]. Schließt der potentiell Haftpflichtige eine Versicherung über fremde Sachen ab, so geht demnach der Versicherungswert betragsmäßig nicht über das Sacherhaltungsinteresse hinaus; hieran zeigt sich wiederum der Annexcharakter des Sachersatzinteresses gegenüber dem allein ausschlaggebenden Sacherhaltungsinteresse.

Der Versicherungsschutz des potentiell Haftpflichtigen in der Sachversicherung ist somit zugleich qualitativ (auf Sachsubstanzschäden) und quantitativ (auf den Sachwert) begrenzt[9]; er ist also nicht umfassend[10]. Indessen steht es den Parteien frei, die zusätzliche Deckung von Vermögensschäden infolge einer Substanzverletzung bzw. des Verlustes der Sache zu vereinbaren[11] (z.B. Betriebsunterbrechungs-Versicherung). Solange dies nicht erfolgt, kommt im übrigen ein *Regreß* des Versicherers gegen den Haftpflichtigen hinsichtlich des den reinen Sachsubstanzschaden übersteigenden Betrages bereits deshalb nicht in Betracht, weil der Versicherer insoweit den Eigentümer (mangels einer Leistungspflicht) regelmäßig nicht entschädigt. Der von der Versicherung umfaßte Anspruch des Eigentümers auf Ersatz des Substanzschadens und der darüber hinausgehende Anspruch des Eigentümers gegen den Haftpflichtigen wegen der Vermögensfolgeschäden sind inkongruent, so daß ein Übergang des zuletzt genannten Anspruchs nach § 67 VVG ausscheidet[12].

---

[8] Z.B. § 2 Nr. 4 S. 2 AERB 87; § 2 Nr. 5 S. 2 AFB/AWB/AStB 87.

[9] *Schnepp*, Sachversicherung bei Mobilienleasing, S. 149-151 (für Fremdversicherung des Sachersatzinteresses), S. 167 f. (für Eigenversicherung), S. 180 (für die Lage nach Erteilung von Versicherungsbestätigung oder Kfz-Sicherungsschein), S. 192 (bei Sicherungsübereignung an ein Kreditinstitut).

[10] Darauf verweist auch *P. Koch* VersR 1967,306 (309).

[11] Ausdrücklich z.B. § 2 Nr. 4 S. 2 AERB 87. *Schnepp*, Sachversicherung bei Mobilienleasing, S. 151. Die Erweiterung des Deckungsschutzes empfiehlt *Engels* (VP 1985,73 (74)) für die Feuerhaftungsversicherung.

[12] BGH, Urt. v. 11.7.1963 - III ZR 133/62, VersR 1963,1185 (1187) (bzgl. Mietausfallschaden in der Feuerversicherung); *J. Prölss*, in: Prölss/Martin, § 67 VVG Anm. 2 b.

bb) Für die Schadensberechnung maßgebliche Person

Wird die versicherte Sache zerstört und ist nach den AVB der Wiederbeschaffungswert zu ersetzen, so kann es für die Höhe der Ersatzleistung des Versicherers einen Unterschied machen, ob dieser Wert nach den dem Eigentümer oder aber dem potentiell Haftpflichtigen entstehenden Wiederbeschaffungskosten zu ersetzen ist. So hat - um den praktisch wichtigsten Fall herauszugreifen - beim *Kfz-Leasing* der Leasinggeber - anders als meist der Leasingnehmer - für Reparatur bzw. Ersatzbeschaffung der Leasingsache keine Umsatzsteuer zu zahlen (Vorsteuerabzug nach §§ 2 Abs. 1, 15 UStG); zudem kommen ihm bei einem Neuerwerb oft beträchtliche Händlerrabatte zugute. Von daher stellt sich die Frage, ob für die Berechnung der Höhe der Entschädigung bei Einschluß des Sachersatzinteresses[13] auf den Leasinggeber[14] oder auf den Leasingnehmer[15] abzustellen ist. Allein mit § 13 Nr. 2 AKB, wonach in der Kfz-Kaskoversicherung der vom "Versicherungsnehmer" (hier regelmäßig der Leasingnehmer) zu zahlende Kaufpreis maßgeblich sein soll, läßt sich die Frage nicht beantworten[16]; diese Klausel geht von der reinen Eigenversicherung aus und besagt daher nichts für den Fall, daß durch die Versicherung zugleich das Sacherhaltungsinteresse des Leasinggebers und das Sachersatzinteresse des Leasingnehmers gedeckt sind. Vergegenwärtigt man sich den *Annexcharakter des Sachersatzinteresses*, so ergibt sich folgendes:

Ausgangspunkt für die Berechnung dieses Interesses ist stets der Umfang, in dem der Leasingnehmer gegenüber dem Leasinggeber im Hinblick auf die Sachsubstanz tatsächlich haftet. Diese Haftung, d.h. die im Schadensfalle geschuldete Art der Ersatzleistung richtet sich in erster Linie nach den *vertraglichen Vereinbarungen* zwischen Leasinggeber und Leasingnehmer. Hat hiernach der Leasinggeber für die Reparatur oder Ersatzbeschaffung zu sorgen, so ist auch dann für die Berechnung der Entschädigung allein auf seine Verhältnisse abzustellen, wenn der Leasingnehmer zum Ersatz der hierfür

---

[13] Auf das sich aus einer Kaufoption ergebende Erwerbsinteresse (dazu *Martin*, Sachversicherungsrecht, J III 9 f.) ist hier nicht einzugehen, da es sich dabei nicht um ein Haftpflichtinteresse handelt.

[14] Dafür jetzt grds. BGH, Urt. v. 14.7.1993 - IV ZR 181/92, VersR 1993,1223 (1224).

[15] So *Martin*, Sachversicherungsrecht, J III 8.

[16] So im Erg. auch die oben in Fußn. 14 f. Genannten; a.A. AG Bottropp, Urt. v. 28.12.1983 - 11 C 297/83, DAR 1987,292; AG Flensburg, Urt. v. 18.4.1986 - 61 C 394/85, DAR 1986,324 (325).

entstehenden Aufwendungen verpflichtet ist[17]. Hat hingegen nach dem Leasingvertrag der Leasingnehmer die Leasingsache zu reparieren oder zu ersetzen, so ist der Sachversicherer in Höhe der dem Leasingnehmer hierfür entstehenden Kosten (sog. Bruttoentschädigung) leistungspflichtig[18]. Ist im Einzelfall trotz im Leasingvertrag vereinbarter Zuständigkeit des Leasingnehmers der Schaden unter Inanspruchnahme der dem Leasinggeber zustehenden Vergünstigungen behoben worden, so liegt darin eine stillschweigende Abänderung der vertraglichen Regelung. Für die Leistungspflicht des Versicherers ist dann auf die Person des Leasinggebers abzustellen (Nettoentschädigung)[19]; damit wird zugleich eine Bereicherung des Leasingnehmers verhindert. Im Ergebnis ist somit stets die Vereinbarung maßgeblich, die zwischen den Parteien des Leasingvertrages im Zeitpunkt der Reparatur bzw. Ersatzbeschaffung über die diesbezügliche Zuständigkeit besteht.

Schwieriger gestaltet sich die Lage in den Fällen, in denen eine derartige *Vereinbarung fehlt*. Dies gilt insbesondere dann, wenn bei einem Totalschaden der Leasingvertrag vorzeitig beendet und sämtliche zur Vollamortisation noch erforderlichen Zahlungen fälliggestellt werden. Hier ist nach dem Versicherungsvertrag der Versicherer in Höhe des Neuwertes regelmäßig nur bei Wiederherstellung[20] leistungspflichtig (s. insbesondere § 13 Nr. 2 i. V. mit Nr. 10 AKB). Offen bleibt, wer für die Wiederherstellung zuständig ist. Entgegen Schnepp[21] läßt sich eine Zuständigkeit des Leasingnehmers nicht damit begründen, dieser benötige wegen seines Nutzungsinteresses die Neuwertentschädigung zur Weiternutzung einer neuwertigen Sache. Das Nutzungsinteresse kann hier bereits deshalb keine Rolle spielen, weil es sich dabei - wie bereits dargelegt[22] - nicht um ein von der Sachversicherung, die auf den Ersatz von Substanzschäden ausgerichtet ist, umfaßtes Interesse handelt. Demgegenüber kann im Hinblick darauf, daß der Leasingvertrag im Normal-

---

[17] So im Erg. - ohne jedoch auf die vertragliche Vereinbarung abzuheben - auch BGH, Urt. v. 6.7.1988 - IV a ZR 241/87, VersR 1988,949; Urt. v. 5.7.1989 - IV a ZR 189/88, VersR 1989,950 (951); *J. Prölss*, in: Prölss/Martin, § 80 VVG Anm. 1 B a; *Knappmann*, in: Prölss/ Martin, § 13 AKB Anm. 3; *Stiefel/Hofmann*, § 13 AKB Anm. 44.

[18] Insoweit offengelassen von BGH, Urt. v. 14.7.1993 - IV ZR 181/92, VersR 1993,1223 (1224) (vgl. aber auch sogleich S. 179 bei Fußn. 24).

[19] So jedenfalls im Erg. auch die oben Fußn. 17 Genannten.

[20] Der (Neu-)Abschluß eines Leasingvertrages über eine Ersatzsache genügt für die "Wiederbeschaffung"; *Schnepp*, Sachversicherung bei Mobilienleasing, S. 235-242.

[21] Sachversicherung bei Mobilienleasing, S. 235.

[22] S.o. B III 1 a) (S. 104 f.).

fall vereinbarungsgemäß im Falle eines Totalschadens entweder aufgehoben oder gekündigt wird, mangels fortbestehenden Leasingvertrages[23] regelmäßig nur noch der *Leasinggeber* für die Wiederbeschaffung i.S. von § 13 Abs. 10 AKB zuständig sein. Dies spricht entscheidend dafür, mit dem BGH[24] für die Berechnung der Versicherungsleistung auf die Verhältnisse des Leasinggebers abzustellen[25].

2. Einbeziehung von Familienangehörigen des potentiell Haftpflichtigen in den Schutz

Wie oben[26] dargelegt, führt die Auslegung des vom potentiell Haftpflichtigen genommenen Sachversicherungsvertrages regelmäßig zur Deckung seines Sachersatzinteresses. Ist hingegen der Eigentümer Versicherungsnehmer, so bedarf es hierzu einer ausdrücklichen dahingehenden Abrede[27]; andernfalls ist nur ein Regreßverzicht anzunehmen. Ist das Sachersatzinteresse gedeckt, findet § 67 Abs. 2 VVG Anwendung, so daß der Regreß gegen die mit dem Mieter in häuslicher Gemeinschaft lebenden *Familienangehörigen* außer bei Vorsatz ausgeschlossen ist[28].

§ 67 Abs. 2 VVG sieht den Regreßausschluß allerdings nur bzgl. der Familienangehörigen *des Versicherungsnehmers* (bzw. in der Fremdversicherung: des Versicherten) vor. Eine unmittelbare Heranziehung dieser Vorschrift scheidet somit dann aus, wenn - wie regelmäßig in der vom Eigentümer genommenen Versicherung - lediglich ein stillschweigender Regreßverzicht vereinbart ist. Indessen greift der Zweck dieser Regelung, eine mittelbare Belastung des Versicherungsnehmers (bzw. in der Fremdversicherung: des

---

23 Diesen Aspekt betont neben dem BGH (S. 175 Fußn. 18) zu Recht *von Westphalen* DAR 1988,37 (43).

24 Urt. v. 14.7.1993 - IV ZR 181/92, VersR 1993,1223 (1224).

25 Der vom BGH (Fußn. 24) zur Begründung dieses Ergebnisses weiter herangezogene Umstand, daß § 251 Abs. 2 BGB dem Leasingnehmer das Recht einräumt, Schadensersatz in Geld in Höhe des vom Leasinggeber für die Ersatzbeschaffung aufzuwendenden Betrages zu zahlen, ist freilich wenig aussagekräftig: Die Parteien haben vertraglich gerade eine von den §§ 249 BGB abweichende Regelung getroffen. Entscheidend ist, daß der Leasingnehmer auch nach ihr für die Wiederbeschaffung zuständig sein sollte.

26 S.o. B III 3 (S. 151 ff.).

27 S.o. B III 2 a) aa) (5) (S. 121 ff.).

28 *Martin*, Sachversicherungsrecht, J II 32.

Versicherten) zu vermeiden[29], auch hier ein. Daher ist § 67 Abs. 2 VVG auf die Familienangehörigen des durch einen Regreßverzicht Begünstigten analog anzuwenden[30].

II. Anwendbarkeit einzelner gesetzlicher Vorschriften über die Haftpflichtversicherung auf die Deckung des Sachersatzinteresses

1. Einschluß des Sachersatzinteresses als Annex zur Deckung des Sacherhaltungsinteresses

Es wurde bereits festgestellt, daß im Regelfall die Deckung des Sachersatzinteresses zur Versicherung des Sacherhaltungsinteresses des Eigentümers hinzutritt. Regelmäßig werden hier *für das gesamte Versicherungsverhältnis AVB* (oder individualvertragliche Regeln) vereinbart, die nach den oben[31] aufgestellten Kriterien der Sachversicherung zuzuordnen sind. Für die Beantwortung der Frage, inwieweit hinsichtlich der Deckung des Sachersatzinteresses einzelne der gesetzlichen Regelungen über die Haftpflichtversicherung (§§ 149 - 158 a VVG) gelten, ist zwischen den (halb-)zwingenden §§ 153, 154, 156, 157, 158 a VVG einerseits und den übrigen, dispositiven Vorschriften andererseits zu unterscheiden. Im folgenden wird zunächst die Rechtslage bei der vom potentiell Haftpflichtigen genommenen Versicherung untersucht, da hier - anders als dann, wenn der Eigentümer Versicherungsnehmer ist - regelmäßig das Sachersatzinteresse eingeschlossen ist[32] und diese Fallgruppe daher praktisch im Vordergrund steht.

a) Dispositive Vorschriften

aa) Vom potentiell Haftpflichtigen genommene Sachversicherung

Die *nicht als (halb-)zwingend* ausgestalteten Regelungen sind auf die Deckung des Sachersatzinteresses in der vom potentiell Haftpflichtigen ge-

---

[29] BGH, Urt. v. 1.12.1987 - VI ZR 50/87, VersR 1988,253; *J. Prölss*, in: Prölss/Martin, § 67 VVG Anm. 7 A.

[30] Dies übersah BGH, Urt. v. 27.10.1993 - IV ZR 33/93, VersR 1994,85 (86); s. bereits *Armbrüster* VersR 1994,893 (897).

[31] S.o. A IV 1 b) bb) (S. 76 f.).

[32] S.o. B III 2 a) aa) (5) (S. 121 ff.), 3 b) aa) (2) (S. 154 f.).

nommenen Versicherung von vornherein nur dann anwendbar, wenn die Parteien nicht etwas Abweichendes vereinbart haben. Eine derartige Vereinbarung könnte in der Leistungsbeschreibung in den AVB enthalten sein. Die AVB der Sachversicherungszweige differenzieren hinsichtlich des Leistungsumfangs nicht zwischen der Deckung des Sacherhaltungsinteresses und der des Sachersatzinteresses. Daraus läßt sich schließen, daß der Deckungsschutz hinsichtlich des Sachersatzinteresses nicht weiter reichen soll als bzgl. des Sacherhaltungsinteresses. Man kann insoweit von einem *"Gleichlauf"* des Deckungsumfangs sprechen. Dementsprechend besteht mangels ausdrücklicher Vereinbarung weder ein Rechtsschutzanspruch (vgl. §§ 149 f. VVG) noch sind Betriebsangehörige in den Versicherungsschutz einbezogen (vgl. § 151 VVG); auch das Kündigungsrecht nach § 158 VVG entfällt[33]. Vor allem aber orientiert sich nach den AVB die Leistungsfreiheit des Versicherers bei schuldhafter Herbeiführung des Versicherungsfalles an § 61 VVG und nicht an § 152 VVG. Der Ausschluß der Deckung schon bei grober Fahrlässigkeit des Versicherungsnehmers ist nämlich regelmäßig bereits in den - für den gesamten Vertrag vereinbarten - Klauselwerken enthalten (z.B. in § 14 Nr. 1 AFB 87). § 152 VVG ist damit zumindest stillschweigend abbedungen. Schwieriger ist die Frage zu beantworten, ob dies auch dann anzunehmen ist, wenn im Einzelfall eine ausdrückliche Regelung fehlt. Dafür, daß der Versicherer bereits bei grober Fahrlässigkeit des Haftpflichtigen leistungsfrei sein soll, spricht im Rahmen der Auslegung der den Einschluß des Sachersatzinteresses bewirkenden AVB-Klauseln folgendes: Deckt der potentiell Haftpflichtige sein Sachersatzinteresse im Rahmen einer Sachversicherung, die zugleich das Sacherhaltungsinteresse des Eigentümers einschließt, so darf er bei verständiger Würdigung nicht davon ausgehen, daß sein eigenes, annexartiges Interesse in weiterem Umfang gedeckt ist als das im Mittelpunkt der Sachversicherung stehende Eigentümerinteresse. Reichte das Sachersatzinteresse nämlich weiter, so würde sein Einschluß *eindeutig* zu einer zusätzlichen Belastung des Versicherers führen. Dies ist einem verständigen, durchschnittlichen Versicherungsnehmer auch ohne versicherungsrechtliche Spezialkenntnisse erkennbar. Daher ist der Einschluß insoweit - anders als hinsichtlich der oben[34] erörterten Fälle einer Erhöhung des Leistungsrisikos - im Hinblick auf die entgegenstehende Interessenlage des Versicherers abzulehnen. Bereits bei grobfahrlässiger Herbeiführung des Versicherungs-

---

[33] § 155 VVG (Geldrente) ist in der Sachversicherung ohnehin bedeutungslos.

[34] S.o. B III 2 b) bb) (S. 134 ff.), 3 c) (S. 157 ff.).

falles ist der Versicherer somit leistungsfrei; hierin liegt eine stillschweigende Abbedingung von § 152 VVG.

Ist eine dem § 61 VVG entsprechende Regelung in AVB enthalten, so ist sie allerdings noch am Maßstab des AGBG zu messen. Die Einbeziehung der Klausel in den Vertrag würde dann an § 3 AGBG scheitern, wenn sie so ungewöhnlich wäre, daß der Versicherungsnehmer nicht mit ihr zu rechnen brauchte. Angesichts des Gleichlaufs des Deckungsumfangs von Sacherhaltungs- und Sachersatzinteresse ist der auf eine grobfahrlässige Herbeiführung des Versicherungsfalles bezogene Risikoausschluß nicht in diesem Sinne überraschend. Der durchschnittliche Versicherungsnehmer geht - wenn er sich mit dieser Frage überhaupt befaßt - nicht davon aus, daß das als Annex eingeschlossene Sachersatzinteresse in weiterem Umfang gedeckt ist als das Sacherhaltungsinteresse. Durch diesen "Gleichlauf" könnte der Versicherungsnehmer allerdings i.S. von § 9 AGBG unangemessen benachteiligt werden. Eine solche zur Unwirksamkeit der Klausel führende Benachteiligung liegt nach § 9 Abs. 2 Nr. 1 AGBG im Zweifel dann vor, wenn eine Bestimmung mit wesentlichen Grundgedanken der gesetzlichen Regelung, von der abgewichen wird, unvereinbar ist. Unabhängig davon, ob man hinsichtlich der Deckung des Sachersatzinteresses in der Sachversicherung eine unmittelbare oder nur analoge Geltung des § 152 VVG erwägt, ist somit zu prüfen, ob in der (zumindest stillschweigenden) Abbedingung der in dieser Vorschrift enthaltenen Regelung eine unangemessene Benachteiligung des potentiell Haftpflichtigen als des Versicherungsnehmers liegt. Dabei kommt es entscheidend darauf an, ob der durch § 152 VVG bewirkte, im Vergleich zur Regel des § 61 VVG erhöhte Schutz auf Gründen beruht, die auch für die Deckung des Sachersatzinteresses gelten. An sich wäre es denkbar gewesen, daß der Gesetzgeber die Vorschrift des § 61 VVG auch auf die Haftpflichtversicherung erstreckt hätte, so daß auch hier Leistungsfreiheit bereits bei grober Fahrlässigkeit einträte[35]. Der Grund für die abweichende Regelung in § 152 VVG liegt nach der *Begründung zum VVG-Entwurf*[36] darin, daß Abgrenzungsschwierigkeiten hinsichtlich des Verschuldensumfangs vermieden werden sollen. Da auch bei der Feststellung der Haftpflicht angesichts des einheitlichen Verschuldensmaßstabes nicht geklärt werden müsse, ob grobe

---

[35] Generell gegen die in den §§ 61, 152 VVG enthaltene Differenzierung wendet sich *Gärtner*, Privatversicherungsrecht, S. 159.

[36] Motive, S. 206.

oder lediglich leichte Fahrlässigkeit vorliegt, bewirke § 152 VVG eine wesentliche Vereinfachung der Rechtslage. Geht es somit nach dem Willen des Gesetzgebers offenbar um die Vermeidung von Streitigkeiten sowie um Prozeßökonomie, so fragt sich freilich, wieso zugleich für die anderen Versicherungszweige in § 61 VVG zwischen leichter und grober Fahrlässigkeit differenziert wird. Man könnte genau umgekehrt argumentieren, daß das Streitvermeidungsinteresse sowie der Aufwand zur Ermittlung des Verschuldensgrades in diesen Bereichen noch höher sei als in der Haftpflichtversicherung, wo bereits ungeachtet des Deckungsschutzes jedenfalls die Tatsache des Verschuldens festgestellt werden muß. Der gesetzgeberischen Vorstellung, die sich an der bei Schaffung des VVG vorgefundenen Praxis orientierte[37], liegt offenbar die Überlegung zugrunde, daß das Interesse an der Vermeidung von Abgrenzungsschwierigkeiten und Auseinandersetzungen in der Haftpflichtversicherung größer sei als in den anderen Versicherungszweigen. Dieser Gedanke läßt sich auf folgende - auch vom BGH[38] hervorgehobene - Besonderheit der Haftpflichtversicherung stützen: Die Haftpflichtversicherung schützt den Versicherungsnehmer in seiner wirtschaftlichen Existenz gegen die Bedrohung durch *unabsehbare Haftpflichtverbindlichkeiten*; sie erfüllt damit volkswirtschaftlich und sozial wichtige Aufgaben. In der Tat erscheint es angesichts dieser wesentlichen Bedeutung der Haftpflichtversicherung hier für den Versicherungsnehmer besonders mißlich, wenn er bei der Regulierung mit Streitigkeiten über das Ausmaß seiner Fahrlässigkeit rechnen muß. Im Gegensatz hierzu ist in der Sachversicherung das Ausmaß des Schadens *absehbar*. Dies gilt auch für das - auf bestimmte Sachen bezogene - Sachersatzinteresse, was dafür spricht, eine vertragliche Abbedingung des § 152 VVG nicht als mit dem wesentlichen Grundgedanken dieser Vorschrift unvereinbar anzusehen. Hinzu kommt, daß das Risiko, einen Haftungstatbestand grob fahrlässig zu erfüllen, beim Fehlen eines gegenständlich festgelegten Schutzobjekts (also im Regelfall der Haftpflichtversicherung) wesentlich höher ist als dann, wenn es ausschließlich um die Haftung bezüglich bestimmter Sachen (und damit um ein Sachersatzinteresse) geht. Kann der Versicherungsnehmer Art und Ausmaß des drohenden Schadens überhaupt nicht abschätzen, so ist es für ihn auch schwieriger, sein Verhalten zu steuern (und Vorkehrungen zur Schadensvermeidung zu treffen), als wenn er - wie dies beim Träger des Sachersatzinteresses der Fall ist - von vornherein weiß,

---

[37] Motive, S. 206 f.

[38] Urt. v. 18.10.1952 - II ZR 72/52, BGHZ 7,311 (324).

bezüglich welcher konkreten Sachen Schäden und damit Haftpflichtverbindlichkeiten drohen. Vor allem kommt in letzterem Falle eine Gefährdung der Sache überhaupt nur durch bestimmte Verhaltensweisen in Betracht, so daß das Risiko einer grob fahrlässigen Beschädigung bzw. Zerstörung von vornherein begrenzt ist. Auch dies spricht dafür, eine vertragliche Abbedingung des § 152 VVG nicht nach § 9 Abs. 2 Nr. 1 AGBG zu verwerfen. § 152 VVG ist nicht für den Fall konzipiert, daß der potentiell Haftpflichtige sein Interesse daran, nicht wegen der Beschädigung ganz bestimmter Sachen haftbar gemacht zu werden, versichert. Hinzu kommt, daß die Übernahme der Leistungspflicht auch bei grober Fahrlässigkeit angesichts des entgegenstehenden Präventionsinteresses ohnehin nicht völlig unbedenklich ist[39], so daß eine dem § 152 VVG entsprechende Ausgestaltung der Leistungspflicht des Versicherers jedenfalls nicht als ein wesentliches Element jedweder Deckung von Haftpflichtinteressen angesehen werden kann. Würde man die Abbedingung von § 152 VVG hinsichtlich der Deckung des Sachersatzinteresses für unangemessen halten, so entstünde zudem ein kaum erklärlicher Wertungswiderspruch zum Fall der Eigenversicherung des Sacherhaltungsinteresses. Wäre der Versicherungsnehmer nämlich nicht lediglich Fremdnutzer, sondern Eigentümer der Sache, so würde ihm das Gesetz ohne weiteres zumuten, bei grobfahrlässiger Herbeiführung des Versicherungsfalles den Schaden selbst zu tragen. Zur Begründung dieses Wertungswiderspruchs läßt sich nicht darauf verweisen, daß es beim Sachersatzinteresse um die Belastung mit Passiva, beim Sacherhaltungsinteresse hingegen um den Verlust von Aktiva gehe[40]. In beiden Fällen mindert sich durch den Eintritt des Versicherungsfalles das Vermögen des Versicherungsnehmers in einem ganz bestimmten, durch die Sachsubstanz gegenständlich begrenzten Umfang. Nach alledem verstößt die Leistungsfreiheit des Versicherers bei grobfahrlässiger Herbeiführung des Versicherungsfalles nicht gegen § 9 Abs. 2 Nr. 1 AGBG[41].

---

[39] BGH, Urt. v. 18.10.1952 - II ZR 72/52, BGHZ 7,311 (324). Im Erg. kritisch gegenüber der Rechtsprechung, die eine Leistungspflicht des Versicherers auch bei Trunkenheitsfahrten bejaht, *Boettinger* VersR 1951,240; *Gärtner*, Privatversicherungsrecht, S. 66 und S. 160. Zur vertraglichen Praxis vor Inkrafttreten von § 152 VVG: *Gierke* ZHR 60,1 (5 f.).

[40] Die Aussagekraft einer Unterscheidung zwischen Aktiven- und Passivenversicherung bezweifelt generell *Gärtner* (Privatversicherungsrecht, S. 159), der sich (a.a.O.) auch speziell gegen den zweifachen Maßstab in § 61 VVG einerseits, § 152 VVG andererseits wendet.

[41] Ob bei der Deckung des *allgemeinen* Haftpflichtrisikos (anstelle des nur abgeleiteten, annexartigen Einschlusses des Sachersatzinteresses) etwas anderes gilt (in dieser Richtung offenbar *Voit*, in: Prölss/Martin, § 152 VVG Anm. 3), kann hier dahinstehen.

bb) Vom Eigentümer genommene Sachversicherung

Schließt (ausnahmsweise) die vom Eigentümer genommene Sachversicherung ausdrücklich auch das Sachersatzinteresse des potentiell Haftpflichtigen ein, so gelten hinsichtlich der §§ 150, 151, 158 VVG die obigen Ausführungen entsprechend. Was die Frage nach einer stillschweigenden Abbedingung des § 152 VVG anbelangt, so ist es bereits zweifelhaft, ob der Eigentümer einen Schutz des potentiell Haftpflichtigen auch bei grob fahrlässiger Herbeiführung des Versicherungsfalles erwartet. Hiergegen dürfte sein Interesse daran sprechen, den potentiell Haftpflichtigen nicht zu einem allzu sorglosen Umgang mit dem fremden Eigentum zu verleiten (Präventionsinteresse). Die Frage kann jedoch letztlich dahingestellt bleiben, da ein verständiger Versicherungsnehmer in der Rolle des Eigentümers nicht erwarten kann, der Versicherer werde das - als solches klar erkennbare - zusätzliche Risiko ohne Prämienaufschlag decken. Nach alledem ist auch dann, wenn die AVB keine ausdrückliche Regelung hierüber enthalten, von der Vereinbarung einer Leistungsfreiheit des Versicherers schon bei grob fahrlässiger Herbeiführung des Versicherungsfalles durch den potentiell Haftpflichtigen auszugehen. Die Abbedingung von § 152 VVG hält auch einer Prüfung nach dem AGBG stand; liegt darin schon bei der vom potentiell Haftpflichtigen genommenen Versicherung keine unangemessene Benachteiligung, so muß dies erst recht für den Eigentümer gelten, dessen Interesse am Einschluß des fremden Sachersatzinteresses lediglich von dem des potentiell Haftpflichtigen abgeleitet ist.

b) (Halb-)Zwingende Vorschriften

Was die *halbzwingenden* (§§ 153, 154 Abs. 1, 156 Abs. 2) und *zwingenden* (§§ 154 Abs. 2, 156 Abs. 1, 157 VVG)[42] Vorschriften anbelangt, so folgt deren Unanwendbarkeit entgegen Martin[43] nicht bereits daraus, daß der Gesetzgeber ihre Anwendbarkeit auf die Deckung des Sachersatzinteresses in der Sachversicherung deutlich hätte vorschreiben müssen. Das Haftpflichtinteresse ist in § 149 VVG ohnehin nur sehr allgemein (und dazu noch mißverständlich, da auf einen Zahlungs- und nicht auf einen Befreiungsanspruch hindeutend[44]) umschrieben. Die spezielle Problematik des Sachersatzinteres-

---

[42] Nachweise zum zwingenden Charakter dieser Regelungen s.o. S. 84 Fußn. 295.

[43] VersR 1974,821 (826) (für die §§ 156 Abs. 1, 157, 158 a VVG).

[44] *Voit*, in: Prölss/Martin, § 149 VVG Anm. 1.

ses ist gar nicht ins Blickfeld des Gesetzgebers geraten, so daß sich aus der offenen Fassung des Gesetzes in keiner Richtung Rückschlüsse ziehen lassen. Die Antwort auf die Frage nach der Anwendbarkeit der (halb-)zwingenden Regeln ergibt sich vielmehr aus den Besonderheiten des zum Sacherhaltungsinteresse tretenden Sachersatzinteresses als eines speziellen Haftpflichtinteresses. Die §§ 153 - 158 a VVG gehen von der für die Haftpflichtversicherung typischen Situation aus, daß der Versicherer allein aufgrund der Haftpflichtdeckung an den Geschädigten als einen außerhalb des Versicherungsverhältnisses stehenden "Dritten" leistet. Demgegenüber hat in den hier interessierenden Fällen der Geschädigte als Versicherungsnehmer bzw. Versicherter in der Sachversicherung einen eigenen, von der Haftung des Schädigers unabhängigen Anspruch auf Ersatz des Schadens. Muß der Versicherer aber den Schaden in jedem Fall ersetzen, so passen die Regeln der §§ 153 - 158 a VVG von ihrem Schutzzweck her nicht: Der *Versicherer* bedarf keines gesetzlich angeordneten Schutzes dadurch, daß dem Träger des Sachersatzinteresses besondere Anzeigepflichten auferlegt werden, wie § 153 VVG sie vorsieht[45]. Der Zweck dieser speziell haftpflichtversicherungsrechtlichen Regelung liegt nämlich darin, dem Versicherer eine schnelle Einschaltung in die Schadensermittlungen und -verhandlungen zu ermöglichen[46]. Muß der Versicherer indessen - wie hier - ohnehin, d.h. völlig losgelöst von der Haftung des Versicherungsnehmers, an den Eigentümer als Versicherten leisten, so genügt zur Wahrung der Interessen des Versicherers die allgemeine Anzeigepflicht nach § 33 VVG.

Die Regelung in § 154 Abs. 2 VVG über die Grenze eines Befriedigungs- und Anerkenntnisverbotes hat hier deshalb keine eigenständige Bedeutung, weil diese Grenze bereits als Inhalt des im Wege der - an der Interessenlage orientierten - Auslegung ermittelten Verbotes anzusehen ist. Der *potentiell Haftpflichtige* bedarf ferner nicht des durch die Fälligkeitsregel des § 154 Abs. 1 VVG vorgesehenen Schutzes[47]. Dies gilt im Hinblick darauf, daß - anders als in der Haftpflichtversicherung (sieht man dort vom Sonderfall der Pflichtversicherung ab) - dem Eigentümer als Geschädigtem aufgrund der

---

[45] *Martin* VW 1971,150 (151) (für die Montage- und Bauunternehmer-Versicherung).

[46] BGH, Urt. v. 23.11.1967 - II ZR 105/65, VersR 1968,58 (59); *Voit*, in: Prölss/Martin, § 153 VVG Anm. 1.

[47] Im Erg. so auch *Martin* VW 1971,150 (151) (für die Montage- und Bauunternehmer-Versicherung), allerdings mit der - vom hier vertretenen Standpunkt abweichenden - Begründung, die Deckung des Sachersatzinteresses gewähre keinen Befreiungsanspruch.

Deckung des Sacherhaltungsinteresses ein eigener Anspruch gegen den Versicherer zusteht und er sich in aller Regel an letzteren halten wird. Erst recht bedarf der Haftpflichtige keines Schutzes nach § 154 Abs. 1 VVG, wenn er den Eigentümer auf die vorrangige Inanspruchnahme des Versicherers verweisen und somit - anders als ein Haftpflichtiger, der nicht in einem Treuhandverhältnis zum Geschädigten steht - nicht unabhängig vom Bestehen des Versicherungsschutzes vom Geschädigten in Anspruch genommen werden kann[48]. Schließlich ist der *Geschädigte*, dessen eigenes Sacherhaltungsinteresse gedeckt ist, nicht auf den für außenstehende "Dritte" vorgesehenen Schutz der §§ 156, 157 VVG angewiesen. Dies gilt nicht nur in der vom Eigentümer genommenen Versicherung[49], sondern auch dann, wenn der potentiell Haftpflichtige Versicherungsnehmer ist[50]: Ihn trifft in diesem Fall aufgrund des zum Eigentümer als Versichertem bestehenden Treuhandverhältnisses eine Einziehungs- und Auskehrungspflicht[51]. Die §§ 156, 157 VVG greifen somit bei einer Deckung des Sachersatzinteresses nicht ein. Wenn man im Ausgangspunkt die Haftpflichtversicherungsregeln für *unmittelbar* anwendbar auf Haftpflichtelemente, die in typengemischten Versicherungen enthalten sind, hält, folgt dies aus einer - durch die geschilderten Besonderheiten begründeten - teleologischen Reduktion. Hält man dagegen die (halb-)zwingenden Regeln der Haftpflichtversicherung allenfalls für *analog* heranziehbar - was im Hinblick auf das Überwiegen der sachversicherungsrechtlichen Elemente des Vertrages und den Annexcharakter der Deckung des Sachersatzinteresses naheliegt -, so fehlt es an der für eine Analogie erforderlichen Vergleichbarkeit dieser Deckung mit der gesetzestypischen Haftpflichtdeckung.

---

48 S.u. IV 1 a) (S. 291 ff.).

49 Insoweit zutreffend *Martin* ZVersWiss 1973,493 (502).

50 Dies übersieht *Martin* (ZVersWiss 1973,493 (504)); *ders.* VW 1974,1130 (1134); *ders.*, Montageversicherung, § 1 AMoB Anm. 7.3.2), soweit er seine Begründung hier darauf stützt, der Eigentümer sei deshalb weniger schutzwürdig, weil er sich durch Vereinbarung mit dem potentiell Haftpflichtigen schützen könne. Etwas anders *Martin* (VersR 1974,823 (826)) und ihm folgend *Schnepp* (Sachversicherung bei Mobilienleasing, S. 132): Der Eigentümer, der bereits in rechtlichen Beziehungen zum potentiellen Schädiger stehe, habe auch die damit einhergehenden Risiken der Zahlungsunfähigkeit und des Konkurses zu tragen.

51 *J. Prölss*, in: Prölss/Martin, § 77 VVG Anm. 1 A; BGH, Urt. v. 7.5.1975 - IV ZR 209/73, BGHZ 64,260. Zum Bestehen des Treuhandverhältnisses s. auch die weiteren Nachweise S. 200 Fußn. 97.

2. *Ausschließliche Deckung des Sachersatzinteresses*

Ist hingegen im Einzelfall *ausschließlich* das Sachersatzinteresse - und nicht zugleich das Sacherhaltungsinteresse des Eigentümers - gedeckt, so stellt sich zunächst die Frage, ob es sich überhaupt um eine Sachversicherung oder aber um eine Haftpflichtversicherung handelt, für die die §§ 149 ff. VVG unmittelbar gelten würden. Hinsichtlich *typengemischter* Verträge wurden für diese Abgrenzung oben[52] bestimmte Kriterien aufgestellt (Zugehörigkeit der AVB zu einem bestimmten Versicherungszweig; Vereinbarung eines Risikoausschlusses nach dem Vorbild von § 61 VVG oder aber von § 152 VVG; angewandter Prämientarif; Bezeichnung des Vertrages). Für den Fall, daß *ausschließlich* ein Sachersatzinteresse gedeckt ist, sind diese Kriterien entsprechend heranzuziehen. Die Frage nach der Zuordnung zur Haftpflicht- oder zur Sachversicherung stellt sich insbesondere bei der sog. *Feuerhaftungsversicherung*[53]. Diese Versicherung deckt das Interesse des Versicherungsnehmers daran, daß sein Vermögen nicht mit gesetzlichen Haftpflichtansprüchen wegen Sachsubstanzschäden Dritter aufgrund bestimmter, vom Grundstück des Versicherungsnehmers ausgehender Schadensereignisse belastet wird. Für eine Qualifizierung der Feuerhaftungsversicherung als Haftpflichtversicherung[54] läßt sich anführen, daß die AVB Ausschlüsse in Anlehnung an die Besitz- und Tätigkeitsklausel in § 4 Abs. 1 Nr. 6 AHB vorsehen. Für die Zuordnung zur Sachversicherung spricht hingegen, daß als Vertragsgrundlage die AFB 87 gelten und insbesondere, daß der Versicherungsschutz auf das Haftungsinteresse bzgl. Substanzschäden an bestimmten (oder zumindest bestimmbaren) Sachen beschränkt ist. Aus diesen Gründen ist die Feuerhaftungsversicherung der Sachversicherung zuzuordnen[55]; sie stellt ein Beispiel dafür dar, daß ein Sachversicherungsvertrag sogar eine ausschließliche Deckung des Sachersatznteresses ermöglicht[56].

Mit dieser Feststellung ist allerdings noch nicht darüber entschieden, ob die gesetzlichen Vorschriften über die Haftpflichtversicherung (§§ 149 - 158 a

---

[52] S.o. A IV 1 b) bb) (S. 76 f.).

[53] AVB abgedruckt in VerBAV 1988,60; dazu *Kollhosser*, in: Prölss/Martin, vor § 51 VVG Anm. 6 E a. - S. bereits S. 77 Fußn. 266.

[54] So unter allgemeinem Hinweis auf den Haftungsumfang *Schirmer* ZVersWiss 1981,637 (712); ferner - ohne nähere Begründung - *Engels* VP 1977,97 (98); *Steffen* ZfV 1978,306 (309).

[55] *Engels* VP 1988,193; *Kollhosser*, in: Prölss/Martin, vor § 51 VVG Anm. 6 E a.

[56] *Kollhosser*, in: Prölss/Martin, vor § 51 VVG Anm. 6 E a.

VVG) zumindest analog anwendbar sind. Insoweit entfällt die oben geschilderte Besonderheit, daß der Versicherer an den Geschädigten unabhängig von der Haftpflichtdeckung zu leisten hat. In diesem Fall ist durch die Versicherung allein ein Ausschnitt aus dem allgemeinen Haftpflichtrisiko gedeckt. Gegen eine Heranziehung der gesetzlichen Regeln über die Haftpflichtversicherung könnte man hier einwenden, daß der Eigentümer bereits vor dem Schadensfall in Rechtsbeziehungen zum Träger des Sachersatzinteresses steht; durch die Ausgestaltung dieses Verhältnisses könne er sich schützen, so daß er auf den Schutz des Gesetzes nicht angewiesen sei[57]. An diesem Argument ist richtig, daß der Eigentümer nicht in gleichem Maße schutzbedürftig ist wie ein beliebiger Dritter in der Rolle des Geschädigten. Andererseits könnte damit allenfalls die Geltung der §§ 156, 157 VVG - als den Schutz des Dritten bezweckende Regeln -, nicht aber die der übrigen Vorschriften der §§ 149 - 158 a VVG in Zweifel gezogen werden. Doch auch der Anwendbarkeit der §§ 156, 157 VVG steht das Argument der geringeren Schutzbedürftigkeit letztlich nicht entgegen: Es geht nicht an, einen gesetzlich vorgesehenen Schutz mit dem schlichten Hinweis zu verneinen, er könne auch auf vertraglichem Wege erreicht werden. Dies gilt umso mehr, als die Parteien häufig an entsprechende Vereinbarungen nicht denken werden. Es ist nicht ersichtlich, wieso der in einer Sonderverbindung zum Geschädigten stehende Haftpflichtige gegenüber außenstehenden Dritten benachteiligt werden soll. Die §§ 149 - 158 a VVG sind somit auf die ausschließliche Deckung des Sachersatzinteresses zumindest analog anwendbar[58].

Sind allerdings der Sachversicherung zuzuordnende AVB vereinbart, so wird sich daraus wiederum regelmäßig ergeben, daß die dispositiven gesetzlichen Regeln *abbedungen* sind. So wird durch eine Klausel, wonach der Versicherer bereits bei grobfahrlässiger Herbeiführung des Versicherungsfalles leistungsfrei ist, § 152 VVG stillschweigend abbedungen. Gegen eine Unwirksamkeit dieser Abbedingung nach § 9 Abs. 2 Nr. 1 AGBG läßt sich wiederum die Besonderheit des Sachersatzinteresses als eines Haftpflichtinteresses mit speziellem, gegenständlich konkretisierten Schutzobjekt anführen. Dabei kann offenbleiben, ob im Fall einer typischen allgemeinen Haft-

---

57 *Martin* ZVersWiss 1973,493 (504); *ders.* VW 1974,1130 (1134); *ders.*, Montageversicherung, § 1 AMoB Anm. 7.3.2.

58 Für eine unmittelbare Anwendung - von dem Standpunkt aus, daß es sich um eine Haftpflichtversicherung handele, konsequent - *Schirmer* ZVersWiss 1981,637 (696 f., für die Spediteur-Feuerversicherung); *Sieg*, in: Bruck/Möller/Sieg, § 80 VVG Anm. 9.

pflichtdeckung diese Abbedingung als den Versicherungsnehmer unangemessen benachteiligend (oder gar als überraschend i.S. von § 3 AGBG) anzusehen wäre[59]. Ist der Deckungsschutz auf eine ganz bestimmte Sache zugeschnitten, so entfällt die für die Haftpflichtversicherung charakteristische Erwartungslage des Versicherungsnehmers. Diese läßt sich folgendermaßen kennzeichnen:

Wer eine Haftpflichtversicherung ohne bestimmtes Schutzobjekt abschließt, hat - wie oben[60] aufgezeigt - ein erhebliches berechtigtes Interesse daran, sich gegen die Folgen seiner Haftung auch für den Fall grobfahrlässiger Herbeiführung des Versicherungsfalles zu versichern. Demgegenüber kann, wer sein Sachersatzinteresse durch eine Sachversicherung deckt, nicht erwarten, daß der Versicherungsschutz weiter reicht als wenn er sich (bei gleicher Prämie) auf eine eigene Sache bezöge. Haben in diesem Grenzbereich zwischen Sachversicherung und Haftpflichtversicherung die Parteien angesichts der Besonderheit des gegenständlich bestimmten Schutzobjekts den Vertrag nach dem Vorbild des für die Sachversicherung geltenden § 61 VVG - anstelle der haftpflichtversicherungsrechtlichen Vorschrift des § 152 VVG - ausgestaltet, so kann darin kein Verstoß gegen einen wesentlichen Grundgedanken jener Regelung i.S. von § 9 Abs. 2 S. 1 AGBG liegen. Die Klausel hält somit einer Nachprüfung anhand des Maßstabes des AGBG stand. Im Ergebnis ist die Vereinbarung eines Risikoausschlusses nach dem Vorbild des für diesen Versicherungszweig geltenden § 61 VVG damit wirksam[61].

Ob der in den §§ 149 f. VVG vorausgesetzte *Rechtsschutzanspruch* besteht oder nicht, richtet sich nach der Ausgestaltung der AVB. Handelt es sich um Klauseln, in denen der Leistungsumfang der Versicherung abschließend beschrieben wird, ohne daß ein Anspruch auf Rechtsschutz eingeräumt ist, so besteht ein derartiger Anspruch nicht. Dies wird, wenn ausschließlich Sachversicherungsbedingungen vereinbart sind, regelmäßig der Fall sein. Ebenso wird die Auslegung dann in aller Regel ergeben, daß die haftpflichtversiche-

---

[59] In dieser Richtung offenbar *Voit*, in: Prölss/Martin, § 152 VVG Anm. 3.

[60] S.o. 1 a) (S. 174 f.).

[61] Auch *Schirmer* (ZVersWiss 1981,637 (696 f., für die Spediteur-Feuerversicherung)) und *Sieg* (in: Bruck/Möller/Sieg, § 80 VVG Anm. 9), die die ausschließliche Deckung des Sachersatzinteresses als Haftpflichtversicherung einstufen, halten die Abbedingung des § 152 VVG ohne weiteres für zulässig, ohne freilich § 9 Abs. 2 Nr. 1 AGBG zu erwähnen.

rungsrechtlichen Vorschriften über die Einbeziehung von Betriebsangehörigen (§ 151 VVG) und das Kündigungsrecht (§ 158 VVG) abbedungen sind[62].

Sind folglich die in den §§ 149 ff. VVG enthaltenen dispositiven Regelungen typischerweise durch die Vereinbarung von der Sachversicherung zugehörigen AVB stillschweigend abbedungen, so bleiben allerdings jedenfalls die (halb-)zwingenden Regeln der Haftpflichtversicherung (§§ 153, 154, 156, 157 VVG) auf die ausschließliche Deckung des Sachersatzinteresses anwendbar. Aus dem Streit um die Zuordnung entsprechender Versicherungsverträge (wie etwa der Feuerhaftungsversicherung) zur Haftpflicht- oder zur Sachversicherung[63] ergeben sich von daher keine praktischen Unterschiede[64]. Innerhalb des durch die (halb-)zwingenden Regeln vorgegebenen Rahmens können die Parteien das Verhältnis mehr an dem einen oder an dem anderen Versicherungszweig orientiert ausgestalten.

III. Doppelversicherungsprobleme

1. Ausgangspunkt

Wird dasselbe Interesse bei mehreren Versicherern gegen dieselbe Gefahr versichert, so liegt *Doppelversicherung* vor. Hierdurch entsteht nach Eintritt des Versicherungsfalles gem. § 59 Abs. 1 VVG ein Gesamtschuldverhältnis zwischen den Versicherern. Ferner kann nach § 59 Abs. 2 S. 1 VVG der zuerst leistende Versicherer vom anderen Versicherer anteiligen Ausgleich verlangen[65].

Zu einer Doppelversicherung des *Sachersatzinteresses* kann es zum einen dann kommen, wenn dieses Interesse in einer Sachversicherung und zugleich in einer Haftpflichtversicherung gedeckt ist. Zum anderen kann eine Doppelversicherung dadurch eintreten, daß das Sachersatzinteresse als Fremdinteresse in die Sachversicherung des Eigentümers einbezogen und durch eine

---

62 So z.B. in der Montage- und Bauunternehmer-Versicherung; dazu *Martin* VW 1971,150 (151 f.).

63 S.o. A IV I b) cc) (S. 77 ff.) (Nachweise S. 78 Fußn. 267).

64 Insoweit ist im Erg. *Schnepp* (Sachversicherung bei Mobilienleasing, S. 132 Fußn. 90) beizupflichten, wenn er meint, es handele sich bei der Zuordnung um eine rein terminologische Frage.

65 Der Ausgleich wird ggf. durch Schadensteilungsabkommen verdrängt, worauf *Schirmer* (ZVersWiss 1981,637 (717)) in diesem Zusammenhang zutreffend hinweist; zu derartigen Abkommen *J. Prölss*, in: Prölss/Martin, § 67 VVG Anm. 10; *Martin* VersR 1978,881 (884).

Eigen-Sachversicherung des potentiell Haftpflichtigen gedeckt ist. Auf die in diesen Fällen für das Verhältnis zwischen den Versicherern geltenden Regeln ist im folgenden einzugehen. Darüber hinaus kann sich dann, wenn die Doppelversicherung sich auf die Deckung des *Sacherhaltungsinteresses* bezieht, der Einschluß des Sachersatzinteresses in einer der Versicherungen auf den Doppelversicherungsausgleich auswirken. Auch die insoweit in Betracht kommenden Fallgestaltungen werden daher hier erörtert.

2. Zusammentreffen einer das Sachersatzinteresse des potentiell Haftpflichtigen einschließenden Sachversicherung mit der Haftpflichtversicherung des potentiell Haftpflichtigen

a) Vom potentiell Haftpflichtigen genommene Sachversicherung

Treffen eine Sach- und eine Haftpflichtversicherung zusammen, die beide vom potentiell Haftpflichtigen genommen sind und jeweils das Sachersatzinteresse decken, so sind - vorbehaltlich einer Subsidiaritätsabrede[66] - die Versicherer nach § 59 Abs. 1 VVG im Verhältnis zum Haftpflichtigen Gesamtschuldner. Der den Schaden ersetzende Sachversicherer könnte somit an sich vom Haftpflichtversicherer den Doppelversicherungsausgleich nach § 59 Abs. 2 VVG beanspruchen[67]. Dem steht auch nicht entgegen, daß die beiden Versicherungen verschiedenen Zweigen zuzuordnen sind. Für die Frage der Doppelversicherung kommt es nämlich allein auf die Identität der versicherten Interessen und nicht auf den Versicherungszweig, in dem sie gedeckt sind, an[68]. Richtig muß es heißen, daß zwischen der Deckung eines Sacherhaltungsinteresses und der eines Haftpflichtinteresses keine Doppelversicherung besteht. Schließt jedoch die vom Eigentümer genommene Sachversicherung das Sachersatzinteresse des potentiell Haftpflichtigen mit ein, so gelangt im Verhältnis zu einer Haftpflichtversicherung an sich § 59 VVG zur Anwendung.

Eine Doppelversicherung besteht indessen dann nicht, wenn die Parteien des Sachversicherungsvertrages die *Subsidiarität* der Deckung des Sacher-

---

[66] Dazu sogleich S. 193 (bei Fußn. 69).

[67] So *Martin*, Sachversicherungsrecht, J II 15; *J. Prölss* VersR 1977,695 (697).

[68] BGH, Urt. v. 7.12.1961 - II ZR 254/59, VersR 1962,129; Urt. v. 21.12.1966 - I b ZR 154/64, VersR 1967,153 (154) = BB 1967,95; *Kollhosser*, in: Prölss/Martin, § 58 VVG Anm. 2.

satzinteresses gegenüber anderweitigen Ersatzmöglichkeiten vereinbart haben. Eine solchc Subsidiaritätsabrede wird bisweilen ausdrücklich in die AVB aufgenommen[69]. Sie kann sich jedoch auch im Wege der Auslegung der zum Einschluß des Sachersatzinteresses führenden Klauseln ergeben, die sich mit den "versicherten Sachen" befassen. Fehlt es bei Eintritt des Versicherungsfalles an der Schutzbedürftigkeit des potentiell Haftpflichtigen fehlt, könnte der durch die Deckung des Sachersatzinteresses bewirkte Versicherungsschutz bei Eintritt des Versicherungsfalles als *subsidiär* hinter die anderweitige Ersatzmöglichkeit[70] zurücktreten (ergänzende Vertragsauslegung)[71]. Für diese Lösung über eine Subsidiarität läßt sich nicht auf eine Parallele zum Vertrag mit Schutzwirkung für Dritte verweisen. Zwar stellt sich dort die vergleichbare Frage, ob der Dritte bei fehlender Schutzbedürftigkeit von vornherein nicht in den Vertragsschutz einbezogen ist oder ob lediglich der bei einem Schadenseintritt entstehende Anspruch als subsidiär zurücktritt. Diese dogmatische Frage ist jedoch auch beim Vertrag mit Schutzwirkung für Dritte bislang nicht erörtert worden[72]. Speziell im Versicherungsrecht ist die hier vorgeschlagene Lösung indessen keineswegs eine unbekannte Denkfigur. In der Literatur werden zwei Arten von Subsidiaritätsabreden unterschieden[73]: Wird die Versicherungsleistung nur insoweit ausgeschlossen, als eine anderweitige Ersatzmöglichkeit tatsächlich existiert, so spricht man von *einfacher* Subsidiarität. Soll die Leistungspflicht demgegenüber generell schon im Hinblick auf den Bestand einer anderweitigen Ersatzmöglichkeit entfallen, so liegt eine *qualifizierte* Subsidiaritätsabrede vor. Betrachtet man die hier maßgebliche Interessenlage, so kommt eine einfache Subsidiaritätsklausel in Betracht. Maßgeblich für die Auslegung des Sachversicherungsvertrages - und damit auch der stillschweigenden Subsidiaritätsabrede - ist die Verständnismöglichkeit des potentiell Haftpflichtigen als

---

[69] Beispiel s.u. S. 194.

[70] Diese muß zwar nicht auf einem Versicherungsvertrag beruhen, in der Praxis dürfte aber das Bestehen einer Haftpflichtversicherung im Vordergrund stehen.

[71] Zur Bedeutung der fehlenden Schutzbedürftigkeit im Rahmen der Vertragsauslegung s.o. B III 3 b) aa) (4) (S. 156).

[72] Vgl. *Ziegltrum*, Der Vertrag mit Schutzwirkung für Dritte, S. 191 f.; BGH, Urt. v. 15.2.1978 - VIII ZR 47/77, BGHZ 70,327 (330); Palandt-*Heinrichs*, § 328 BGB Rdnr. 18.

[73] Zum Begriff *Möller*, in: Bruck/Möller/Sieg, § 59 VVG Anm. 48; *Kollhosser*, in: Prölss/Martin, § 59 VVG Anm. 6 A a; *Martin*, Sachversicherungsrecht, V I 18; *Winter* VersR 1991,527; eingehend *Armbrust*, Subsidiaritätsabreden in Versicherungsverträgen, S. 33 - 103.

des Versicherungsnehmers. Sie wird, wie oben[74] näher dargelegt, wesentlich geprägt durch seine *berechtigten* Erwartungen. Zwar will der Versicherungsnehmer im Zweifel stets einen möglichst umfassenden Schutz erlangen, was gegen eine Subsidiaritätsabrede und damit für die Annahme einer Doppelversicherung spricht, die ihm in bestimmten Fällen (Leistungsfreiheit eines der Versicherer; Konkurs eines Versicherers) Vorteile bieten mag. Indessen gilt es, den *Annexcharakter* der Deckung des Sachersatzinteresses gegenüber der - im Mittelpunkt der Sachversicherung stehenden - Deckung des Sacherhaltungsinteresses zu beachten. Der Einschluß des Sachersatzinteresses ist nicht deshalb anzunehmen, weil kein Interesse des Versicherers entgegensteht, sondern allein im Hinblick darauf, daß dieses Interesse für Versicherungsnehmer nicht erkennbar ist. Bei der inhaltlichen Ausgestaltung des durch die Deckung des Sachersatzinteresses bewirkten Versicherungsschutzes gilt es nun aber, die Belange des Versicherers zumindest insoweit zu berücksichtigen, als der Versicherungsnehmer sich nicht auf *berechtigte* Interessen berufen kann. Genau dies ist hier der Fall: Der potentiell Haftpflichtige darf nicht eine maximale Durchsetzung seiner Interessen erwarten, wenn diese nicht durch ein entsprechendes Schutzbedürfnis legitimiert sind. Von daher wird durch die Annahme eines subsidiären Schutzes den Interessen des Versicherungsnehmers Rechnung getragen, ohne die des Versicherers vollkommen unberücksichtigt zu lassen. Entsprechende Subsidiaritätsabreden werden - wie bereits erwähnt - bisweilen sogar ausdrücklich vereinbart, so z.B. in der Montageversicherung (§ 16 Abs. 2 AMoB)[75]. Dies belegt, daß es keineswegs ungewöhnlich ist, daß der potentiell Haftpflichtige eine Subsidiarität des durch die Sachversicherung bewirkten Deckungsschutzes akzeptiert. Faßt man die Überlegungen zusammen, so ist im Ergebnis damit wohl von einer stillschweigenden Subsidiaritätsabrede auszugehen.

Aus dem zuletzt Gesagten ergibt sich zugleich, daß eine *stillschweigende* Subsidiaritätsabrede dann nicht besteht, wenn (ausnahmsweise) in der Sachversicherung *ausschließlich* ein Sachersatzinteresse gedeckt ist. Die Deckung stellt dann nicht lediglich einen Annex der Versicherung des Sacherhaltungsinteresses dar, sondern hat - wirtschaftlich betrachtet - die Funktion einer eigenständigen Haftpflichtversicherung. Hier gelangen somit die Regeln über die Doppelversicherung zur Anwendung, sofern nicht eine ausdrückliche

---

[74] S. o. B III 1 c) (S. 107 ff.); 2 a) aa) (S. 113 ff.); 3 b) aa) (S. 153 ff.).

[75] Abgedruckt in VerBAV 1972,82.

Subsidiaritätsabrede getroffen wurde. Letzteres ist z.B. bei der Feuerhaftungsversicherung der Fall, in der der potentiell Haftpflichtige als Versicherungsnehmer den Vorrang anderweitigen Versicherungsschutzes akzeptiert (§ 3 Nr. 1 FHB[76]).

b) Vom Eigentümer genommene Sachversicherung

Ist das Sachersatzinteresse (ausnahmsweise)[77] sowohl durch eine Sachversicherung des Eigentümers als auch durch eine Haftpflichtversicherung des potentiell Haftpflichtigen gedeckt und sind nach Eintritt eines Versicherungsfalles grds. beide Versicherer leistungspflichtig, so gilt im Wesentlichen das soeben Gesagte: Es liegt Doppelversicherung vor, wenn nicht eine Subsidiaritätsabrede besteht. Eine derartige Abrede ist aus den dargelegten Gründen, die erst recht für den Fall des nur durch die Erwartungen des Eigentümers als Versicherungsnehmer vermittelten Interesses des potentiell Haftpflichtigen gelten, regelmäßig anzunehmen. Was die konkrete Ausgestaltung der stillschweigenden Subsidiaritätsabrede betrifft, so ist hier allerdings im Hinblick auf das nur begrenzte Interesse des Eigentümers am Schutz des potentiell Haftpflichtigen - maßgeblich sind dessen *berechtigte* Schutzerwartungen[78] - Subsidiarität auch dann anzunehmen, wenn der anderweitige Versicherungsschutz wegen schuldhaften Verhaltens des potentiell Haftpflichtigen (bzw. seiner Repräsentanten) entfällt. Wollte man anders entscheiden, so würde der Einschluß des Sachersatzinteresses in eine Versicherung zum Schutz vor den Folgen einer Obliegenheitsverletzung bzw. der Herbeiführung des Versicherungsfalles in einer anderen Versicherung umfunktioniert. Fällt die anderweitige Deckung aus vom potentiell Haftpflichtigen zu vertretenden Gründen weg, so kann der Sachversicherer des Eigentümers den potentiell Haftpflichtigen somit gem. § 67 VVG in Regreß nehmen. Besteht hingegen die anderweitige Deckung, so wird der Grundsatz, wonach zwischen Sach- und Haftpflichtversicherung keine Doppelversicherung besteht, sondern der Haftpflichtversicherer letztlich allein für den Schaden aufzukommen hat, durch

[76] Abgedruckt in VerBAV 1988,60.

[77] Vgl. oben B III 2 a) aa) (5) (S. 121 ff.): Zum Einschluß des Sachersatzinteresses in die vom Eigentümer genommene Versicherung bedarf es einer ausdrücklichen Vereinbarung; fehlt sie, so kommt nur ein Regreßverzicht in Betracht.

[78] Zum Einfluß der berechtigten Schutzerwartung des potentiell Haftpflichtigen auf die im Rahmen der Auslegung bedeutsame Erwartung des Eigentümers s.o. B III 2 a) aa) (2) (S. 114 ff.).

die Subsidiaritätsabrede *im Ergebnis* auch auf das Sachersatzinteresse erstreckt.

3. Zusammentreffen mehrerer das Sachersatzinteresse einschließender Sachversicherungen

Ist das Sachersatzinteresse durch mehrere Sachversicherungen gedeckt, hat also der Eigentümer eine das fremde Sachersatzinteresse einschließende Sachversicherung genommen und der potentiell Haftpflichtige eine Sachversicherung zugunsten des Eigentümers, die gleichfalls dieses (sein) Sachersatzinteresse deckt, so treffen die darin enthaltenen Subsidiaritätsklauseln zusammen. In diesem Fall heben sich die Subsidiaritätsabreden gegenseitig auf, so daß im Wege ergänzender Vertragsauslegung Doppelversicherung anzunehmen ist[79]. Wenn Martin[80] demgegenüber einen Vorrang der zeitlich späteren Abrede annimmt, so läßt sich dieses Ergebnis durch eine Auslegung der Verträge nicht begründen[81]. Auch eine pro-rata-Haftung beider Versicherer[82] kann dem Vertrag nicht entnommen werden.

4. Zusammentreffen einer reinen Eigen-Sachversicherung des Eigentümers mit der Fremd-Sachversicherung des potentiell Haftpflichtigen unter Einschluß seines Sachersatzinteresses

Besteht eine allein das Sacherhaltungsinteresse deckende Sachversicherung des Eigentümers und hat daneben der potentiell Haftpflichtige eine Sachversicherung über dieses (aus seiner Sicht: Fremd-)Interesse sowie zusätzlich über sein eigenes Sachersatzinteresse abgeschlossen, so besteht Identität - und damit Doppelversicherung - des *Sacherhaltungsinteresses*. Dies ist z.B. dann der Fall, wenn der Vermieter eine Wohngebäudeversicherung abgeschlossen hat und die Hausratversicherung des Mieters fremdes Gebäudeeigentum

---

[79] Eingehend *Armbrust*, Subsidiaritätsabreden in Versicherungsverträgen, S. 176-191; *Möller*, in: Bruck/Möller/Sieg, § 59 VVG Anm. 54; *von Jordan* VersR 1973,396; LG Hamburg, Urt. v. 11.1.1978 - 2 S 142/77, VersR 1978,933 (934 f.).

[80] VersR 1973,696; ihm folgend *Kollhosser*, in: Prölss/Martin, § 59 VVG Anm. 6 B; im Erg. so auch *Vollmar* VersR 1987,738.

[81] *Armbrust*, Subsidiaritätsabreden in Versicherungsverträgen, S. 178 - 182.

[82] Dafür *Vogel* ZVersWiss 1973,563 (573).

einschließt[83]. Entschädigt nun der *Sachversicherer des Eigentümers* diesen, dann kommt es im Ergebnis indessen nicht zu einer anteiligen Schadenstragung durch beide Sachversicherer. Vielmehr gilt es zu beachten, daß der Sachversicherer des Eigentümers den Haftpflichtigen - vorbehaltlich eines Regreßausschlusses - gem. § 67 Abs. 1 VVG in Regreß nehmen kann, da durch die vom Eigentümer genommene Sachversicherung das Sachersatzinteresse des Haftpflichtigen nicht gedeckt ist. Infolgedessen haben somit der Haftpflichtige und wegen der Deckung des Sachersatzinteresses - letztlich allein - dessen Sachversicherer den Schaden zu tragen[84]. Statt den Regreß nach § 67 VVG geltend zu machen, kann der Sachversicherer des Eigentümers allerdings auch zunächst gegen den Sachversicherer des Haftpflichtigen vorgehen: Von ihm kann er wegen der zweifachen Deckung des Sacherhaltungsinteresses den *Doppelversicherungsausgleich* nach § 59 Abs. 2 VVG verlangen. In der Literatur herrscht im Ergebnis Einigkeit darüber, daß der seine Ausgleichspflicht nach § 59 Abs. 2 VVG erfüllende Versicherer einen entsprechenden Anteil des gegen den Haftpflichtigen gerichteten Ersatzanspruchs erlangen soll[85]. Dabei wird teils allerdings lediglich ein schuldrechtlicher Abtretungsanspruch angenommen[86]; teils wird stattdessen erwogen, daß der Ersatzanspruch in analoger Anwendung von § 67 VVG automatisch auf den ausgleichenden Versicherer übergeht[87]. Im Hinblick darauf, daß der ausgleichende Versicherer hier zugleich das Sachersatzinteresse des Haftpflichtigen deckt, vermögen beide Vorschläge nicht zu befriedigen; sie würden jeweils nicht zu einem Übergang des Anspruchs auf den ausgleichenden Versicherer führen: Einen Abtretungsanspruch würde er im Hinblick darauf kaum geltend machen, daß einer Durchsetzung des übergegangenen Anspruchs gegen den potentiell Haftpflichtigen wegen der Deckung des Sachersatzinteresses der dolo agit-Einwand entgegenstünde[88]. Die analoge Anwendung von § 67 VVG

---

83 Vgl. § 3 C Nr. 2 VHB 74, § 1 Nr. 3 VHB 84; zur gebotenen engen Auslegung des Begriffs "Gebäudebestandteile" im Ausschlußtatbestand des § 1 Nr. 4 VHB 84 *Knappmann*, in: Prölss/Martin, § 1 VHB 84 Anm. 2.

84 *Kollhosser*, in: Prölss/Martin, § 58 VVG Anm. 2; *Martin* VersR 1978,881 (883 f.).

85 *Sieg*, in: Bruck/Möller/Sieg, § 67 VVG Anm. 120; *J. Prölss* VersR 1978,695 (696); *ders.*, in: Prölss/Martin, § 67 VVG Anm. 4 C.

86 Für diesen *Sieg*, in: Bruck/Möller/Sieg, § 67 VVG Anm. 120.

87 *J. Prölss* VersR 1977,695 (698 sub II 1 i.V. mit 696 sub I 2 b), der allerdings auch die Ansicht von *Sieg* (Fußn. 86) als denkbare Begründung anführt.

88 *J. Prölss* VersR 1977,695 (698, sub II 1 i.V. mit 696 sub I 2 b). Im Ergebnis so auch *Schirmer* (ZVersWiss 1981,637 (677 f., 720 f.)), der jedoch die Deckung des Sachersatzinteresses bestreitet und daher die hier abgelehnte Annahme, ein Regreß gegen den Versicherungsnehmer sei

hingegen vermag deshalb nicht zu einem Anspruchsübergang zu führen, weil der Haftpflichtige, dessen Sachersatzinteresse gedeckt ist, nicht "Dritter" i. S. dieser Vorschrift ist. Gerade im Hinblick auf die Deckung des Sachersatzinteresses ist hier nicht von einem Anspruchsübergang auszugehen, sondern von einer *Tilgung* des Anspruchs durch den Versicherer: Er leistet durch die Zahlung an den anderen Versicherer nicht nur auf den Ausgleichsanspruch nach § 59 Abs. 2 VVG, sondern zugleich auch auf den sich aus der Deckung des Sachersatzinteresses ergebenden Befreiungsanspruch des Haftpflichtigen[89].

Ersetzt der *Sachversicherer des potentiell Haftpflichtigen* den Schaden, entfällt ein Doppelversicherungsausgleich nach § 59 Abs. 2 VVG; vielmehr hat der leistende Versicherer den Schaden im Hinblick auf die Deckung des Sachersatzinteresses endgültig zu tragen. Anderenfalls würde der Einschluß des Sachersatzinteresses in die Versicherung des potentiell Haftpflichtigen dem Versicherer des Eigentümers schaden, da er durch die Zahlung des Doppelversicherungsausgleichs dann - im Gegensatz zur ohne Deckung des Sachersatzinteresses bestehenden Lage - nicht anteilig den Ersatzanspruch gegen den Haftpflichtigen erwürbe[90].

Die dargelegten Grundsätze gelten dann entsprechend, wenn (umgekehrt) neben der das Sachersatzinteresse des potentiell Haftpflichtigen einschließenden Versicherung des Eigentümers eine dessen Sachersatzinteresse dekkende Versicherung eines Dritten besteht. Dies ist z.B. dann der Fall, wenn neben einer Wohngebäudeversicherung des Vermieters, die das Sachersatzinteresse des den Schaden verursachenden Mieters einschließt, eine das Sacherhaltungsinteresse des Vermieters deckende Hausratversicherung des von dem Schaden betroffenen Mieters besteht[91]. Im Ergebnis hat auch in diesem Falle der Versicherer, bei dem das Sachersatzinteresse des potentiell Haftpflichtigen gedeckt ist (hier also: der Versicherer des Eigentümers), den Schaden endgültig zu tragen.

---

auch in der ausschließlichen Fremdversicherung nicht möglich (dazu oben A II 1 a) bb) (S. 31 ff.)), auf den Doppelversicherungsausgleich erstrecken muß. *Schirmer* kann sich dabei nicht auf das von ihm zitierte Urteil des BGH v. 31.3.1976 (IV ZR 29/75, VersR 1976,847 (848)) berufen, da dort ein eigenes Haftpflichtinteresse des Versicherungsnehmers gedeckt war, was *Schirmer* gerade ablehnt.

89 Zur Tilgungswirkung der Zahlung des Versicherers allgemein (außerhalb der Doppelversicherung) s.u. IV 2 a (S. 205 f.).

90 *J. Prölss* VersR 1977,695 (697, sub II 1 i.V. mit I 2 b).

91 Dazu *J. Prölss* VersR 1977,695 (696-697).

5. Regreßverzicht und Doppelversicherung

Ergibt die Vertragsauslegung keine Deckung des Sachersatzinteresses, sondern lediglich einen Regreßverzicht - was bei der vom Eigentümer genommenen Versicherung regelmäßig der Fall ist -, so stellt sich im Verhältnis zu einer Haftpflichtversicherung des potentiell Haftpflichtigen die Frage nach der Anwendbarkeit der für die Doppelversicherung aufgestellten Grundsätze. Eine unmittelbare Geltung des § 59 VVG scheidet im Hinblick darauf aus, daß es sich - wie dargelegt[92] - bei einem Regreßverzicht gerade nicht um die Versicherung eines Interesses handelt; der Begünstigte erlangt nicht die Stellung eines Versicherten[93]. Die Doppelversicherung setzt nach der Legaldefinition in § 59 Abs. 1 VVG demgegenüber voraus, daß ein Interesse mehrfach "versichert" ist.

Kommt eine direkte Anwendung des Gesetzes somit nicht in Betracht, so ist doch andererseits nicht zu verkennen, daß der Regreßverzicht zwar nicht rechtlich, wohl aber wirtschaftlich der versicherungsmäßigen Deckung des Sachersatzinteresses stark angenähert ist. Von daher könnte man eine Übertragung des in § 59 Abs. 2 VVG zum Ausdruck kommenden Rechtsgedankens in dem Sinne erwägen, daß der an den Regreßverzicht gebundene, den Eigentümer entschädigende Sachversicherer von dem anderen Versicherer anteiligen Ausgleich verlangen kann.

Hiergegen spricht jedoch folgendes: Fände der in dieser Regelung angeordnete Doppelversicherungsausgleich statt, so hätte der zuerst leistende Haftpflichtversicherer des Haftpflichtigen einen Zahlungsanspruch gegen den Sachversicherer, obwohl der Haftpflichtige durch den Versicherungsvertrag gerade keinen Leistungsanspruch erlangen, sondern nur - im Wege des Regreßverzichts - mittelbar begünstigt werden sollte. Vor allem aber ist der Regreßverzicht, wie oben dargelegt[94], regelmäßig *subsidiär* ausgestaltet: Er greift dann nicht ein, wenn der Haftpflichtige im Einzelfall des durch ihn bewirkten Schutzes nicht bedarf (insbesondere: weil er durch eine Haftpflichtversicherung geschützt wird). Hierfür sind dieselben Grundsätze maßgeblich,

---

[92] S.o. B II 3 (S. 97 ff.).

[93] Gegen die Annahme einer Doppelversicherung auch *Schirmer* ZVersWiss 1981,637 (688, 710). - A.A. *Martin* VersR 1974,821 (826 f.), von seinem Standpunkt aus, wonach der Regreßverzicht eine Form der Versicherung des Sachersatzinteresses darstellt, konsequent.

[94] S.o. B III 2 a) aa) (3) (S. 117 ff.).

die bei der Deckung des Sachersatzinteresses zur Annahme einer Subsidiaritätsklausel führen[95].

IV. Innenverhältnis zwischen dem Versicherungsnehmer und dem Versicherten bzw. dem durch einen Regreßverzicht Begünstigten

1. Möglichkeit der Wahl zwischen der Inanspruchnahme des Sachversicherers und des Haftpflichtigen

Besteht Versicherungsschutz für das Sachersatzinteresse oder ist ein Regreßverzicht vereinbart, so stellt sich die Frage, ob es dem Eigentümer als Versicherungsnehmer verwehrt ist, statt des Sachversicherers den Haftpflichtigen (Versicherten) in Anspruch zu nehmen. Bei der Beantwortung ist zwischen der vom Eigentümer und der vom potentiell Haftpflichtigen genommenen Versicherung zu unterscheiden.

a) Vom Eigentümer genommene Versicherung

aa) Einschluß des Sachersatzinteresses

Ist das Sachersatzinteresse (ausnahmsweise) in die vom Eigentümer genommene Sachversicherung eingeschlossen, so könnte man ein "Wahlrecht"[96] zwischen der Inanspruchnahme des Versicherers und des Haftpflichtigen damit begründen, daß der Eigentümer sich durch die Versicherung nicht in der Möglichkeit des Zugriffs auf den Haftpflichtigen habe beschränken wollen. Gegen diese Überlegung spricht jedoch, daß der Eigentümer den potentiell Haftpflichtigen nicht nur durch einen Regreßverzicht begünstigt, sondern ihm selbst die Stellung eines Versicherten verschafft hat. Damit hat der Eigentümer als Versicherungsnehmer ein *Treuhandverhältnis* zum potentiell Haftpflichtigen begründet[97]. Dieses verpflichtet den Eigentümer, vorrangig

---

[95] S.o. III 2 (S. 192 ff.).

[96] Soweit *Schirmer* (ZVersWiss 1984,553 (562)) und *Martin* (Sachversicherungsrecht, J I 12) sich für ein "Wahlrecht" aussprechen, bezieht sich dies allein auf Fälle des - nach der hier vertretenen Ansicht vom Einschluß des Sachersatzinteresses zu unterscheidenden - Regreßverzichts.

[97] Zum Bestehen dieses Treuhandverhältnisses BGH, Urt. v. 7.5.1975 - IV ZR 209/73, BGHZ 64,260; Urt.v. 4.4.1973 - IV ZR 130/71, VersR 1973,634 (635); Urt. v. 12.6.1991 - XII ZR 17/90, NJW 1991,3031 (3032) = RuS 1991,346 (347); *J. Prölss*, § 76 VVG Anm. 1); zweifelnd *Sieg*, in: Bruck/Möller/Sieg, §§ 75, 76 VVG Anm. 22.

den Versicherer in Anspruch zu nehmen[98]. Das soll zwar nach einer Entscheidung des BGH[99] zur Insassen-Unfallversicherung dann nicht gelten, wenn der Versicherte einen sicheren anderweitigen Ersatzanspruch hat. Ob dies auf die Sachversicherung übertragbar ist, kann dahingestellt bleiben; nach der hier vertretenen Ansicht tritt nämlich die Deckung des Sachersatzinteresses bereits als subsidiär hinter die anderweitige Ersatzmöglichkeit zurück[100].

Führt das Treuhandverhältnis dazu, daß der Versicherte vor einer Inanspruchnahme durch den Versicherungsnehmer bewahrt wird, so verschafft letzterer dem potentiell Haftpflichtigen damit gleichsam Schutz vor dem eigenen Zugriff. Dies ist indessen nichts Ungewöhnliches; die - allgemein als zulässig anerkannte - Vereinbarung einer Haftungsfreizeichnung hinsichtlich leichter Fahrlässigkeit geht im Ergebnis sogar noch weiter, da sie bereits die Entstehung von Ersatzansprüchen verhindert. Zu weit ginge es allerdings - wie oben[101] dargelegt -, die Bereitschaft des Versicherungsnehmers zu einer entsprechenden Selbstbindung ohne ausdrückliche Abrede zu unterstellen.

Im Ergebnis steht dem gegen den Haftpflichtigen gerichteten Anspruch auf Schadensersatz somit eine unmittelbar aus dem Treuhandverhältnis folgende *dauernde Einrede* entgegen. Der Umstand, daß der Versicherungsnehmer bereits durch den Einschluß des fremden Interesses dem Versicherten eine starke Position verschafft, kommt durch die Annahme einer Einrede besser zum Ausdruck, als wenn man dem Versicherungsnehmer zwar formal die Wahlfreiheit belassen, zugleich aber die Inanspruchnahme des Haftpflichtigen durch einen diesem dann zustehenden Schadensersatzanspruch sanktionieren würde.

Die Einrede besteht jedenfalls in dem Umfang, in dem der Eigentümer als Versicherungsnehmer einen Leistungsanspruch gegen den Versicherer hat. Zu erwägen ist, ob sie darüber hinaus auch insoweit erhoben werden kann, als der Leistungsanspruch des Versicherungsnehmers durch dessen eigenes

---

[98] *J. Prölss*, in: Prölss/Martin, § 77 VVG Anm. 1 A; *Martin*, Sachversicherungsrecht, J I 12; *ders.*, Montageversicherung, § 16 Rdnr. 3.3.5.

[99] Urt. v. 7.5.1975 - IV ZR 209/73, BGHZ 64,260 (267 f.).

[100] S.o. III 2 (S. 192 ff.).

[101] B III 2 a) aa) (5) (S. 121 ff.).

Verschulden entfallen ist. Der BGH[102] hat - konstruktiv freilich über die Zubilligung nicht einer Einrede, sondern eines Schadensersatzanspruchs - den Versicherten dann für schutzwürdig befunden, wenn der Versicherungsnehmer zur Beschaffung von Deckungsschutz für den Versicherten verpflichtet war. Unabhängig vom Bestehen einer derartigen Verpflichtung läßt sich hier für den Schutz des potentiell Haftpflichtigen als Versichertem folgendes anführen: Es widerspräche dem mit dem Einschluß des Sachersatzinteresses verfolgten Ziel, den Haftpflichtigen vor einer Inanspruchnahme zu schützen, wenn der Geschädigte die Folgen einer von ihm selbst verschuldeten Leistungsfreiheit des Versicherers auf den Haftpflichtigen abwälzen könnte. Dieser Annahme läßt sich nicht die Interessenlage des Eigentümers entgegenhalten. Räumt er dem potentiell Haftpflichtigen die Stellung eines Versicherten ein - was nach der hier vertretenen Ansicht[103] ohnehin nur im Wege ausdrücklicher Vereinbarung möglich ist -, so reicht die dadurch gewährte Begünstigung im Ergebnis wirtschaftlich nahe an eine Haftungsbeschränkung heran. Der Umstand, daß Haftungsfreizeichnungen in der Praxis verbreitet vorkommen, dokumentiert, daß potentiell Geschädigte sich durchaus zu einer Einschränkung ihrer Schadensersatzmöglichkeiten bereitfinden. Nichts anderes als eine solche Einschränkung liegt aber auch in der umfassenden Ausgestaltung der Einrede, wie sie soeben dargelegt wurde. Der Annahme eines Schadensersatzanspruches gegen den Versicherungsnehmer bedarf es dann nicht mehr; der Versicherte wird durch die Einrede hinreichend geschützt.

bb) Regreßverzicht zugunsten des Haftpflichtigen

Deckt die vom Eigentümer genommene Versicherung ausschließlich dessen Sacherhaltungsinteresse, ist jedoch zugleich der Regreß gegen den potentiell Haftpflichtigen ausgeschlossen, so besteht zwischen letzterem und dem Eigentümer kein Treuhandverhältnis, da der Regreßverzicht - wie oben[104] dargelegt - nicht eine Form der Versicherung des Sachersatzinteresses ist. Von daher entfällt die Grundlage für eine dem Haftpflichtigen zustehende Einrede, wenn der Eigentümer ihn anstelle des Versicherers in Anspruch nimmt. Zu-

---

102 Urt. v. 10.10.1985 - I ZR 124/83, VersR 1986,285 (286). Zustimmend *J. Prölss*, in: Prölss/Martin, § 77 VVG Anm. 1 A.

103 S.o. B III 2 a) aa) (5) (S. 121 ff.).

104 S.o. B II 3 (S. 97 ff.).

treffend ist es daher, wenn der BGH[105] im Falle eines bloßen Regreßverzichts (in casu: nach § 15 Nr. 2 AKB) das "Wahlrecht" nur unter den Voraussetzungen der unzulässigen Rechtsausübung für ausgeschlossen hält. Diese Voraussetzungen sollen etwa dann vorliegen, wenn der Versicherungsnehmer gegenüber dem potentiell Haftpflichtigen zum Abschluß der Versicherung verpflichtet ist[106], wenn er ihm die Existenz einer Versicherung bestätigt hat[107] oder wenn der potentiell Haftpflichtige in seinem, des Versicherungsnehmers, Interesse mit der Sache in Berührung kommt[108].

In der Literatur wird demgegenüber bisweilen dem Versicherungsnehmer das Recht zur wahlweisen Inanspruchnahme des Versicherten eingeräumt, ohne daß ausdrücklich die Einschränkung der unzulässigen Rechtsausübung gemacht würde[109]. Da das aus § 242 BGB abzuleitende Verbot des Rechtsmißbrauchs jedoch allgemein anerkannt ist, dürften sich in der Sache wohl keine allzu großen Unterschiede zu der Entscheidung des BGH ergeben. Ein Regreßverzicht schützt den Haftpflichtigen somit regelmäßig nicht vor einer Inanspruchnahme durch den Eigentümer. Wollte man entgegen der hier vertretenen Ansicht in der Vereinbarung eines Regreßverzichts eine Form der Deckung des Sachersatzinteresses sehen, so würden demgegenüber die oben[110] angeführten, zu einem Ausschluß des "Wahlrechts" führenden Überlegungen eingreifen[111].

---

105 Urt. v. 18.3.1986 - VI ZR 213/84, VersR 1986,755 (756).

106 Insoweit nimmt auch *Johannsen* (in: Bruck/Möller/Sieg/Johannsen, Anm. J 178) Rechtsmißbrauch an. Für einen Ausschluß des Wahlrechts ferner *Knappmann*, in: Prölss/Martin, § 15 AKB Anm. 1.

107 Insoweit zweifelnd *Knappmann*, in: Prölss/Martin, § 15 AKB Anm. 1.

108 BGH, Urt. v. 18.3.1986 - VI ZR 213/84, VersR 1986,755 (756).

109 *Schirmer* ZVersWiss 1984,553 (562); *ders.* ZVersWiss 1981,637 (711 Fußn. 203); *Martin*, Sachversicherungsrecht, J I 12, J II 28; *Sieg* BB 1982,900 (901) (für den Regreßverzicht der Feuerversicherer). - Strenger hinsichtlich der Wahl zwischen eigenem Kaskoversicherer des Eigentümers und Kfz-Haftpflichtversicherer des Schädigers *Schmalzl* (VersR 1992,677) unter Hinweis auf die Schadensminderungspflicht gem. § 254 Abs. 2 BGB.

110 S.o. a) aa) (S. 200 ff.).

111 So konsequent *J. Prölss*, in: Prölss/Martin, § 77 VVG Anm. 1 A. Abweichend - für ein Wahlrecht des Eigentümers, obwohl der Regreßverzicht eine Form der Versicherung des Sachersatzinteresses sei - *Martin*, Sachversicherungsrecht, J I 12 und J IV 8 (die Begründung, gerade wegen der Wahlmöglichkeit handele es sich nur um eine "teilweise Mitversicherung", bleibt dogmatisch völlig unklar).

b) Deckung des Sachersatzinteresses durch die vom potentiell Haftpflichtigen genommene Versicherung

Nimmt der potentiell Haftpflichtige eine sein Sachersatzinteresse einschließende Versicherung, so kann er hierdurch die Möglichkeit des Eigentümers, Schadensersatzansprüche gegen ihn zu erheben, nicht beschränken. Anderenfalls würde der Sachversicherungsvertrag den Eigentümer als einen an seinem Zustandekommen nicht beteiligten Dritten belasten. Eine Haftungsbeschränkung durch Versicherungsschutz kann jedoch nicht ohne den Willen des Eigentümers als des potentiell Geschädigten erreicht werden (Verbot des Vertrages zu lasten Dritter). Indessen ist der potentiell Haftpflichtige in aller Regel bereits dadurch umfassend geschützt, daß sein eigenes Sachersatzinteresse gedeckt ist. Nimmt ihn der Eigentümer in Anspruch, so kann er seinen Befreiungsanspruch gegen den Versicherer geltend machen.

Der Haftpflichtige kann sich jedoch dann bereits gegen eine Inanspruchnahme durch den Eigentümer wehren, wenn sich aus dem Rechtsverhältnis zwischen dem potentiell Haftpflichtigen und dem Eigentümer ergibt, daß der Eigentümer als Versicherter im Schadensfalle den Versicherer in Anspruch zu nehmen hat. Dies kommt allerdings von vornherein nur dann in Betracht, wenn die Verfügungsbefugnis über den Anspruch des Eigentümers ausnahmsweise abweichend von § 76 Abs. 1 VVG ihm selbst als dem Versicherten zusteht[112]. Für einen sich aus dem Innenverhältnis ergebenden stillschweigenden Ausschluß des "Wahlrechts" könnte es sprechen, wenn der potentiell Haftpflichtige gegenüber dem Eigentümer zur Beschaffung von Versicherungsschutz verpflichtet ist. Eine derartige Verpflichtung ergibt sich häufig aus AGB; verbreitet ist sie insbesondere bei Gebrauchsüberlassungsverträgen (Leasing). Wendet der potentiell Haftpflichtige in derartigen Fällen die Sachversicherungsprämie nicht aus freier Entscheidung auf, sondern weil der Eigentümer dies von ihm verlangt, so hegt er regelmäßig die berechtigte, dem Eigentümer erkennbare Erwartung, daß jener sich nach Eintritt des Versicherungsfalles vorrangig an den Versicherer halten werde. Dies spricht entscheidend für einen stillschweigenden Ausschluß des "Wahlrechts". Folgt man dem nicht, so kann im Ergebnis wegen § 242 BGB dennoch nichts anderes gelten: Es ist rechtsmißbräuchlich, wenn der Eigentümer den potentiell Haftpflichtigen zunächst zum Abschluß einer Versicherung verpflichtet und

---

112 Zu den in Betracht kommenden Fällen s. J. *Prölss*, in: Prölss/Martin, § 76 VVG Anm. 1, 4.

ihn nach Eintritt des Versicherungsfalles dennoch selbst in Anspruch nehmen will. Besteht hingegen keine vertragliche Versicherungspflicht, so bedarf es zur Annahme eines - zum Ausschluß des "Wahlrechts" führenden - Rechtsmißbrauchs freilich anderer Anhaltspunkte.

Ergebnis: Das "Wahlrecht" des Eigentümers ist dann ausgeschlossen, wenn der Haftpflichtige ihm gegenüber zur Beschaffung von Versicherungsschutz verpflichtet ist. Fehlt es hingegen an einer derartigen Vereinbarung im Innenverhältnis, so kann der Eigentümer (bis zur Grenze des Rechtsmißbrauchs) den Haftpflichtigen in Anspruch nehmen, der seinerseits vom Versicherer die Befreiung von dieser Verbindlichkeit verlangen kann.

2. Schicksal des Schadensersatzanspruchs nach Leistung durch den Versicherer

a) Einschluß des Sachersatzinteresses in die vom Eigentümer genommene Versicherung

Ist der Eigentümer Versicherungsnehmer und entschädigt ihn der Versicherer, so geht der Anspruch gegen den Haftpflichtigen dann nicht gem. § 67 Abs. 1 VVG auf den Versicherer über, wenn das Sachersatzinteresse des Haftpflichtigen (ausnahmsweise) eingeschlossen ist; jener ist in diesem Falle nämlich nicht "Dritter"[113]. Ebel[114] meint nun, bezogen auf den Fall des § 67 Abs. 2 VVG, der Versicherer bringe durch seine Leistung zugleich den Schadensersatzanspruch des Versicherungsnehmers gegen den Haftpflichtigen zum Erlöschen. Im Bereich der Sachversicherung erscheint diese Annahme zwar grundsätzlich zweifelhaft; der Versicherer zahlt auf den versicherungsvertraglichen Leistungsanspruch, nicht auf die fremde Schadensersatzschuld. Indessen könnte sich hier daraus etwas anderes ergeben, daß es sich beim Sachersatzinteresse um ein Haftpflichtinteresse handelt, und dem Haftpflichtigen ein Befreiungsanspruch gegen den Versicherer zusteht[115]. Insoweit besteht eine Parallele zur Deckung von Haftpflichtinteressen in der Haftpflichtversicherung[116]. Dies spricht ungeachtet des Annexcharakters der Dek-

---

[113] Zum Begriff des "Dritten" in § 67 Abs. 1 VVG s.o. A II 1 a) bb) (S. 32 ff.).

[114] VersR 1978,1083 (1086). Ebenso für das schweizerische Recht *Maurer*, Schweizerisches Privatrecht, S. 322.

[115] S.o. B II 3 (S. 97 ff.).

[116] Vgl.o. A IV 2 (S. 83).

kung des Sachersatzinteresses in der Sachversicherung für die Annahme, daß der Versicherer durch seine Zahlung außer dem versicherungsrechtlichen zugleich den Haftpflichtanspruch tilgt. Selbst wenn man jedoch diese *doppelte Tilgungswirkung* ablehnen und davon ausgehen würde, der gegen den Haftpflichtigen gerichtete Anspruch bleibe in der Hand des Eigentümers bestehen, wäre der Haftpflichtige vor einer Inanspruchnahme geschützt. Der Durchsetzung dieses Anspruchs steht dann nämlich weiterhin, d.h. auch nach Leistung durch den Versicherer, die oben[117] umschriebene *dauernde Einrede* entgegen (§§ 412, 404 BGB).

Im Ergebnis kann der Haftpflichtige sich somit nach Zahlung des Versicherers einer Inanspruchnahme durch den Eigentümer in jedem Falle von vornherein widersetzen. Er wird nicht lediglich mittelbar dadurch geschützt, daß man dem Versicherer den wirtschaftlichen Anreiz zu seiner - rechtlich möglichen - Inanspruchnahme nimmt, imdem man dem Versicherer in diesem Falle einen Bereicherungsanspruch gegen den Versicherungsnehmer zubilligt[118].

b) Regreßverzicht zugunsten des Haftpflichtigen in der vom Eigentümer genommenen Versicherung

Ist in der vom Eigentümer genommenen Versicherung - wie meist - nur ein Regreßverzicht zugunsten des potentiell Haftpflichtigen vereinbart, so kommt der Zahlung durch den Versicherer - anders als bei einer Deckung des Sachersatzinteresses, das eine auf Befreiung des Haftpflichtigen von der Verbindlichkeit gerichtete Leistungspflicht des Versicherers begründet[119] - keine Tilgungswirkung zu[120]. Indessen gewährt das in dem Regreßverzicht liegende pactum de non petendo dem Haftpflichtigen eine *dauernde Einrede* gegen die Durchsetzung des auf den Versicherer übergegangenen Schadensersatzanspruchs[121].

---

[117] S.o. 1 a) aa) (S. 200 ff.).

[118] Für diese Lösung über § 812 BGB plädieren im Falle des § 67 Abs. 2 VVG: *Sieg*, in: Bruck/Möller/Sieg, § 67 VVG Anm. 114; *J. Prölss*, in: Prölss/Martin, § 67 VVG Anm. 7 A.

[119] S.o. a) (S. 205 f.).

[120] A.A. für den Regreßausschluß nach § 67 Abs. 2 VVG *Ebel* VersR 1978,1083 (1086); dazu oben a) (S. 205).

[121] S.o. B II 2 (S. 96 ff.).

c) Deckung des Sachersatzinteresses durch die vom potentiell Haftpflichtigen genommene Versicherung

Ist der potentiell Haftpflichtige selbst Versicherungsnehmer, so erlischt der Schadensersatzanspruch durch die Zahlung des Versicherers[122]; insoweit gilt das soeben zur Tilgungswirkung Gesagte. Es bedarf somit nicht der in einer Entscheidung des BGH[123] geäußerten Annahme, der Eigentümer verzichte mit der Entgegennahme der Entschädigung auf Haftpflichtansprüche gegen den Haftpflichtigen[124]. Auch die von Schirmer[125] erwogene analoge Anwendung des § 366 Abs. 1 BGB, die der BGH[126] für die Insassen-Unfallversicherung für fremde Rechnung (als einer Summenversicherung) vertreten hat, auf die Schadensversicherung ist nicht erforderlich; angesichts der Parallele zur Haftpflichtversicherung läßt sich die Tilgungswirkung bereits daraus schließen, daß der Versicherer auch auf den gegen ihn gerichteten Befreiungsanspruch des Trägers des Sachersatzinteresses leistet[127].

3. Ansprüche nach Leistung durch den Haftpflichtigen an den Eigentümer

a) Einschluß des Sachersatzinteresses in die vom Eigentümer genommene Versicherung

Es kann vorkommen, daß sowohl der Haftpflichtige als auch der Versicherer den Eigentümer entschädigen, weil der Haftpflichtige nichts von der Versicherung weiß oder jedenfalls nicht von der Deckung seines Sachersatzinteresses ausgeht. In derartigen Fällen könnte man erwägen, dem Versicherer eine Leistungskondiktion (§ 812 Abs. 1 S. 1, 1. Alt. BGB) gegen den Eigentümer zuzubilligen. Dies wird in der Literatur[128] für den Fall eines Regreßaus-

---

122 So auch *Schwarting*, Die Schadenstragung als Quasi-Versicherer, S. 21 f. (für die Kfz-Handel und -Handwerk-Versicherung).

123 Urt. v. 20.3.1974 - IV ZR 94/73, VersR 1974,535 (536); vgl. ferner die weiteren Nachweise S. 30 Fußn. 21.

124 Zur Kritik s.o. A II 1 a) aa) (S. 30 ff.).

125 ZVersWiss 1981,637 (664).

126 Urt. v. 7.5.1975 - IV ZR 209/73, BGHZ 64,260; zustimmend *Sieg*, in: Bruck/Möller/Sieg, § 80 VVG Anm. 37.

127 Würde man demgegenüber die Tilgungswirkung ablehnen, so käme es für die Frage, ob der Haftpflichtige dem Schadensersatzanspruch eine Einrede entgegenhalten kann, wiederum auf das Innenverhältnis von Haftpflichtigem und Eigentümer an (vgl. o. a) (S. 206)).

128 *Sieg*, in: Bruck/Möller/Sieg, § 67 VVG Anm. 114; *J. Prölss*, in: Prölss/Martin, § 67 VVG Anm. 7 A.

schlusses nach § 67 Abs. 2 VVG vorgeschlagen mit der Begründung, der Versicherungsnehmer, der vom Haftpflichtigen Ausgleich für seinen Schaden erlange, habe keinen Anspruch auf Versicherungsentschädigung[129]. Das dem § 67 VVG zugrundeliegende Bereicherungsverbot untersage es, daß der Versicherungsnehmer vom Versicherer und vom Schädiger Ersatz erlange[130]. Diese Argumentation ist auf die hier interessierende Deckung des Sachersatzinteresses deshalb nicht übertragbar, weil bereits dem Haftpflichtigen als dem Versicherten ein Bereicherungsanspruch auf Rückzahlung der von ihm erbrachten Entschädigung zusteht: Hat er nach dem Versicherer gezahlt, so kann er im Hinblick auf die doppelte Tilgungswirkung der Leistung des Versicherers[131] gem. § 812 Abs. 1 S. 1, 1. Alt. BGB (Leistungskondiktion) gegen den Eigentümer vorgehen[132]. Anderenfalls kann er das Geleistete gem. § 813 Abs. 1 S. 1 BGB in dem Umfang vom Eigentümer zurückfordern, in dem die aus dem Treuhandverhältnis folgende Einrede[133] besteht und er in Unkenntnis dieser Einrede leistete (vgl. § 814 BGB). Hierin liegt ein deutlicher Unterschied zu der Lage bei Bestehen eines gesetzlichen Regreßausschlusses gegen Familienangehörige, da jenen ein entsprechendes Rückforderungsrecht nach § 813 Abs. 1 BGB gerade nicht zusteht. Ist aber der Versicherungsnehmer zur Rückzahlung an den Versicherten verpflichtet, so kommt daneben ein Bereicherungsanspruch des Versicherers nicht in Betracht. Gegen diese Lösung läßt sich auch nicht einwenden, daß sie im Ergebnis zu einer doppelten Entschädigung des Versicherungsnehmers führen könne. Zwar ist letzteres tatsächlich dann möglich, wenn der Haftpflichtige in Kenntnis der Einrede leistet, so daß eine Rückforderung gem. § 814 BGB ausscheidet. Indessen liegt die entscheidende Wirkung der Einrede darin, daß der Eigentümer den Anspruch nicht mehr durchsetzen kann. Leistet der Haftpflichtige dennoch in Kenntnis der Einrede, so erlangt zwar der Versicherungsnehmer hierdurch einen unverdienten Vermögensvorteil. Die Entscheidung des § 814 BGB, wonach dieser Vorteil ihm verbleibt, ist jedoch hinzunehmen. Insbesondere ist nicht ersichtlich, wieso die Zahlung des Versicherten stattdessen dem

---

129 Allgemein für einen Wegfall der Leistungspflicht des Versicherers durch die Leistung des Schädigers auch *Schirmer* ZVersWiss 1981,637 (681), der allerdings - von seinem Standpunkt aus konsequent - nicht auf die hier erörterte Frage eingeht, ob dies auch bei Einschluß des Sachersatzinteresses gilt.

130 *Sieg*, in: Bruck/Möller/Sieg, § 67 VVG Anm. 114.

131 S.o. 2 a) (S. 205 f.).

132 Für einen Anspruch des Schädigers aus § 812 BGB auch *Ebel* VersR 1978,1083 (1086).

133 Zu ihr s.o. 1 a) aa) (S. 200 ff.).

Versicherer zugutekommen sollte; er hat sich durch die Deckung des Sachersatzinteresses der Möglichkeit des Zugriffs auf den Schadensersatzanspruch gerade begeben.

b) Regreßverzicht in der vom Eigentümer genommenen Versicherung

Für den Fall, daß lediglich ein Regreßverzicht des Versicherers zugunsten des Haftpflichtigen besteht, und der Eigentümer den Haftpflichtigen mit Erfolg in Anspruch nimmt, hat das Bundesaufsichtsamt für das Versicherungswesen[134] im Jahre 1963 in einer Beschwerdesache einen Zahlungsanspruch des den Eigentümer entschädigenden Haftpflichtigen gegen den Versicherer bejaht. Der Haftpflichtige hatte sich dort auf das Regreßverzichtsabkommen der Feuerversicherer berufen. Zur Begründung des Anspruchs führte das Aufsichtsamt aus, es erschiene unbillig, wenn der Versicherer des Eigentümers, der durch das Abkommen derartige Schäden übernommen habe, dem Haftpflichtigen den Ersatz seiner Aufwendungen verweigern würde. Für einen hierauf gestützten Zahlungsanspruch läßt sich indessen keine Grundlage finden. Zudem überzeugt auch die vom BAV vorgenommene Wertung nicht: Es erscheint keineswegs unbillig, dem lediglich durch einen Regreßverzicht Begünstigten - den im übrigen als Dritten keinerlei eigene Obliegenheiten treffen - einen Zahlungsanspruch gegen den Versicherer zu versagen. Ein Regreßverzicht kann dem Haftpflichtigen nur insoweit zugutekommen, als der Versicherer überhaupt einen Rückgriffsanspruch erlangt; hieran fehlt es, wenn der Versicherungsnehmer den Haftpflichtigen in Anspruch nimmt. Die Beschwerdeentscheidung des BAV ist in der Literatur daher zu Recht auf Ablehnung gestoßen[135]. Bei einem reinen Regreßverzicht stehen dem den Eigentümer entschädigenden Haftpflichtigen somit keinerlei Ansprüche zu.

c) Deckung des Sachersatzinteresses durch die vom potentiell Haftpflichtigen genommene Versicherung

Hat der potentiell Haftpflichtige selbst Versicherungsschutz genommen, so kommt es darauf an, ob ihm aus dem Innenverhältnis zum Eigentümer eine Einrede gegen die Inanspruchnahme zusteht[136]. Wenn dies nicht der Fall ist

---

[134] VerBAV 1963,193.

[135] *Schwarting*, Die Schadenstragung als Quasi-Versicherer, S. 19.

[136] S.o. 1 b) (S. 204 ff.).

und der Haftpflichtige selbst an den Eigentümer zahlt, statt den Versicherer in Anspruch zu nehmen, scheidet eine Rückforderung aus. Besteht indessen eine Einrede, so gelten die Ausführungen zur vom Eigentümer abgeschlossenen Versicherung[137] entsprechend: Zahlt der Haftpflichtige vor dem Versicherer, kann er (unabhängig davon, ob nach ihm auch der Versicherer leistet oder nicht) das in Unkenntnis der ihm zustehenden Einrede an den Eigentümer Geleistete gem. § 813 Abs. 1 S. 1 BGB von diesem herausverlangen. Sofern Martin[138] demgegenüber in diesem Fall davon ausgehen will, der Haftpflichtige erlange wegen § 80 VVG einen Zahlungsanspruch gegen den Versicherer, kann dem im Hinblick darauf nicht gefolgt werden, daß sich aus den Fremdversicherungsregeln nichts für den Inhalt des versicherten Interesses herleiten läßt. Dessen Bestimmung unterliegt vielmehr der Vereinbarung der Parteien. Wie bereits dargelegt[139], begründet das Sachersatzinteresse als ein gegen die Belastung mit Haftpflichtansprüchen gerichtetes Interesse einen Befreiungsanspruch gegen den Versicherer. Im Hinblick auf das stillschweigende Befriedigungsverbot[140] wandelt dieser sich auch durch die Leistung des Haftpflichtigen an den Eigentümer nicht in einen Zahlungsanspruch um.

Hatte schließlich der Versicherer bereits vor der Leistung durch den Haftpflichtigen den Eigentümer entschädigt, war der Schadensersatzanspruch wegen der Tilgungswirkung dieser Zahlung schon erloschen[141]. In diesem Falle kann der Haftpflichtige das von ihm auf die Nichtschuld Geleistete gem. § 812 Abs. 1 S. 1, 1. Alt. BGB zurückfordern.

---

[137] S.o. a) (S. 207 ff.).

[138] Sachversicherungsrecht, J IV 4.

[139] B II 3 (S. 97 ff.).

[140] Dazu s.o. B III 3 c) (S. 157 ff.).

[141] S.o. 2 c) (S. 207).

Zusammenfassung der wichtigsten Ergebnisse

1. a) Der Schutz von Haftpflichtinteressen in der Sachversicherung bedeutet in erster Linie den Schutz potentiell Haftpflichtiger vor einem Rückgriff (§ 67 VVG) des den Eigentümer entschädigenden Versicherers. Dieser Rückgriff ist nicht bereits aufgrund der formalen Stellung eines Haftpflichtigen als Versicherungsnehmer ausgeschlossen (S. 31-34).

b) Der Schutz des potentiell Haftpflichtigen ist auf zwei verschiedenen Wegen möglich: durch Vereinbarung eines Regreßverzichts oder durch Versicherung des Haftpflichtinteresses (Sachersatzinteresses). Das Sachersatzinteresse ist ein in der Sachversicherung versicherbares Interesse (S. 72-87). Die - insbesondere vom BGH vertretene - Gegenansicht steht im Widerspruch zum Grundsatz der Vertragsfreiheit. Ein die Deckung in der Haftpflichtversicherung gebietender Typenzwang läßt sich aus dem VVG nicht herleiten.

c) Der wesentliche Unterschied zwischen beiden Formen des Schutzes besteht darin, daß der potentiell Haftpflichtige, dessen Sachersatzinteresse in die vom Eigentümer genommene Versicherung eingeschlossen ist, der Inanspruchnahme durch den Eigentümer eine auf dem Treuhandverhältnis beruhende Einrede entgegenhalten kann (kein "Wahlrecht" des Eigentümers) (S. 200-205).

2. a) Ist keine ausdrückliche Vereinbarung über den Einschluß des Sachersatzinteresses getroffen, so bedarf es der Auslegung des Sachversicherungsvertrages anhand des Maßstabes eines verständigen, durchschnittlichen Versicherungsnehmers. Entscheidend sind seine erkennbaren, berechtigten Erwartungen an den Versicherungsschutz (S. 107-111). Die Anwendung dieses Maßstabs führt zu unterschiedlichen Ergebnissen: Ist der Eigentümer Versicherungsnehmer, so wird der Schutz des potentiell Haftpflichtigen lediglich in Form eines Regreßverzichts verwirklicht (S. 113-151). Hat hingegen der potentiell Haftpflichtige die Versicherung genommen, so ist sein Sachersatzinteresse gedeckt (S. 151-161). Beide Schutzformen treten - im Hinblick auf ihren Annexcharakter zur Deckung des Sacherhaltungsinteresses -

gegenüber einem bestehenden anderweitigen Haftpflichtversicherungsschutz des potentiell Haftpflichtigen als subsidiär zurück (S. 191-200).

b) Der bei der vom Eigentümer abgeschlossenen Versicherung anzunehmende Regreßverzicht kommt nicht sämtlichen potentiell Haftpflichtigen zugute. Vielmehr ist es im Hinblick auf den Annexcharakter des Sachersatzinteresses gegenüber dem Sacherhaltungsinteresse erforderlich, daß der potentiell Haftpflichtige mit der Sache wie ein Eigentümer in Berührung kommt (S. 144-151). Dies ist insbesondere bei Gebrauchsüberlassungsverhältnissen, kann aber etwa auch im Rahmen von Gesellschaftsverhältnissen (Gesellschafter, Organwalter; S. 167-172) der Fall sein.

c) Ist das Sachersatzinteresse eingeschlossen, so ist die Ausgestaltung dieser Deckung nach den für die Sachversicherung geltenden Regeln zulässig; insbesondere hält die Vereinbarung einer Leistungsfreiheit schon bei grober Fahrlässigkeit nach dem Vorbild von § 61 VVG der Wirksamkeitskontrolle nach dem AGBG stand (S. 180-185).

Literaturverzeichnis

Ackmann, Hans-Peter: Doppelversichererregreß (§ 59 Abs. 2 VVG) im Falle des Zusammentreffens von Fahrzeugvollversicherung des Eigentümers und "Fremdfahrzeugversicherung"?, VersR 1991,1103-1106

Armbrüster, Christian: Das versicherte Interesse bei Sachversicherungen im Zusammenhang mit Kapital- und Personengesellschaften, in: ZVersWiss 1993,245-253

- Zum vertraglichen und gesetzlichen Schutz des Haftpflichtigen vor einem Regreß des Sachversicherers, VersR 1994,893-897

Armbrust, Dieter: Subsidiaritätsabreden in Versicherungsverträgen, Frankfurt am Main (u.a.) 1991

Bach, Peter: Die Entwicklung der Rechtsprechung bei der Anwendung des AGBG auf AVB, VersR 1993,659-675

Banse, Werner: Der Regreß des Feuerversicherers insbesondere bei Nachbarschaftsschäden, VP 1954,83-86

von Bar, Christian: Das "Trennungsprinzip" und die Geschichte des Wandels der Haftpflichtversicherung, AcP 181 (1981),289-327

Baumgärtel, Fritz: Anmerkung zu LG Münster, Urt. v. 12.12.1975 - 10 O 271/75, VersR 1977,77-78

Bechert, Otto: Explosionsschäden und Haftpflichtversicherung, VW 1954,510

Benecke, Wilhelm: System des Assekuranz- und Bodmereiwesens, aus den Gesetzen und Gebräuchen Hamburgs und der vorzüglichsten handelnden Nationen Europens, so wie aus der Natur des Gegenstandes entwickelt, 1. Band, 2. Aufl. Hamburg 1810

Berg, Hans: Verträge mit Drittschutzwirkung und Drittschadensliquidation, JuS 1977,363-367

Bethäuser, Franz: Überlegungen zum privaten PKW-Leasing - insbesondere zur Abwicklung von Haftpflicht- und Kaskoschäden, DAR 1987,107-113

Bischoff, Karl: Fälle und Grenzfälle eines eigenen Sachwertinteresses an fremder Sache, ZVersWiss 1963,193-206

- KVO-Versicherung im Güterkraftverkehrsgesetz, VersR 1952,217-218
- Nachbarschafts-, Vermieter-, Verpächterschäden und Regreßnahme im Grenzgebiet von Feuer- und Haftpflichtversicherung, VP 1956,53-57
- Versicherung eigenen Sachwertinteresses an fremder Sache, VersR 1963,8-15
- Versicherungsnehmer und Versicherter bei der Versicherung für fremde Rechnung als Regreßschuldner des § 67 VVG, VersR 1961,193-196

Bischoff, K./*Dreger*, J.: Musterbedingungen für die Verbundene Wohngebäudeversicherung, VerBAV 1962,192-198

Bischoff, K./*Vassel*, Kl.: Die strukturelle Neuordnung der Vertrauensschaden-Versicherung, VerBAV 1959,155-158

Blanck, Wilhelm: Ausgleichsanspruch der Versicherer bei Doppelversicherung, in besonderer Berücksichtigung der Richtlinien über das Zusammentreffen von Fremd- und Außenversicherung, VW 1958,740

- Interesse; versichertes Interesse; Motiv, ZVersWiss 1929,393-404

Boldt, Hans: Nochmals: Zur Ausgleichspflicht beim Zusammentreffen von Fremd- und Außenversicherung in der Feuerversicherung, VW 1974,1012-1013

- Zur Ausgleichspflicht beim Zusammentreffen von Fremd- und Außenversicherung in der Feuerversicherung, VW 1974,713-714

Braun, Joachim: Erstreckt sich der Schutz der Gebäudefeuerversicherung des Bauherrn im Rohbaustadium auf den Bauunternehmer?, VersR 1987,1162-1166

Brockmann, Herbert: Regreß des Versicherers gegen den Versicherungsnehmer bei der Versicherung für fremde Rechnung in der Transportversicherung?, VersR 1960,1-7

Brockmann, Hubertus: Versicherung eigenen Interesses an fremder Sache, Versicherung für fremde Rechnung und Doppelversicherung, ZfV 1964,165-167/244-248

Bruck/Möller: Kommentar zum Versicherungsvertragsgesetz und zu den Allgemeinen Versicherungsbedingungen unter Einschluß des Versicherungsvermittlerrechtes, Erster Band (§§ 1-48 VVG), 8. Aufl. Berlin/New York 1961 (zitiert: Bearbeiter, in: Bruck/Möller)

Bruck/Möller/Sieg: Kommentar zum Versicherungsvertragsgesetz und zu den Allgemeinen Versicherungsbedingungen unter Einschluß des Versicherungsvermittlerrechtes, Zweiter Band (§§ 49-80 VVG), 8. Aufl. Berlin/New York 1980 (zitiert: Bearbeiter, in: Bruck/Möller/Sieg)

Bruck/Möller/Sieg/Johannsen: Kommentar zum Versicherungsvertragsgesetz und zu den Allgemeinen Versicherungsbedingungen unter Einschluß des Versicherungsvermittlerrechtes, Band III, Lieferung 1, Feuerversicherung, 8. Aufl. Berlin/New York 1985 (zitiert: Sieg, in: Bruck/Möller/Sieg/Johannsen); Band V, Teil 1, Lieferung 1 + 1 b, Kraftfahrzeughaftpflichtversicherung, 8. Aufl. Berlin/New York 1994 und Lieferung 2, Fahrzeugversicherung, 8. Aufl. Berlin/New York 1978 (zitiert: Johannsen, in: Bruck/Möller/Sieg/Johannsen)

Das Bürgerliche Gesetzbuch mit besonderer Berücksichtigung der Rechtsprechung des Reichsgerichts und des Bundesgerichtshofs, Kommentar, herausgegeben von Mitgliedern des Bundesgerichtshofs, Band II, 1. Teil, §§ 241-413, 12. Aufl. Berlin/New York 1976 (zitiert: RGRK-Bearbeiter)

Bundschuh, Karl Dietrich: Die Überprüfung von Allgemeinen Versicherungsbedingungen durch die höchstrichterliche Rechtsprechung, in: Bundschuh (Hrsg.), Symposion AGBG und AVB, Die Entwicklung des Verbraucherschutzes bei Versicherungsverträgen, Karlsruhe 1993, S. 3-26

Dahm, Henning: Vorvertraglicher Drittschutz, JZ 1992,1167-1172

Daube, Horst: Die rechtliche Konstruktion der Kundenversicherung, Diss. Hamburg 1964

Deutsch, Erwin: Versicherungsvertragsrecht - Ein Grundriß, 2. Aufl. Karlsruhe 1988

Dilcher, Hermann: Typenfreiheit und inhaltliche Gestaltungsfreiheit bei Verträgen, NJW 1960,1040-1043

Dreger, J.: Das neue Klauselwerk der Feuer- und FBU-Versicherung, VerBAV 1970,35-44

Dreher, Meinrad: Anmerkung zu BGH, Urt. v. 15.3.1992 - IV ZR 55/91, VersR 1992,926-928

Ebel, Friedrich: Zur Dogmatik des Angehörigenprivilegs nach § 67 II VVG, VersR 1978,1083-1086

Ehrenberg, Victor: Versicherung für fremde Rechnung, JherJahrb 30 (1891), S.422-482

- Versicherungsrecht, Erster Band, Leipzig 1893

Ehrenzweig, Albert: Deutsches (österreichisches) Versicherungsvertragsrecht, Wien 1952 (zitiert: Ehrenzweig, Versicherungsvertragsrecht)

Endermann, H.: Ein Leitungswasserschaden und seine Folgen, VP 1975,73-75

Engels, Paul: Absicherung gegen eventuelle Regreßansprüche fremder Feuerversicherer, VP 1977,97-100

- Die Feuerhaftungs-Versicherung in der endgültig genehmigten Fassung, VP 1988,193-194

- Feuerhaftungs-Versicherung - Eine Haftpflichtversicherung besonderer Art, VP 1985,73-76

- Vorteilhafte Betriebsfeuerversicherung, Freiburg i. Br. 1978

Erman, Walter: Handkommentar zum Bürgerlichen Gesetzbuch mit AbzG, HaustürwiderrufG, AGBG, ErbbaurechtsV, WEG, SchiffsrechtsG, EheG, HausratsVO, Beurkundungsgesetz (teilkommentiert), 9. Aufl. Münster 1993 (zitiert: Erman-Bearbeiter)

Esser, Josef: Schuldrecht Allgemeiner und Besonderer Teil, 2. Aufl. Karlsruhe 1960

Essert, Hartwig: Regreßverzichtabkommen der Feuerversicherer, VersR 1981,1111-1114

Flechtheim: Schutz durch mittelbare Versicherung, LZ 1911,675

von Forstner, Rüdiger: Anmerkung zu BGH, Urt. v. 21.9.1983 - IV a ZR 165/81, VersR 1984,750-751

Fuchs, Maximilian: Gewillkürte Haftungsersetzung durch Versicherungsschutz, BB 1992,1217-1226

- Versicherungsschutz und Versicherbarkeit als Argumente bei der Schadensverteilung, AcP 191 (1991),318-345

Gärtner, Rudolf: Das Bereicherungsverbot. Eine Grundfrage des Versicherungsrechts, Berlin 1970

- Die Entwicklung der Lehre vom versicherten Interesse von den Anfängen bis zum Ende des 19. Jahrhunderts, ZVersWiss 1963,337-375

- Privatversicherungsrecht, 2. Aufl. Neuwied/Darmstadt 1980

- Wechselwirkungen zwischen Haftung und Versicherung bei Kraftfahrzeug-schäden, BB 1993,1454-1460

Gernhuber, Joachim: Drittwirkungen im Schuldverhältnis kraft Leistungsnähe. Zur Lehre von den Verträgen mit Schutzwirkung für Dritte, in: Festschrift für Arthur Nikisch, Tübingen 1958, S. 249-274

- Gläubiger, Schuldner und Dritte. Eine Kritik der Lehre von den "Verträgen mit Schutzwirkung für Dritte" und der Rechtsprechung zum "Haftungsausschluß mit Wirkung für Dritte", JZ 1962,553-558

Gierke, Julius: Die Haftpflichtversicherung und ihre Zukunft, ZHR 60,1-66

Glaser, Hugo: Rückgriff des Feuerversicherungsunternehmens gegen den Mieter bei Brandschäden in der Mietwohnung, ZfV 1953,119

Golinski, Frank: Die Regulierung von Feuerschäden beim Zusammentreffen von Fremd- und Außenversicherung, RuS 1976,262-263

Güllemann, Dirk: Haftung und Versicherungsschutz für Schäden in Parkhäusern, NJW 1972,889-893

Hagen, Otto: Der versicherungsrechtliche Interesse-Begriff, ZVersWiss 1907,15-30

Haidinger: Anmerkung zu BGH, Urt. v. 11.7.1960 - II ZR 254/58 (BGHZ 33,97), LM § 67 VVG Nr. 14

- Anmerkung zu BGH, Urt. v. 30.4.1959 - II ZR 126/57 (BGHZ 30,40), LM § 67 VVG Nr. 13

- Anmerkung zu BGH, Urt. v. 29.10.1956 - II ZR 64/56 (BGHZ 22,109), LM § 67 VVG Nr. 8

Hartmann, Walter: Der Regreß des Feuerversicherers insbesondere bei Nachbarschaftsschäden, VP 1954,134-135

- Ungedecktes Nachbarrisiko, ZfV 1954,37

Hellwig, Konrad: Die Verträge auf Leistung an Dritte, Neudruck Aalen 1968 der Ausgabe Leipzig 1899

Helm, Johann Georg: Zusammenspiel der Versicherungen, in: Deutsche Gesellschaft für Transportrecht (Hrsg.), Gütertransport und Versicherungen, Karlsruhe 1990, S. 197-228

Helmers, Dietrich: Sittenwidrige Begünstigungen in der Lebensversicherung, VersR 1967,1123-1126

Hennig, Rudolf: Fremdes Eigentum in der Feuerversicherung, VP 1970,85-87

Heyen, Edgar: Der Regreß der Feuerversicherer. Wesen und Bedeutung dieser Absprache bei übergreifenden Schadensereignissen, 2. Aufl. Karlsruhe 1967

Heyn, Eigentumsvorbehalt und Feuerversicherung. Ein Vortrag von RA Dr. Rolf Raiser vor dem Versicherungswissenschaftlichen Verein Hamburg, NeumZ 1935,140-141

von Hippel, Eike: Nochmals: Zum Regreß des Versicherers in der Kfz-Kaskoversicherung, NJW 1967,814-815

- Zum Regreß des Versicherers in der Kfz-Kaskoversicherung, NJW 1966,1012-1014

Hirschberg, Lothar: Arbeitnehmerhaftung und Haftpflichtversicherung, VersR 1973,786-796

Honsell, Heinrich: Der Regreß des Sachversicherers nach § 67 VVG bei Gebrauchsüberlassung an Dritte im österreichischen Recht, VersR 1985,301-305

Honsell, Thomas: Der Umfang des Deckungsausschlusses bei Anwendung der sog. Tätigkeits- und der Herstellungs- bzw. Lieferklausel, VersR 1985,3-7

Hübner, Ulrich: Vertrag mit Schutzwirkung für Dritte und Ersatz von Vermögensschäden, VersR 1991,497-500

von Jordan, Gerhard: Doppelversicherung bei Zusammentreffen mehrerer Versicherungen mit Subsidiaritätsklausel, VersR 1973,396-397

Josef, Eugen: Schutz durch mittelbare Versicherung, VersWissArchiv 1912,778-786

Jung, Eckhart: Regreßlimitierungen in der Kaskoversicherung, DAR 1981,9-11

Keining, Verlust des Entschädigungsanspruchs eines Miteigentümers bei schuldhafter Verursachung des Versicherungsfalls durch einen anderen Miteigentümer (Ein Beitrag zu § 61 VVG), DÖV 1938,113-115

Kirsch, Christian: Koppelung von Versicherungsanträgen, Bündelung und Kombination von Versicherungsverträgen. Eine Untersuchung über Rechtsfragen der zusammengefaßten Versicherungsverhältnisse, Karlsruhe 1993

Kisch, Wilhelm: Handbuch des Privatversicherungsrechts, Band III: Die Lehre von dem Versicherungsinteresse, München/Berlin/Leipzig 1922 (zitiert: Kisch, Privatversicherungsrecht III)

- Subjektives Interesse und Versicherung "für wen es angeht", JherJahrb 63 (1913),361-450

Knoerrich, F./*Dreger*, J.: Hausratversicherung auf neuer Vertragsgrundlage, VerBAV 1966,175-183

Koch, Hans H.: Der Regreß des Feuerversicherers insbesondere bei Nachbarschaftsschäden, VP 1954,151-152

Koch, Peter: Rechtsgeschäftliche Versicherungspflichten bei der Miete beweglicher Sachen und ihr Einfluß auf die gesetzliche Haftung, VersR 1967,306-309

Köhler, Helmut: Besitzschutz contra Eigentumsschutz bei Sachbeschädigung - LG Köln, NJW 1977,810, JuS 1977,652-656

Koenig, Willy: Die Anspruchsberechtigung in der Versicherung für fremde Rechnung, in: Ausblick und Rückblick, Erich R. Prölss zum 60. Geburtstag, München 1967, S. 221-239

Lange, Manfred: Rezension über Herwin Schwarting, Die Schadenstragung als Quasi-Versicherer, WM 1987,999-1000

Langheid, Theo: Rechtsprechungsübersicht zum Versicherungsvertragsrecht 1991/92, NJW 1993,695-710

Larenz, Karl: Lehrbuch des Schuldrechts, Erster Band, Allgemeiner Teil, 14. Aufl. München 1987 (zitiert: Larenz, Schuldrecht I)

- Die Methode der Auslegung des Rechtsgeschäfts, Nachdruck Frankfurt am Main/Berlin 1966 der 1. Aufl. von 1930

- Methodenlehre der Rechtswissenschaft, 6. Aufl. München 1991

Laue, P.: Explosionsschäden und Haftpflichtversicherung, VP 1954,179-180

Laufke, Franz: Vertragsfreiheit und Grundgesetz, in: Das deutsche Privatrecht in der Mitte des 20. Jahrhunderts, Festschrift für Heinrich Lehmann zum 80. Geburtstag, I. Band, Berlin (u.a.) 1956, S. 145-188

Leenen, Detlef: Typus und Rechtsfindung. Die Bedeutung der typologischen Methode für die Rechtsfindung dargestellt am Vertragsrecht des BGB, Berlin 1971

Lenné, Paul: Beiträge zur Lehre vom Versicherungsgeschäft für fremde Rechnung, ZVersWiss 1912,1208-1258

Lintz, Bodo: Die Zwangshaftpflichtversicherung für Kraftfahrzeuge und ihre Gestaltung, NeumZ 1935,849-855

Lorenz, Egon: Hat der Versicherer eine Risikoprüfungsobliegenheit mit Schutzzweck zugunsten des Antragstellers?, VersR 1993,513-519

- Zur entsprechenden Anwendung der Regreßsperre des § 67 Abs. 2 VVG auf die gesamtschuldnerischen Ausgleichsansprüche des Kfz-Haftpflichtversicherers gegen den nicht deckungsberechtigten Versicherten (Fahrer), VersR 1991,505-510

- Zum Regreß des Gebäudeversicherers gegen den seinem Versiche-rungsnehmer haftpflichtigen Mieter - Zugleich Anmerkung zu dem Nichtannahmebeschluß des BGH vom 18.12.1991 (IV ZR 259/91), VersR 1992,311 - VersR 1992,399-402

Luttmer, Gerhard: Die Neuwertversicherung von Wohn-, Geschäfts- und landwirtschaftlichen Gebäuden. Kritische Analyse der konventionellen und der gleitenden Versicherungsform sowie Reformvorschläge, Berlin 1972

Mahlberg, Matthias: Nochmals: Regreß des Versicherers in der Kfz-Kaskoversicherung, NJW 1966,2154-2156

Martin, Anton: Anmerkung zu OLG Karlsruhe, Urt. v. 17.12.1975 - 13 U 33/75, VersR 1976,240-242

- Bauleistungs- und Baugeräteversicherung: neue AVB und Klauseln (III), VW 1974,1130-1136

- Deckung des Haftpflichtrisikos in der Sachversicherung. Zugleich Anmerkung zu BGH VersR 1974,535, VersR 1974,821-828

- Grundprobleme bei der Neufassung allgemeiner Sachversicherungs-Bedingungen, ZVersWiss 1973,493-507

- Haushalt-Glasversicherung für Einfamilienhäuser nach Wohnungswechsel und Veräußerung des Gebäudes, VersR 1989,560-563

- Montage- und Bauunternehmer-Versicherung: Sparten der Sach- oder der Haftpflichtversicherung? VW 1971,89-94(I)/150-153 (II)/214-218 (III)

- Montageversicherung. Kommentar zu den Allgemeinen Montageversicherungs-Bedingungen (AMoB), München 1972

- Regreß des Doppelversicherers gegen den Versicherungsnehmer des anderen Doppelversicherers? - Zugleich Anmerkung zu AG Saarbrücken VersR 1978,31 - VersR 1978,881-884

- Sachversicherungsrecht. Kommentar zu den Allgemeinen Versicherungsbedingungen für Hausrat, Wohngebäude, Feuer, Einbruchdiebstahl und Raub, Leitungswasser, Sturm einschließlich Sonderbedingungen und Klauseln, 1. Aufl. 1982 (zitiert: Sachversicherungsrecht, 1. Aufl.); 3. Aufl. 1992 (zitiert: Martin, Sachversicherungsrecht)

- Schadenteilung zwischen Versicherer und Garant? - Zugleich Anmerkung zu LG Heilbronn VersR 75,30 (Urt. v. 18.7.1974) -, VersR 1975,101-104

Maunz, Theodor/*Dürig*, Günter: Grundgesetz, Kommentar, 30. Lieferung München Dez. 1992

Maurer, Alfred: Einführung in das schweizerische Privatversicherungsrecht, Bern 1976

Medicus, Dieter: Schuldrecht I, Allgemeiner Teil, 6. Aufl. München 1992

Mersson, Günter: Zur Haftung bei Gefälligkeitsfahrten, DAR 1993,87-92

Meyer-Kahlen, Walter: Entwicklungslinien der Haftpflichtversicherung, in: Bach, Peter (Hrsg.), Symposion Haftungsrecht und Haftpflichtversicherung - Beiträge und Materialien -, Karlsruhe 1992, S. 49-71.

Möller, Hans: Ausstrahlungen des § 61 VVG auf Haftungsverhältnisse, in: Festschrift für Fritz Hauß zum 70. Geburtstag, Karlsruhe 1978, S. 251-266

- Der Regreß des Kraftverkehrsversicherers nach § 67 VVG, DAR 1953,107-111

- Rezension über Funk, Die Montageversicherung/Martin, Montageversicherung/von Gerlach, Die Maschinenversicherung/Haag Die Bauwesenversicherung, ZVersWiss 1973,657-658

Moldenhauer, Beiträge zur Lehre von der Doppelversicherung, LZ 1909,42-48

- Nachwort, LZ 1911,688

Motive zum Versicherungsvertragsgesetz, hrsg. vom Bundesaufsichtsamt für das Versicherungs- und Bausparwesen, Berlin 1963

von Münch, Ingo/*Kunig*, Philip: Grundgesetz, Kommentar, Band 1 (Präambel bis Art. 20), 4. Aufl. München 1992

Münchener Kommentar zum Bürgerlichen Gesetzbuch, Band 1, Allgemeiner Teil (§§ 1-241 BGB), 3. Aufl. München 1993; Band 2, Schuldrecht - Allgemeiner Teil (§§ 241-432), 2. Aufl. München 1985 (zitiert: MünchKomm-Bearbeiter)

Obermayer, Georg: Explosionsschäden und Haftpflichtversicherung, VW 1954,433-435/510-511

Ollick, Peter: Allgemeine Montageversicherungs-Bedingungen (AMoB) und Klauseln zu den AMoB - Die Montageversicherung auf neuer Grundlage -, VerBAV 1972,110-120

- Das neue Klauselheft - Vereinheitlichung, Überarbeitung und Ergänzung der Klauseln für die nichtindustrielle Sachversicherung, VerBAV 1982,36-56

Palandt, Otto: Bürgerliches Gesetzbuch. Kommentar mit Einführungsgesetz und Nebengesetzen, 53. Aufl. 1994 (zitiert: Palandt-Bearbeiter)

Pfeiffer, Gerd: Die Belange der Versicherer als Kriterium bei der Auslegung von AVB, in: Staat, Wirtschaft, Assekuranz und Wissenschaft, Festschrift für Robert Schwebler, Karlsruhe 1986, S. 399-418

Prölss, Erich R.: Anmerkung zu BGH, Urt. v. 14.12.1967 - II ZR 169/65, VersR 1968,268-270

- Anmerkung zu BGH, Urt. v. 11.7.1960 - II ZR 254/58, NJW 1960,1903-1904
- Anmerkung zu BGH, Urt. v. 29.10.1956 - II ZR 64/56, VersR 1957,124-125
- Grundzüge der Hypothekeninteresseversicherung, ZVersWiss 1933,215-228
- Haftpflichtversicherung als Haftpflichttatbestand?, in: VersR-Beiheft Karlsruher Forum 1959, Diskussionen zum Thema Haftung und Verschulden, S. 41-43

Prölss, Jürgen: Anmerkung zu BGH, Urt. v. 13.7.1988 - IV a ZR 55/87, JZ 1989,148-150

- Anmerkung zu BGH, Urt. v. 24.9.1985 - VI ZR 4/84, JZ 1986,345-346
- Regreß- und Ausgleichsprobleme bei der Versicherung fremder Gebäudebestandteile im Rahmen der Hausratversicherung (§ 3 C Nr. 2 VHB) - zugl. Anm. zu LG Köln VersR 1977,270, VersR 1977,695-698
- Der Versicherer als "Treuhänder der Gefahrengemeinschaft" - Zur Wahrnehmung kollektiver Belange der Versicherungsnehmer durch den Privatversicherer, in: Festschrift für Karl Larenz (1983), S. 487-535

Prölss/Martin: Versicherungsvertragsgesetz. Kommentar zu VVG und EGVVG sowie Kommentierung wichtiger Versicherungsbedingungen - unter Berücksichtigung österreichischer Rechtsprechung -, von U. Knappmann, H. Kollhosser, J. Prölss und W. Voit, 25. Aufl. München 1992 (zitiert: Bearbeiter, in: Prölss/Martin)

- Versicherungsvertragsgesetz. Kommentar zum VVG mit Erläuterungen zu den wichtigeren Versicherungsbedingungen - unter Berücksichtigung österreichischer Rechtsprechung -, von U. Knappmann, A. Martin, J. Prölss und W. Voit, 24. Aufl. München 1988 (zitiert: Bearbeiter, in: Prölss/Martin, 24. Aufl.)

Prölss/Schmidt,Reimer/*Frey*, Peter: Versicherungsaufsichtsgesetz, Bundesaufsichtsgesetze, Kartellrecht der Versicherungswirtschaft (§ 102 GWB) und andere Nebengesetze. Kommentar, 10. Aufl. München 1989 (zitiert: Bearbeiter, in: Prölss/Schmidt/Frey)

Raiser, Ludwig: Vertragsfreiheit heute, JZ 1958,1-8

Raiser, Rolf: Kommentar der Allgemeinen Feuerversicherungs-Bedingungen, 2. Aufl. Berlin 1937

Redaktion DAR: Anmerkung zu OLG Bamberg, Urt. v. 8.12.1988 - 1 U 61/88, DAR 1991,106-107

Reinking, Kurt: Anmerkung zu BGH, Urt. v. 12.02.1985 - X ZR 31/84, EWiR § 535 BGB 3/85,271-272

Renger, Reinhard: Diskussionsentwurf zur gesetzlichen Regelung der privaten Krankenversicherung in Deutschland, VersR 1993,678-685

Römer, Wolfgang: Die jüngere Entwicklung der Rechtsprechung zur Sachversicherung, 24./31. März 1992 Köln/München, Karlsruhe 1992

Roth, Herbert: Funktion und Anwendungsbereich der Unklarheitenregel des § 5 AGBG, WM 1991,2085-2089/2125-2135

Ruhwedel, Edgar: Anmerkung zu LG Köln, Urt. v. 1.12.1976 - 13 S 240/76, NJW 1977,811-812

Sblowski, Wolfgang: Zum versicherten Interesse beim Mobilien-Leasing in der Sachversicherung, ZfV 1984,618-623

Schaefer, Frithjof: Anmerkung zu AG Bad Homburg, Urt. v. 10.3.1975 - 2 C 1366/74, VersR 1975,996-997

Schimikowski, Peter: Schadensabwendung und Rettungskosten bei Wildunfällen, Anmerkungen zu BGH RuS 1991,116, RuS 1991,145-151

Schirmer, Helmut: Aktuelle Fragen bei der Anwendung des AGB-Gesetzes auf AVB, in: Bundschuh (Hrsg.), Symposion AGBG und AVB, Die Entwicklung des Verbraucherschutzes bei Versicherungsverträgen, 1993, S. 61-113

- Die Rechtsprechung des Bundesgerichtshofs zum allgemeinen Versicherungsvertragsrecht - ein Überblick, ZVersWiss 1992,381-417

- Rezension über Martin, Sachversicherungsrecht, ZVersWiss 1984,553-591

- Zur Versicherbarkeit des Sachersatzinteresses in der Sachversicherung, ZVersWiss 1981,637-743

- Versicherungsvertragsrecht, Versicherungswert, in: Handwörterbuch der Versicherung, hrsg. von Dieter Farny, Elmar Helten, Peter Koch und Reimer Schmidt, Karlsruhe 1988, S. 1217-1222

Schmalzl, Franz: Die Inanspruchnahme des Kaskoversicherers durch den Unfallgeschädigten und die sich daraus ergebenden haftpflichtrechtlichen Folgen, VersR 1992,677-678

Schmidt, Karsten: Zur Vermögensordnung der Gesamthands-BGB-Gesellschaft, JZ 1985,909-914

Schmidt, Reimer: Der Regreß des Versicherers (§ 67 VVG und § 1542 RVO), VersR 1953,457-461

- Regreßprobleme der Sachversicherung, NJW 1956,1055-1057

Schmidt-Bleibtreu, Bruno/*Klein*, Franz: Kommentar zum Grundgesetz, 7. Aufl. Neuwied/Frankfurt a. M. 1990

Schmidt-Salzer, Joachim: Rezension über Martin, Sachversicherungsrecht/Späte, Haftpflichtversicherung, VersR 1993,548-549

- Vertragsfreiheit und Verfassungsrecht, NJW 1970,8-15

Schnepp, Winfried: Sachversicherung bei Mobilienleasing, Karlsruhe 1989

Schriftleitung RuS (Js.): Hinweise zu OLG Hamm, (Teil-) Urt. v. 15.11.1986 - 20 U 23/86, RuS 1987,24

- Anmerkung zu AG Bad Homburg, Urt. v. 10.3.1975 - 2 C 1366/74, RuS 1976,20-21

- Anmerkung zu LG Heilbronn, Urt. v. 18.7.1974 - 3 O 1142/73, RuS 1975,105-106

Schultze-v. Lasaulx, Hermann: Zur Frage der Gestaltungsfreiheit für Gesellschaftsverträge. Eine Bestandsaufnahme. Abschied von Illusionen, ZGenWesen 1971,325-351

Schwarting, Hartwin: Die Schadenstragung als Quasi-Versicherer. Zum Eindringen von Versicherung und Versicherungsgedanken in das Haftungsrecht, Karlsruhe 1986

Schweitzer, Ursula: Das versicherte Interesse (im Binnenversicherungsrecht), Karlsruhe 1990

Schwintowski, Hans-Peter: Der private Versicherungsvertrag zwischen Recht und Markt - zugleich eine Analyse der Konstruktionsprinzipien des privaten Versicherungsvertrags unter Berücksichtigung des Wettbewerbsrechts und des Europäischen Rechts, Baden-Baden 1987 (zitiert: Schwintowski, Versicherungsvertrag)

Sieg, Karl: Ausstrahlungen der Vertrauensschaden-Versicherung auf die Mankohaftung im Arbeitsverhältnis, ZVersWiss 1963,265-279

- Der Quasi-Versicherungsnehmer in der Sachversicherung, VersR 1976,105-106

- Die Bedeutung der Leistungen Vierter für den Schadensersatz des Dritten. Auswirkungen auf die Haftpflichtversicherung, JZ 1964,14-19

- Die Zulässigkeit von Haftungsüberwälzungen unter Versicherungsaspekten, BB 1993,149-154

- Die Versicherbarkeit als Beurteilungsfaktor für die Zulässigkeit von Haftungsüberwälzungen, BB 1994,299-301

- Haftungsersetzung durch Versicherungsschutz?, ZHR 113 (1950),95-118

- Kritische Betrachtungen zur Regreßverdrängung, VersR 1973,194-197

- Rechtsverhältnisse bei erteiltem Sicherungsschein in der KFZ-Versicherung, VersR 1953,219-221

- Sicherungsmöglichkeiten des Anzahlungsgläubigers durch Versicherung, BB 1964,17-18

- Zum Regreßverzichtsabkommen der Feuerversicherer, BB 1982,900-901

Starck, F.: Der Umfang der Ersatzpflicht bei der Versicherung von Vorbehalts- und Sicherungseigentum, NeumZ 1934,53-54

von Staudinger, J.: Kommentar zum Bürgerlichen Gesetzbuch mit Einführungsgesetz und Nebengesetzen, 2. Buch, Recht der Schuldverhältnisse, §§ 328-335, 12. Aufl. Berlin 1983 (zitiert: Staudinger-Bearbeiter)

Steffen, Aribert: Haftung aus übergreifenden Feuerschäden. Ein Beispiel von Risk Management, ZfV 1978,306-310

Stenzaly, Zum Thema "Ungedecktes Nachbarrisiko", ZfV 1954,37-38

- Ungedecktes Nachbarrisiko, ZfV 1953,551

Stiefel, Ernst/*Hofmann*, Edgar: Kraftfahrtversicherung. Kommentar zu den Allgemeinen Bedingungen für die Kraftfahrtversicherung - AKB und zu den Allgemeinen Bedingungen für die Verkehrs-Service-Versicherung - AVSB, 15. Aufl. München 1992

Treier, Gerhard: Die Rechtsprechung des Bundesgerichtshofs zu Miete, Pacht und Leasing, WM-Sonderbeilage Nr. 4/1992,1-21

Tribess, Hans-Eckhard: Die Leistungsfreiheit des Versicherers aus § 67 Abs. 1 Satz 3 VVG im Falle des Vorausverzichtes, Frankfurt am Main (u.a.) 1991, 1990

Ulmer, Peter/*Brandner*, Hans Erich/*Hensen*, Horst-Diether/*Schmidt*, Harry: AGB-Gesetz. Kommentar, 7. Aufl. 1993 (zitiert: Bearbeiter, in: Ulmer/Brandner/Hensen/Schmidt)

Vogel, Werner: Subsidiaritätsabreden und Doppelversicherung, ZVersWiss 1973,563-577

Vollmar, Iris-Beatrix: Beendigung von Doppelversicherungen, VersR 1987,735-739

Wälder, Johannes: Die versicherten Interessen in der industriellen Feuer-Sachversicherung, RuS 1982,61-63

Wandt, Manfred: Der Kfz-Haftpflichtversicherungsschutz bei "Grüner Karte" für die Türkei, NZV 1992,89-95

Wasser, Bruno: Nochmals: Explosionsschäden und Haftpflichtversicherung, VW 1954,466

Westhelle, Fritz: Anmerkung zu LG Köln, Urt. v. 1.12.1976 - 13 S 240/76, NJW 1977,1404-1405

Graf von Westphalen, Friedrich: PKW-Leasing - Kaskoversicherung: Ein Beitrag zu einem kontroversen Thema, DAR 1988,37-45

Weyers, Hans-Leo: Versicherungsvertragsrecht, Frankfurt a.M. 1986

Weygand, Johannes: Die Grundzüge der Kundenversicherung (Generalversicherung der Speditions- und Lagergüter) mit einer Einleitung über das Interesse als Element der Sachversicherung, Diss. Leipzig 1914

Wieacker, Franz: Die Methode der Auslegung des Rechtsgeschäfts, JZ 1967,385-391

Wilms, Herbert: Der Regreßverzicht der Feuerversicherer, VP 1961,121-127

Winter, Gerrit: Subsidiaritätsklauseln und AGBG, VersR 1991,527

Wolf, Manfred/*Horn*, Norbert/*Lindacher*, Walter F.: AGB-Gesetz, Kommentar, 3. Aufl. 1994 (zitiert: Bearbeiter, in: Wolf/Horn/Lindacher)

Wussow, Werner: Feuerversicherung, Kommentar zu den AFB und zu den §§ 1127-1130 BGB, 97-107 c VVG, 2. Aufl. Dornheim 1975

Zapf, Jürgen: Vorschläge zur Verbesserung des Regreßverzichtsabkommens der Feuerversicherer, VP 1975,149-152

Zierke, Horst: Ist der Mieter (Pächter) Repräsentant des Vermieters (Verpächters) und welche Versicherungsmöglichkeiten gibt es?, VersR 1987,132-134

Ziegltrum, Anna: Der Vertrag mit Schutzwirkung für Dritte. Vom "Fürsorgeverhältnis" zu "gegenläufigen" Interessen, Frankfurt a.M. 1992

Zimmermann, Helmuth: Regreß der Feuerversicherer bei Mietsachschäden, VN 1952,49-50

Sachverzeichnis

Kolibri 360 GmbH
Ferdinand-Jühlke-Straße 7
99095 Erfurt, Deutschland
produktsicherheit@kolibri360.de

Druck:
CPI Druckdienstleistungen GmbH
im Auftrag der
Kolibri 360 GmbH
Ferdinand-Jühlke-Str. 7
99095 Erfurt